삶으로 내리는 말씀의 뿌리 03

흔들리지 않는 나라에 뿌리내리기

삶으로 내리는 말씀의 뿌리 03

흔들리지 않는 나라에 뿌리내리기
채영삼 지음

초판 1쇄 인쇄	2023년 5월 20일
초판 1쇄 발행	2023년 5월 28일
발행처	도서출판 이레서원
발행인	문영이
출판신고	2005년 9월 13일 제2015-000099호
기획, 마케팅	신창윤
편집	송혜숙, 오수현
총무	곽현자

경기도 고양시 일산동구 백석로71번길 46, 1층 1호
Tel. 02)402-3238, 406-3273 / Fax. 02)401-3387
E-mail: jireh@changjisa.com
Facebook: facebook.com/jirehpub

책값은 표지에 있습니다.

ISBN 978-89-7435-581-4 (04230) (세트)
ISBN 978-89-7435-627-9 (04230)

신저작권법에 의해 한국 내에서 보호받는 저작물이므로 저작권자의 서면 허락 없이 이 책의 어떠한 부분이라도 전자적인 혹은 기계적인 형태나 방법을 포함해서 그 어떤 형태로든 무단 전재하거나 무단 복제하는 것을 금합니다.

삶으로 내리는 말씀의 뿌리
03

흔들리지 않는 나라에 뿌리내리기

채영삼 지음

이레서원

목차

머리말 7

제1장 우리가 잃어버린 새 하늘과 새 땅의 복음 13

- 흔들리지 않는 나라에 뿌리내리기 16

숙고되지 않은 고난은 반복된다 | 우리가 잃어버린 '새 하늘과 새 땅'의 복음 | 흔들리지 않는 나라에 뿌리내리기 | 최후의 빙하 | 죽으면 정말, '아무것도 없는 끝'일까? | 부활의 사실과 죽음에 오염된 '사고방식' | 구원이란? | 찬송과 경배로 가득 찬 자연 | 강단에서 '복음'을! | 숨을 남기고 나오라

- 배낭여행자와 교회 58

'세례'란 무엇인가? | 고생했다, 평안히 쉬라, 새롭게 다시 만나자 | 죽음, 형벌과 은혜 | '에코 시대'를 위한, 유다서의 통합적 사고 | 배낭여행자와 교회 | 성탄절은 위험한 날 | 요셉의 노래 | 깨어 있으라

제2장 성도가 성전이고, 코이노니아가 교회인 시대 83

- 고난을 낭비하지 말라 86

'흩어지는 시대'와 코이노니아 | 고난을 낭비하지 말라 | '성도가 성전'이고, '코이노니아가 교회'인 시대 | '기복교'와 기독교 그리고 성경적 가치 | 입학 면접 | 큰 목사, 작은 목사 | 구약과 신약, 혈통과 언약 백성

- 코이노니아의 중심 109

'떨기나무의 불꽃', 말씀과 신앙생활 | 코이노니아의 중심 | '우리 교회 최고주의' 망상 | 질문하는 성도, 성도의 질문 | 말씀 묵상과 '기다림' | 지워져야 할 이름 | 누군가의 시선 | 갈릴리의 성전

제3장 이방인 중에서, 선한 행실로 소통하는 그리스도인 131

- 여기까지 찾아오신 하나님 134

어느 날의 기도 | '이방인 중에서', '선한 행실'로 소통하는 그리스도인 | 여기까지 찾아오신 하나님 | 긍휼의 뒷골목 | 양심 | 개신교인들이 생각하는 '이웃을 향한 죄' | 이순신이나 세종대왕은 지옥 가나요?

- 경청 – 기독교에 적대적인 이웃을 대하는 태도 160

감동스러운 주보 통계 | 다 사정이 있다 | '경청' - 기독교에 적대적인 이웃을 대하는 태도 | 이름 | '낯섦'의 영성 | 작은 답, 거대한 문제 | 섬김의 권력 | 성경과 양심 | 십자가와 참소하는 자

제4장 거짓 가르침을 분별하며, 신적 성품에 참여하는 그리스도인 183

- 거짓 교사의 특징과 분별 186

'거짓 가르침'을 분별하며, '신적 성품'에 참여하는 그리스도인 | 거짓 교사의 특징과 분별 | 시험을 만났을 때, 기뻐할 수 있는 이유 | 올바른 '성경관' - '성육신' | 구원의 '확신'과 '증거' | 신이되려는 짐승들

- 기독교는 '그리스도를 받는' 종교 211

'욕망'의 해석학 | 슬픈 부사 | 성령 훼방죄 | '일천번제'의 잘못된 해석 | 말씀을 배우는 자의 덕 | '사망에 이르는 죄'에서 나오는 길 | 기독교는 '그리스도를 받는' 종교 | 용서하지 않는 비극 | 이번 성탄에는 | 내어드리는 순간

제5장 세상에서, 자신을 지키는 그리스도인 235

- **그리스도와의 연합, 그 흔들리지 않는 나라 238**

세상에서 '자신을 지키는' 그리스도인 | 그리스도와의 연합, 그 흔들리지 않는 나라 | 진리, 그 불편함이 주는 자유 | 참회의 힘 | '다원주의'의 모순 | '이념의 광기'에서 벗어난 교회 | STOP THE WAR

- **사랑 안에서 참된 것을 260**

'몸'이란 무엇인가? | 청년의 결혼 | 사랑 안에서 참된 것을 | 하나님의 임재와 동행 | '말'을 씻는 '말씀'의 능력 | 인간 구성의 해체 | 생각의 시작 | 공부 | '다양성'과 '삼위일체' 하나님 | 능력인가, 사랑인가 | 사랑이 죽음보다 강한 이유 | 아이야, 이 밤은 춥구나 | 해피엔딩

부록 301

성구 색인

머리말

고난이 열어 준 새 길

코로나바이러스감염증-19(이하 코로나)의 고난이 지나가고 있다. 다행스러운 일이다. 하지만 진정 '고난이 지나갔다'고 말하려면, 그 고난을 통해 배우고 깨닫게 된 것이 있어야 한다. 단지 고난이 고통과 함께 지나갔다는 것만으로는, 그 고난이 끝났다고 말하기 어렵다.

'숙고되지 않은 고난은 반복되기' 때문이다. 옛 언약 백성은 광야에서 '율법을 배우기 위해' 40년을 방황했다. 단 열하루면 가는 길을, 그들은 무엇을 배워야 했기에 그리 오래도록 돌아갔어야 했는가? '사람이 떡으로만 사는 것이 아니라, 하나님의 입으로부터 나오는 말씀으로 산다'는 것을 체득했다면, 그렇게 오래 걸리지 않았을 고난이었다.

고난의 원인을 아는 것은 복잡한 일이다. 때로 불가능하기도 하다. 하지만 우리는 고난을 통해서 섭리하시는 하나님의 뜻을 물을 수는 있다. 고통 가운데 주저앉아, 그간 우리가 걸어왔던 길을 되돌아볼 수는 있다. '이대로 계속 걸어도, 이 방향으로 계속 가도 되는가?'

힘든 상황을 만나면, 몸의 약한 부분이 먼저 터지는 법이다. 코로나의 고난도 교회의 연약한 부분, 잘못 걸어왔던 길들이 무엇이었는지를 충분히 드러내 주었다.

그것은 뜻밖에도 고난이 남긴 값진 선물이다. 그런 점에서, 고난을 '낭비'하는 것은 안타까운 일이다. 그 많은 고통을 겪으면서 치른 고난으로부터 우리가 우리 자신에 대하여, 앞으로 나아갈 길에 대하여 새롭게 깨닫는 바가 없다면 얼마나 아쉬울 것인가.

고통스러웠지만 코로나의 고난을 통해, 교회는 자신을 돌아볼 기회를 얻었다. 엎드려 재를 뒤집어쓰고 부르짖었다면 반드시 보게 될 '새롭고 산 길'에 대한 비전도 주어졌다. 흐릿하지만 명확하고, 명확하지만 우리가 걸음을 떼어 그 안개 속으로 걸어 들어가야 확실해지는 그런 '새롭고 산 길' 말이다.

그동안 우리가 전해 왔던 축소되고, 왜곡되고, 변질된 복음을 온전한 종말의 복음으로 회복하지 않으면, 우리는 비록 마스크를 벗는다 해도, 코로나의 고난이라는 긴 터널을 온전히 나온 것은 되지 못할 것이다.

교회란 무엇인가? 코로나 때문에 그 큰 예배당에 모이지 못했을 때, 우리는 과연 '교회'는 무엇이며 '성전'은 무엇인지, 그리고 '예배'와 '코이노니아'의 본질에 대해 물었다. 그 값비싼 질문들에 대한 답은 진정 우리의 '새로운 길'이 되었던가?

코로나 사태로 인해 교회에 대해 더욱더 적대적이 되어 버린 사회 속에서, 그리스도인들은 앞으로 어떻게 살아야 하는가? 코로나의 고난이 제기했던 피할 수 없는 질문들에 답하지 않는다면, '다시, 예배당으로!'라고 외친들 그리 '새로운 미래'는 없을 것이다.

하지만 우리가 고난을 통해 제기된 문제들을 끌어안고, 참으로 하나님의 말씀인 성경으로 돌아가, 고민하고 기도하고 간구하여, 참되고 적실한 답, 우리가 나아가야 할 '새롭고 산 길'을 찾는다면, 앞으로 코로나19가 아니라 코로나20, 30, 40이 닥쳐온다 해도, 능히 헤쳐 나아갈 길을 얻게 될 것이다. 답을 찾은 고난은, 반복되어도 문제가 되지 않을 것이기 때문이다.

'삶으로 내리는 말씀의 뿌리' 시리즈의 세 번째 책인 이 묵상집은 이러한 고민들에 대한 흔적들로 채워져 있다. 교회의 길은 '영광스러웠던 황금시대'로의 단순한 회귀가 아니다. 재를 뒤집어쓴 채 엎드려 참회하며, 돌이켜 '고난이 열어 준 새로운 길'로 나아가야 한다.

이 책의 제목인 '흔들리지 않는 나라에 뿌리내리기'는 성경이 일관되게 강조하는 '종말론적인 삶'을 위한 위로요 격려이다. 하지만 이 책은 종말론적인 삶을 그저 '죽으면 가는 천당에 대한 소망'으로 설명하지 않는다. 그렇다고, 그 나라를 이 땅에서 우리가 전부 실현할 수 있을 듯한 '정의와 평화의 사회'로 축소하지도 않는다.

교회는 삼위 하나님께서 재창조하셨고, 하고 계시며, 완성하실 '새 하늘과 새 땅'으로 가고 있다. 그 나라는 '흔들리지 않는 나라'이다. 왜 '흔들리지 않는' 나라인가? 세상을 창조하신 말씀, 세상을 붙드시는 말씀, 세상을 심판하시는 말씀, 세상을 재창조하시는 말씀의 생명과 '의'(義)가 '영원토록 자리 잡고 거(居)하는' 나라이기 때문이다. 이 땅에서처럼 그 '말씀'이 거절당하고 짓밟히고 살해당하는 일이 없이, 그 말씀이신 그분이 영원토록 경배와 찬송을 받으시며 사랑과 순복을 받으시는 나라이다.

그래서 '구원'이란, 창조와 새 창조의 생명과 '의의 질서'인 그 말씀을 믿음으로 받아 그 말씀이 자기 안에 심기는 것이다. 그리고 그 '심긴 말씀'의 생명을 통해, 영원히 '흔들리지 않는 세계에 뿌리내리는 것'이다. 성도는 '이미' 그 흔들리지 않는 나라에 심어지고 뿌리내린 사람들이다. 마치 '시냇가에 심은 나무'처럼(시 1편) 말씀의 생명을 먹고 살아가는 그리스도인은, 이 땅에 살면서도 하늘의 하나님 보좌로부터 흘러나오는 생명수 강가에 뿌리내리고 있는(계 22장) '신비한, 하늘의 백성'이다.

그들은 '죄와 죽음과 허무'가 가득한 이 땅 한복판을 지나가는 동안, 장차 온전히 임할 새 하늘과 새 땅의 '견고한 의와 풍성한 생명 그리고 영원한 사랑'의 꽃을 피워 내고 열매를 맺는다. 그렇게 '만국(萬國)을 치유하는' 푸른 잎사귀들을 내는 생명나무 같은 존재들이다. 이 '흔들리는 땅'에서 사는 하루하루가 그 '흔들리지 않는 나라'에 더 깊이 뿌리내리는 시간이 된다면, 그보다 지혜로운 일은 없을 것이다. 그것은 날마다 이 땅의 더러움과 썩어짐과 허무함에 부대끼고 싸우며, 더욱더 그 영원한 나라의 사람들로 성장해 가는 길이다.

고단하지만 복된 길이며, 의에 주리고 목마르지만 배부른 길이며, 고난 속에서도 '말할 수 없는 영광스러운 기쁨'으로 기뻐하며 가는 길이다. 무엇보다, 우리에게는 우리의 안과 밖에서 그 길을 비추시는 말씀의 빛이 있고, 따뜻하게 손잡아 인도하시는 성령 하나님이 계신다. 이 묵상집이, 그 길을 따라 함께 순례하는 형제자매들에게 위로와 격려가 되기를 기도한다.

2022년 초겨울, 천안에서

채영삼

제 1 장

우리가 잃어버린
새 하늘과 새 땅의 복음

그동안, 우리 주 예수 그리스도의 영광스러운 복음은 축소되고 또 왜곡되었다. 복음이 축소되고 왜곡되면, 교회가 축소되고 왜곡된다. 우리가 당한 코로나의 고난은, 우리로 하여금 복음을 온전히 회복할 기회를 제공했다. 예배당으로 돌아가고, 마스크를 벗는다 해도, 우리가 겪은 고난이 남긴 이 숙제를 풀지 않는다면, 우리는 진정 고난을 극복한 것이 아니다. 주일 강단마다, 새 하늘과 새 땅의 복음이 담대히 울려 퍼질 때, 교회를 갉아먹는 거짓 가르침들은 쫓겨나고, 교회의 영광은 회복될 길을 얻을 것이다.

흔들리지 않는 나라에 뿌리내리기

숙고되지 않은 고난은 반복된다

지나간 고난을 다시 떠올리기 좋아하는 사람은 없다. 고난은 고통과 함께 찾아오기 때문이다. 지나간 고난은 우리의 마음과 생각 속에서 쉽게 잊힌다. 그런 고통스러운 기억을 안겨 준 고난을 잊는 것이 무슨 문제라도 된다는 말인가? 없었으면 더 좋았을 일처럼 느껴지는 고통이 드디어 끝났는데, 그것을 왜 굳이 돌아보아야 하는가?

고난을 '숙고'(熟考)한다는 것, 고난을 깊이 묵상하고, 제대로 직면하고, 샅샅이 되돌아본다는 것은 피곤하고 귀찮은 일이다. 하지만, '숙고되지 않은 고난'은 반복된다. 고난에는 여러 가지 이유가 있을 수 있다. 혹은 '이유를 알 수 없는 고난'이 있을 수도 있다. 하지만 고난을 돌아보는 일은, 우리를 한

단계 더 성장하게 할 뿐 아니라, 혹시 동일한 고난을 겪더라도 그것이 고난이 되지 않게 해 준다.

그래서 어리석은 사람은 그저 고난이 끝났다는 것으로 기뻐하지만, 지혜로운 사람은 그 고난을 통해 자신이 성장한 것으로 인하여 기뻐한다. 한 나라와 민족의 경우도 마찬가지이다. 각 나라마다 그 나라의 수도나 중요한 도시의 중심부에 국가적, 민족적 영웅들을 기리는 동상이나 기념 광장 같은 것들이 있다. 하지만, 자기 국가나 민족이 저지른 처참한 죄악이나 실수, 돌이킬 수 없는 악행, 인류를 향한 범죄 사실을 굳이 기억하고 기념하는 상징물을 보존하는 나라들은 선진국의 몇몇 나라뿐이다.

독일이, 2차 세계 대전 때 히틀러가 저지른 만행들에 관한 역사적 증거물들을 철저히 보존해서 이를 기억하도록 교육하는 것이 대표적인 사례이다. 유대인들을 한꺼번에 몰살시킨 가스실부터 시작해서, 스스로의 얼굴에 먹칠을 하는 '수치스러운 역사'에 관한 생생한 증거들을 보존하고, 그것을 독일의 젊은이들과 다음 세대들뿐 아니라, 독일을 방문하는 모든 나라 사람들에게 그대로 노출시켜 기억하게 만드는 것이다.

진실로 문명화된(civilized) 선진국이란, 단지 경제적으로 부요하게 된 국가를 가리키지 않는다. 그 나라와 민족이 인류 전체의 양심과 역사의식에 있어서 성숙한 자리에 이르렀다는 것을 가리킨다. 승리와 영광의 순간을 기억할 뿐 아니라,

수치와 실패의 시간도 함께 잊지 않는 것이, 그런 수치와 실패를 반복하지 않고 승리와 영광의 길을 계속 갈 수 있는 확고한 기반이 되기 때문이다.

사실, 기독교가 그렇고 성경이 그렇고 교회가 그렇다. 교회란 무엇인가? 교회란 장차 완성될 새 하늘과 새 땅의 백성이다. 성경은 그 하나님 나라의 백성을 세워 가는 이야기이다. 그런데 성경을 보면, 하나님 백성이 고난을 받은 이야기들, 특별히 저들의 수치와 실패 때문에 일어난 고통스러운 사건들을 낱낱이 기록한다. 전부 기억하고, 또 기억하도록 만든다.

성경은 인류 역사의 첫 페이지를 기록할 때, 그 첫 사람 아담이 하나님께서 주신 아름다운 세상을 선물로 받고도, 선악과를 먹지 말라는 하나님의 그 부탁 하나를 들어주지 못해, 이토록 고통스러운 죄와 죽음을 세상에 끌어들인 그 '수치스럽고 배은망덕한 사건'부터 낱낱이 묘사한다.

옛 언약 백성의 조상인 아브라함은, 하나님의 약속을 비웃다가 결국 '웃음'이라는 의미를 가진 아들 '이삭'을 낳았고, 자기 입으로 '이삭아'라고 부를 때마다 '무에서 유를 창조하시는' 창조주 하나님을 신뢰하지 못했다는 사실을 평생 기억해야 했다. 그 결과, 아브라함은 하나님을 진정으로 신뢰하는 믿음의 조상으로 성숙해 갈 수 있었다.

성경은 모두 이런 식으로, 고난을 통한 수치와 실패의 사건들을 기억하게 하고 직면하게 하여, 그 고난 너머의 길로 우리를 인도한다. 가장 결정적인 수치와 실패의 사건은 물론, 하나님께서 보내신 그 아들을 우리의 손으로 십자가에 못 박아 죽인 사건이다. 기독교는 평생 이 십자가의 사건을 기억해야 하는 종교이다.

십자가는 당시에 '흉물'이었다. 십자가에 달리신 그분을 내팽개치고 달아났던 제자들에게, 그들의 메시아요 주였던 그분의 십자가를 다시 떠올리는 것은 극도로 고통스럽고 수치스러운 일이었을 것이다. 그러나 예수 그리스도의 죽으심과 부활 사건 이후, 교회는 영원토록 수치와 모욕, 배반과 반역의 그 십자가 사건을 기억하고 보존하게 되었다.

그래서 그리스도인이란, 우리의 무지(無知)가 얼마나 깊은 것인지, 우리의 죄가 얼마나 잔혹한 것인지, 우리의 어리석음이 얼마나 깊은 것인지, 절대로 잊지 못하도록 십자가를 기억해야 하는 사람들이다.

비록 고통스럽지만, 날마다 우리의 '배은망덕과 무지의 절정'을 증거하는 그 십자가를 바라보고 또 바라보면서, 우리는 십자가 그 너머의 길, 하나님의 은혜로 주어지는 죄 용서뿐 아니라 부활 생명과 영원한 영광과 끝없는 사랑의 길로 확고하게 나아가는 것이다.

고통은 기억되어야 한다. 고난은 숙고되어야 한다. 한 사람의 인생에 있어서도 마찬가지이다. 그 '교만', 그 '헛된 자랑을 하는 습관', 그 '더러운 것을 쫓는 습관', 그 '거짓말하는 습관', 그 어떤 고질적인 악한 습관 하나를 떠나보내지 못해서, 우리는 수없는 세월을 광야에서 떠돌며 배우기를 반복하는 것이 아닌가.

우리가 하나님 나라에 합당한 백성이 되기를 원하시는 하나님의 간섭과 인도하심은 집요하기까지 하다. 이스라엘 백성은 젖과 꿀이 흐르는 가나안 땅에 바로 들어가지 못했다. 무려 40년간을 광야에서 '율법을 다시' 배워야만 했다. 애초에 가나안 땅에 들어가는 목적이, 말하자면 '예수 믿고 복 받고 부자 되는 것'에 있지 않고, 그 이방인들이 득실거리는 선교지 한복판에서 '하나님을 알고 그의 나라에서 사는 것이 어떤 것인지를' 보여 줄 수 있는 백성이 되는 것이었기 때문이다. 이스라엘이 하나님의 이 목적을 이해했다면, 그들의 고난이 40년간 지속될 이유가 없었을지 모른다.

학생들이 시험을 치를 때 답안지를 제출하는데, 가끔 답안지에 쓴 내용은 엄청 많지만 정작 '답'이 없는 경우가 있다. 오래 하고, 열심히 한다고 해서 해결되는 문제가 아니다. 답안지가 한 장뿐이라도 거기에 답이 써 있다면, 그 수업은 통과하게 될 것이다. 답을 낸 문제는 다시 배울 필요가 없다.

고난을 숙고한다는 것도 이와 같다. 시험을 당할 때에 가장 중요한 것, 긴요한 것은, '지혜를 구하는' 일이라고 하지 않던가. 하나님께로부터 오는 지혜, 위로부터 오는 지혜는 깨끗하고 긍휼이 가득하다. 그 말씀의 빛 가운데서, 성령의 빛 가운데서, 빛이신 하나님 안에서, 그리고 사랑이신 하나님 안에서, 우리 자신을 깊이 정확히 들여다보아야 한다.

거기에 길이 있기 때문이다. 거기에 우리가 걸어왔던 잘못된 길을 돌이킬 가능성이 있기 때문이다. 거기에 하나님의 뜻이 있고, 거기에 하나님이 열어 보이시는 새 길이 있기 때문이다. 숙고되지 않은 고난은 반복된다. 하지만, 의식되고, 검토되고, 소화한 고난은, 우리에게 전혀 새로운, 살아 있는, 살게 하는 새 길을 열어 준다. 그 길로 가야 한다.

"너는 애굽 땅에서 종 되었던 것을 기억하라
이러므로 내가 네게 이 일을 행하라 명령하노라" _ 신 24:22

우리가 잃어버린 '새 하늘과 새 땅'의 복음

고난은 고통스럽다. 고난을 받을 때 우리는 이 고난이 빨리 지나가서, 다시 그 좋았던 옛날로 돌아가기를 원한다. 하지만 고난에는 의미가 있다. 그 고난이 우리의 잘못 때문이었든지 아니면 이유를 알 수 없는 고난이든지, 그 고난을 통과하면서 배운 것이 있으며 이전과는 다른 성숙해진 차원이 있을 수 있고, 또 있어야 한다.

욥의 고난이 그러했다. 욥기의 마지막에 기록된 축복이 욥기가 주는 교훈은 아니다. 그렇게 되면 고난이 별다른 가치가 없게 된다. 죽은 자녀를 새로 얻은 자녀로 대치할 수 있는가? 그래서 욥기의 결론은, 욥이 고난받기 전보다 더 큰 축복을 받았다는 것이 아닐 것이다. 욥기의 의미는, 욥이 그 고난의 한복판에서 하나님에 대하여 그리고 자기 자신에 대하여, 그 전에는 알지 못했던 것을 이제는 눈으로 보듯 보고 깨닫게 되었다는 것에 있다.

"내가 주께 대하여 귀로 듣기만 하였사오나, 이제는 눈으로 주를 뵈옵나이다"(욥 42:5). 그 전에는 결코 알지 못했던 하나님을, 감당하기 어려운 고난을 통해 새롭게 깨닫고 눈으로 보듯 알게 되었다는 것이다. 그때에서야 욥은 무릎을 꿇었고 새로운 길을 가게 되었다. "그러므로 내가 스스로 거두어들이고, 티끌과 재 가운데에서 회개하나이다"(욥 42:6).

코로나로 인한 고난의 기간이 끝나 가고 있다. 이제 우리는 포스트코로나 시대로 들어가고 있다. '이제 다시, 예배당으로!'라는 구호가 여기저기에서 들린다. 그러나 지금, 반드시 물어야 할 질문이 있다. '우리는 코로나의 고난을 통해 무엇을 깨닫게 되었는가?' 이 질문에 답을 할 수 없다면, 우리가 받은 고난은 무익하게 될 것이다. '포스트코로나 시대에 그리스도인이 가져야 할 안목'을 생각해 보아야 하는 이유가 여기에 있다.

고난 자체가 하나님의 뜻은 아니지만, 하나님은 때로 고난을 통해서도 우리에게 말씀하신다. 우리가 걸어온 잘못된 길을 돌이키게 하실 수도 있고, 그 길에서 돌이켜 하나님께서 지시하는 새로운 길을 보여 주실 수도 있다. 그래서 포스트코로나 시대를 제대로 맞이하려면, 반드시 코로나 사태를 통해 드러난 일들을 겸손하고 차분한 마음으로 복기(復棋)해 볼 필요가 있다. 도대체, 코로나 기간 동안 무슨 일이 일어났던 것인가?

고난의 유익 가운데 하나는, 그 고난이 그 고난을 통과하는 '우리 자신'을 여지없이 폭로시킨다는 것이다. 고난에 부딪히면 그 부딪힌 사람이 어떤 사람인지가 그대로 드러난다. 교회도 마찬가지이다. 코로나의 고난에 부딪혔던 우리의 교회들은 어떤 모습으로 드러났는가? 코로나가 국가적 위기로 확산되기 시작했던 첫해인 2020년 2월, 한국 사회와 교계를 뒤집었던 가장 큰 사건은 대구에서 발발한 신천지 이단의 집단적 감염 사태였다. 대구 신천지 교인 9,334명 가운데 무려 1,248명이 확진되었고, 그중 670명이 행방불명이 되어 온 사회가 불안에 떨었던 시기였다.

이 사건 앞에서 한국 교회는 신천지는 이단이며 정통 교회와는 다른 집단이라고 분명히 선을 그었지만, 한국 사회는 '신천지예수교'라는 공식 명칭에서처럼 신천지 사태를 그저 개신교 일부의 파행적인 행태로 치부하는 분위기였다. 정통 교회가 신천지를 이단으로 규정했다고 해도, 교회나 교리를 전혀 모르는 일반 시민들에게는 통하지 않았다. 교회 역시, 그런 이단이 '정통 교회'라는 우리 자신을 숙주(host) 삼아 기생(parasite)해 왔다는 사실까지 부인하기는 힘들었다고 할 수 있다.

그러니까 코로나의 고난이 우리 자신의 실체를 폭로했던 첫 번째 모습은, 한국 교회 안에 있는 신천지 이단의 실체와 그 규모의 놀라움이었다. 어떻게 하다가, 한국 교회는 신천지라는 이단이 기생하는 숙주의 노릇을 해 왔던가? 어쩌다가 한국 교회는 신천지라는 이단을 이처럼 비대하게 키워 놓고 말았는가? 그것은 교회가 단지 신천지를 이단으로 규정하면 벗어 버릴 수 있는 책임이나, 그저 쉽사리 떨쳐 버릴 수 있는 문제가 아니다.

교회사를 돌아보면, 정통 교회를 공격하고 뒤흔들던 당대의 주요 이단들의 활동은 모두, 그 시대의 정통 교회가 외면하고 잃어버렸던 교리, 복음의 어떤 부분을 가져다가, 그것을 거짓으로 왜곡하고 뒤바꾸어 예수 그리스도의 복음을 훼방한 역사였음을 알게 된다. 동시에 하나님께서는 그런 이단조차 사용하셔서, 그 시대에 복음을 잊은 교회, 어둠 속에 잠자는 교회를 흔들어 깨우셔서 결국 그의 교회를 더 온전케 하셨다는 사실도 기억해야 한다.

그러니까 코로나 사태를 통해 한국 교회의 가장 큰 이단인 신천지가 만천하에 드러나게 되었다는 사실은, '거꾸로 말해서 그동안 한국 교회가 가장 외면해 왔던 복음의 내용이 무엇이었는지'를 명확히 드러낸 사건이었다고 할 수 있는 것이다. 신천지 이단의 등장과 급속한 성장은 그 자체로 비극적이고 충격적이었지만, 동시에 그것은 하나님께서 이 땅의 교회들을 일깨우시고 돌이켜 바로 세우시고자 하는 간섭이요 섭리였다고 할 수 있다.

여기가 우리가 반드시 엎드려 통회하고 돌이켜야 하는 부분이다. 바로 여기에, 그동안 우리가 걸어온 잘못된 길에서 돌이켜 새 길로 나아갈 수 있는 그 갈림길이 있다. 코로나 사태가 발발한 초기에 한국 교회의 가장 큰 이단이 신천지였다는 사실이 드러난 것은, 그동안 한국 교회에 '신천신지(新天新地), 즉 새 하늘과 새 땅'의 복음이 완전히 실종되었다는 사실을 뼈아프게 보여 준 사건이었기 때문이다.

코로나라는 거대한 광풍이 덮쳐 오기 전에, 우리들의 교회는 이 땅에서 '어떤 복음'을 선포하고 가르쳤는가? 70년대 이후 교회 성장 시기부터 줄곧, '오직 믿음, 오직 은혜'로 구원을 확신하고 천당은 가는 것이니, 이 땅에서는 물질의 복, 건강의 복, 자녀의 복을 받으며 어떻게든 성공해야 한다는 세속적 가르침을 '순전한 복음', '총체적인 복음'인 듯 퍼뜨리지 않았는가?

도대체 복음이란 무엇인가? 정말 이 땅의 교회는, 우리 주 예수 그리스도께서 이미 가져오셨고, 지금도 가져오고 계시며, 장차 온전히 이루실 '의(義)가 거하는 바 새 하늘과 새 땅'의 복음, 그 종말의 기쁜 소식을 선포하고 가르쳤는가? 그래서 우리는 이 땅에서 정말 '나그네와 행인들'이었는가? 그래서 세상 사람들 앞에서는 진실로 '하나님의 이름'이 거룩히 여김을 받게 하는 것이 목적인 '제사장 공동체'가 되어 왔는가?

참으로 '새 하늘과 새 땅'의 복음이야말로, 한국 교회가 가장 외면하고 잃어버린 복음이 아니었던가! 포스트코로나 시대에 그리스도인으로서 새로운 길을 간다는 것은, 그 뼈아픈 고난의 기간 전에 걸어왔던 잘못된 길에서 벗어난다는 것을 전제한다. 벗어나지 못하면, 결국 같은 잘못된 길을 계속 가게 될 것이고, 어쩌면 또 다른 고난을 반복할 수도 있다는 뜻이기도 하다. 새로운 길을 갈 것이 아니라면, 이 모든 고난이 다 무슨 유익이 있는가?

교회가 복음의 일부를 버리면, 거짓의 아비 마귀는 그것을 가져다가 거짓으로 바꾸고 거짓 선지자의 입에 넣어 이단으로 만들어 버린다. 그러니 이 시대 이단의 주장을 들여다보면, 교회가 잃어버린 복음이 무엇이었는지도 명확해지지 않겠는가. 교회가 복음을 왜곡하면, 교회 자신이 왜곡된다. 교회가 복음을 축소하거나 더럽히면, 교회 자체가 축소되고 더럽혀진다. 교회의 회복이, 복음의 회복에서 시작해야 하는 이유가 여기에 있다. 우리 주 예수 그리스도의 온전한 복음을 회복하자. 여기에, 우리가 가야 할 새 길이 있다.

> "또 내가 새 하늘과 새 땅을 보니
> 처음 하늘과 처음 땅이 없어졌고 바다도 다시 있지 않더라"_ 계 21:1

흔들리지 않는 나라에 뿌리내리기

세상은 불안하다. 사람들은 이런 불안한 세상에서 그나마 믿을 만한 '부동산'에 투자하여, 그 땅으로 삶의 안전을 확보하려 갖은 애를 다 쓴다. 하지만 세상에서 '흔들리지 않는 땅'이란 존재하지 않는다. 세상에는 그런 것이 없다. 모두 흔들린다. 지진이 나기도 하고, 집값이 요동을 치기도 한다. 수백만 평의 땅을 소유한 땅 부자도 무덤에 들어갈 때는 모든 것을 놓고 빈손으로 가야 한다. 무엇에 기대어 안전한 삶을 보장받을 수 있을까?

모든 것이 흔들린다. 하지만, '하나님의 나라'는 견고하다. 왜 그런가? 거꾸로 질문해 보면 된다. 이 세상이 흔들리는 것은, 죄와 죽음과 허무 때문이다. 죄는 '더럽힌다.' 죽음은 모든 것을 '썩게 한다.' 그리고 '허무' 즉 '쇠하게 하는 것'은 모든 것을 '무의미'하게 만든다. 더러움과 썩어짐과 허무함이 지배하는 땅은, 흔들릴 수밖에 없다. 이 세상은 스스로 더러움과 썩어짐과 허무함에서 나올 수 없기 때문이다.

그런데도 '더럽고, 썩어지고, 쇠하고' 흔들리는 땅을 조금이라도 더 얻겠다고 평생을 발버둥치는 것이 인생이다. 그런 인생 역시, 그 인생이 얻으려는 그 땅의 더러움과 썩어짐과 허무함에서 결코 나오지 못한다. 구원이란 무엇인가? 그것은 단지 '행함이 아니라 믿음으로 얻는 의, 곧 칭의(稱義)' 그 이상이다. 하나님께서는 이스라엘 백성을 애굽에서 건져 내시면서, 그들을 갈라진 홍해 바닷가에 세워 두지 않으셨다.

'너희는 오늘날 잠잠히 있어, 내가 너희를 위하여 행하는 일을 보라!'고 하신 것이 구원의 전부가 아니다. '오직 믿음, 오직 은혜'의 복음은 우리가 받은 구원이 처음부터 끝까지 '선물'이라는 사실을 강조한다. 하지만 구원은 '심판'을 상징하는 '홍해'를 오직 믿음으로, 오직 하나님의 은혜로 건넜다는 감격에서 그치지 않는다.

구약에서도 구원이란 '땅을 얻는 것'이었다. 하나님은 이스라엘 백성을 애굽이라는 '땅' 곧 '노예 된 땅', 하나님이 주인이 되지 않는 땅, 하나님의 의와 생명과 영원한 사랑의 통치를 거부하는 '절망의 땅'에서 건져 내셨다. 그리고 '젖과 꿀이 흐르는 땅' 곧, 하나님의 '의와 생명과 영원한 사랑으로 통치'하시는 땅을 약속하시고, 그 '새 땅'으로 보내셨다.

그것이 '온전한 구원'이다. 신약성경에서도 하나님께서 그 아들 예수 그리스도를 믿는 우리에게 약속하신 것은 '흔들리지 않는 땅'이다. 땅은, 그 위에서 '의와 생명과 영원한 하나님의 임재'가 회복되고 행해질 때, 영원토록 견고한 땅이 된다. 땅은 원래 그렇게 보존되도록 지음받았기 때문이다.

구원이란 그래서, 그 '흔들리지 않는 나라'에 비로소 '심겨지고, 뿌리내리게 되었다'는 기쁜 소식이다. 이렇게 흔들리는 세상 한복판을 지나가면서, 날마다, 순간마다, 그 영원한 나라, 흔들리지 않는 나라에 뿌리내릴 수 있다는 것이 '진정한 복'이다.

'복 있는 사람'이란 시냇가에 심긴 나무와 같다고, 옛 시인이 말한 그대로이다. 그리스도인이란, 더 이상 더러움과 썩어짐과 허무함이 지배하지 않는 땅에 뿌리내린 나무와 같다. 거기에서는 하나님의 보좌 앞에 흐르는 생명수 강물로 인해 어느 때에라도 목마름도 굶주림도 없다. 그 '더럽지 않고, 썩지 않고, 쇠하지 않는 나라'에 심어지고 뿌리내린 사람은, 날마다 그 땅의 '의와 생명과 영원한 사랑'의 풍성한 열매를 먹고 산다.

그리고 이 '흔들리는 땅'을 지나가면서, 날마다 더러움과 싸운다. '마음이 청결한 자는 복이 있나니, 그들이 하나님을 볼 것임이요.' 그리고 날마다 '의'(義)에 주리고 목마른 삶을 산다. 그가 그 '의(義)가 영원토록 거하는' 새 하늘과 새 땅에 뿌리내린 채, 그 생명수 강가에서 매순간 생수를 길어 올리는 나무이기 때문이다. 그 생명수로 사는 사람은 또한, 하나님께서 이 땅에 흐르게 하신 '사랑의 강물'에 몸을 던진 사람이다. 그 사랑의 강물 역시, 새 하늘과 새 땅에서부터 이곳 척박한 광야로 흐르며 모든 것을 살려 내는 성령의 생수이기 때문이다.

이 흔들리는 나라에, 영원토록 흔들리지 않는 나라를 가져오신 우리 주 예수 그리스도를 경배하고 그분의 놀라운 사역을 찬송할 뿐이다. 죄의 권세를 이기신 그분의 십자가로 인해, 그 더럽지 않은 나라가 전격적으로 이 땅에 침입했다. 죽음을 이기시고 부활하신 그분의 부활 생명을 통해, 그 썩지 않는 나라가 이 죽음의 땅에 확고히 진입했다. 그분이 죽고 부활하셨을 뿐 아니라, 하늘에 오르시어 하나님 보좌에 앉으시고 거기로부터 성령을 이 땅에 보내셔서, 이 허무한 땅에 그 영원한 사랑의 하나님의 강물을 흐르게 하셨다.

하나님의 나라, 그 '흔들리지 않는 나라가 이미 이 땅에 임했다!' 이것이 복음이다. 진정으로 기쁜 소식이다. 예수 그리스도를 믿음으로, 그분으로 인하여 그 흔들리지 않는 영원한 나라에 심겨진 자들에게 복이 있다. 그들은 이 허무한 땅 위에서도, 날마다 그 흔들리지 않는 나라에 뿌리내리고, 더 깊고, 더 높고 광활하게, 그 의와 생명과 사랑의 풍성한 열매를 맺으며 자라 간다. 성도여, 날마다, 그 흔들리지 않는 나라에 더 깊이, 더 깊이 뿌리내리라. 세상과 이 세상에 있는 모든 것은 사라져도, 하나님의 뜻을 행하는 이는 영원히 거할 것이다.

"그러므로 우리가 흔들리지 않는 나라를 받았은즉 은혜를 받자 이로 말미암아 경건함과 두려움으로 하나님을 기쁘시게 섬길지니"

— 히 12:28

최후의 빙하

여름에도 녹지 않던 대략 이만 년 된 빙하가, 최근 빠르게 녹기 시작했다는 뉴스를 들었다. 전문가들은 이 때문에 북극의 온도 상승이 가속화되고 있다고 보고한다. 빙하가 녹으면서 지구를 순환하는 제트 기류에 영향을 주는데, 지구의 냉기와 온기 사이의 차단막 역할을 하는 제트 기류가 예측을 불허하는 불규칙한 방식으로 흐르게 됨으로써 지구 곳곳에서 이상 기후가 더욱 빈번해진다는 것이다.

지구 온난화를 막기 위해서 이산화탄소 배출을 제로로 만들어야 한다고 주장했던 때가 2000년대 초반이었다. 이제는 그것마저 소용없게 되었고, 지금은 대기 중에 있는 이산화탄소를 잡아 땅속에 저장해야 하는 단계라고 한다. 이대로 가면, 여름에 북극 빙하가 완전히 녹는 시점이 오는데 불과 몇십 년 후인 21세기 중반으로 추정하기도 한다.

기상 이변으로 인한 재해는 이제 글로벌하게 일어나고 있다. 폭염 속에서 에어컨이 없이 견디는 것은 죽을 맛일 것이다. 빙하가 녹아 버린 지구의 여름은 그런 더위를 피할 수 없게 만든다. 사람들은 더 에어컨을 틀고 그 때문에 더 많은 연료를 쓸 텐데, 그것도 일정 기간일 뿐 더 이상 그렇게 할 수 없는 시점이 온다는 이야기이다. 더 큰 문제는, 지구촌 각국의 정부들이 이 중대한 문제에 대해 협력하는 것을 기대하기도 어렵다는 것이다. 알면서도 당할 수밖에 없는 현실인 것이다.

전문가들의 분석에 의하면, 화석 연료를 기반으로 한 산업 사회의 제한 없는 욕망이 현재의 기후 위기의 뿌리라고 한다. 자연을 '물화'(物化)하여 인간의 탐욕을 따라 마음대로 파괴해도 되는 존재로 보는 '유물론적' 시각, 피조 세계를 하나님의 창조물로 보지 않는 무신론적인 세계관이 바뀌어야 한다. 기후 위기로 인한 파괴적인 결말을 피할 수 있는 근본적인 대책은 이러한 세계관의 변화가 전제되어야 한다.

무엇보다 안타까운 일은, 지구 환경 파괴로 인한 기후 이상으로 생기는 극심한 자연재해는, 국가 인프라가 취약한 가난한 나라들 그리고 사회 안전망 안에 들어오지 못하는 취약한 계층에게 더 큰 타격을 가져온다는 사실이다. 세계의 이산화탄소 발생의 90%가 10%의 선진국들에서 발생하고, 우리나라도 이산화탄소 발생에 관한 한 세계 10위권 안에 들어 있다. 부유한 나라들이 더 많이 환경을 파괴하는데, 그 피해는 자연재해에 취약한 가난한 나라나 열악한 계층들에 있는 사람들이 더 많이 감당하는 셈이다.

자연환경의 파괴 문제는, 사회 '정의'의 문제와 직결되어 있다. 사람과 사람 사이, 사람과 자연 사이에 보존되어야 하는 '의'(義) 곧 '바른길'은 서로 깊이 연결되어 있는 것이다. 성경은, 산과 바다, 들과 강, 식물들과 동물들, 이 모든 피조물이 하나님의 형상으로 지음받았는데 그들을 돌보고 지켜 내야 할 인간들과 '함께 창조주 하나님의 영광을 찬송하는 존재들'로 지음받았다고 가르친다. 자연은 결코, 인간이 욕망을 따라 정복하고 파괴하고 이용하고 훼손하고 버려두어도 좋은 '물질들'이 아니다.

자연 역시 인간들처럼 '하나님의 피조물'로서, 하나님의 임재와 지혜와 능력을 누리며, 그분의 영광을 찬송하는 존재로 지음받았다. 사도 요한이, 하늘의 하나님 보좌를 둘러싼 '네 생물들'이 거기서 영원토록 하나님을 찬송하는 것을 목격한 그대로이다(계 4:5-9). 그날에는, 죄와 죽음과 하나님 없는 허무를 벗어난 '새 하늘과 새 땅'이 하나님의 새 백성과 함께, 그분의 임재 안에서 영원토록 그분을 찬송하게 될 것이다.

그렇다면 '새' 하늘과 '새' 땅은 어떻게 오게 될까? 베드로후서는, 지금 우리가 보는 이 첫째 하늘과 땅이 그 마지막 날에 '불'에 녹듯이 해체될 것이라고 알려 준다. 세상을 해체하는 그 '불'은 무엇일까? '지구 온난화'의 절정일까? 정확히 알 길은 없다. 하지만 성경이 말하는 그 '종말의 불, 심판의 불'은, 세상을 망치고 파괴하는 '더러움과 썩어짐 그리고 허무함의 세력'을 완전히 소멸하는 '불'인 것이 분명하다.

곧 '죄와 죽음과 하나님을 대적하는 세력'을 제거하고 온 세상을 정화(淨化)하여, 의와 생명 그리고 영원한 화평과 사랑이 거하는 세상으로 변화시키는 '불'인 것이다. 이 '불'의 정체는 무엇인가? 베드로후서는, 이 '종말의 불, 심판의 불, 재창조의 불'이 지금 이 세상에서 예수 그리스도를 증거하시며, 그를 믿는 자들 안에 임재하시고 역사하시는 '성령의 불'임을 암시한다(채영삼, 『신적 성품과 거짓 가르침: 베드로후서의 이해』, 452-464).

이 '더럽고 썩어지고 허무한' 세상에, '더럽지 않고, 썩지 않고, 쇠하지 않는' 그 영원한 나라를 가져오신 것은 예수 그리스도의 십자가와 부활의 능력으로 인한 것이고, 오순절 날 이 땅의 교회에 임한 성령께서는 바로 그리스도께서 가져오신 이 '흔들리지 않는 나라'를 증거하시고 완성하신다. 그러니까 마지막 날에 세상을 심판하시고 재창조하시는 사건은, 예수 그리스도의 십자가와 부활 사건을 통해 결정적으로 시작된 것이다.

그리고 지금도 세상 속에서 그 '새 하늘과 새 땅'을 완성해 가시는 성령께서, 지금 여기에, 교회 안에 미리 와 계신다! 하나님의 아들 예수 그리스도를 믿는 자들 안에서, 그들을 깨끗하게 하시고, 살려 내시고, 하나님의 사랑으로 치유하심으로써 새 하늘과 새 땅의 백성으로 만들어 가시는 것이다.

만일 당신이, 지금 세상에 와 계신 그 성령과 그 성령께서 증거하시고 사용하시는 거룩한 하나님의 말씀으로 인해, 그 깨끗함과 의로움, 그 영원한 생명과 아버지의 사랑 안에 거하여 그 안에서 성장하지 않는다면 어찌 될까? 기억해야 것은, 지금 교회 안에 계신 그 동일한 성령이 그날에 모든 것을 소멸하고 해체시키는 '심판의 불'이시라는 것이다. 그 마지막 날은 이미 여기에, 우리 안에 와 있는 것이며, '새 하늘과 새 땅'은 이미 이 '더럽고 썩어지고 허무한 세상 안에' 들어와 있다. 교회가 그 증거이고, 그 확실한 시작이다.

> "그러나 주의 날이 도둑같이 오리니 그날에는
> 하늘이 큰 소리로 떠나가고 물질이 뜨거운 불에 풀어지고
> 땅과 그 중에 있는 모든 일이 드러나리로다" - 벧후 3:10

죽으면 정말, '아무것도 없는 끝'일까?

경험과 실증에 근거하는 과학은, 죽음 후에 인간의 영혼이 존재하는지 존재하지 않는지를 '증명'할 수 없다. 그래서 '죽으면 어떻게 되는지'에 대해 과학은 침묵할 수밖에 없고, 어쩌면 그것이 가장 '과학적인' 태도일 것이다. '모르니까 없는 것이다'라는 주장은, 마치 바다 깊숙이 사는 물고기가 '내 눈에는 안 보이기 때문에 물 밖에는 아무것도 존재하지 않아!'라고 생각하는 것과 크게 다르지 않다.

현실적으로 보면, 죽음은 '육체적 생명의 부재(不在)'로 나타난다. 하지만 '육체적 생명이 없는 상태'가 곧 '아무것도 없는 상태'라는 증거는 아니다. 우리가 알 수 있는 것은 단지, 죽음이 육체적 생명의 부재라는 것뿐이다. 성경을 보면, '무'(無)

는 원래, 존재 전의 상태 즉 창조 전의 상태에 해당한다. 하나님은 '무'에서 '유'(有) 곧 존재하는 모든 것을 창조하셨기 때문이다. 그러므로 죽음이 '아무것도 없는' 상태 곧 '무'의 상태가 되려면, 하나님이 자신의 창조를 취소하셔야 한다.

하지만 하나님은 범죄한 아담에게 '정녕 죽으리라'고 하셨지, '너의 창조를 취소한다'고 하지 않으셨다. 하나님께서 인간의 '죽음'으로써 창조 자체를 취소하신 것이 아니라면, 죽음은 결코 '비존재'(非存在)의 상태가 아니다. 육체적 생명이 존재의 한 형태인 것처럼, 죽음 역시 존재의 또 다른 형태인 것이다. 인간의 육체적 생명의 부재로서의 죽음은, 존재의 또 다른 형태일 수는 있어도, 존재 자체의 부재일 수 없고 이를 증명하지도 못한다.

성경에서, 창조를 '취소한다'는 것, 즉, 존재 자체를 '무'(nothingness)로 되돌린다는 힌트는 어디에서도 찾을 수 없다. 성경은, 하나님께서 자신이 창조하신 존재를 '완성'하시되, 또 다른 차원에서 완성하신다는 사실을 알려 준다. 이때 죽음은, 육체적 생명에서 또 다른 차원의 존재 사이에 끼어 있는, '존재의 또 다른 방식'일 뿐이다. 성경에서 죽음은 그 자체로 심판의 대상, 곧 하나님의 창조와 구원 그리고 통치 행위의 영역 안에 있는 대상이지, 감히, 그 자체로 창조 행위 자체의 역전, 부재, 취소가 될 수 없는 것이다.

이미 예수 그리스도의 죽음과 부활과 승천의 역사적 사실이 이를 증거한다. 예수 그리스도의 죽음은, 고통 속에 있는 육체적 생명으로부터, 죽음을 가능하게 했던 죄와 허무를 극복한 부활 생명으로 '건너가는', 육체적 생명이 부재하는 또 다른 존재의 형태임을 드러냈다. 사실, 마지막 날 모든 육체가 부활할 것이다.

하나님은 아담을 '소멸'하지 않으셨다. '너는 흙이니, 흙으로 돌아가라'고 하셨다. 사람이 죽을 때, 육체는 흙으로 돌아가고 영혼은 잠자듯 마지막 날의 부활을 기다린다. 그것은 영혼이 육체와 함께 거하는 인간 구성의 '분리요 해체'이지, '소멸'이 아니다. 죽음을 통해, 인간의 육체든 영혼이든 소멸되는 것이 아니다.

마지막 날, 이 땅에서 죄와 죽음과 허무의 지배가 온전히 제거되는 날, 그날, 믿는 자들은 의와 생명과 하나님의 임재가 거하는 '새 하늘과 새 땅'과 함께 그 영원한 나라에 합당한 부활 육체를 받을 것이다. 죽음이란 아무것도 없는 '무'로 돌아가는 일이 아니다. 죽음은, 부활 생명이라는 또 다른 존재 방식으로 가는 '건널목'이다. 흙으로부터 난 육체, 죄와 죽음에 오염된 낡은 옷을 벗고, 위로부터 나신 예수 그리스도의 부활 생명과 찬란한 영광의 새 옷으로 갈아입는 일이다. '죽으면 아무것도 없다'는 말은, 그래서 근거도 증거도 없는, 무지하고 섣부르며, 무모하고 어설픈 미혹(迷惑)이다.

> "그러나 이제 그리스도께서 죽은 자 가운데서 다시 살아나사 잠자는 자들의 첫 열매가 되셨도다" _ 고전 15:20

부활의 사실과 죽음에 오염된 '사고방식'

죽음의 편만한 지배는 인간의 육체의 종말에 그치지 않는다. 죽음은 인간의 존재를 부패하게 할 뿐 아니라, 그 인식(認識)까지도 죽음 아래 가두어 둔다. 죽음 아래 갇힌 '인식' 또는 '사고방식'은, 죽음 아래에 놓인 '추론'과 '경험' 아래에 갇힌다.

죽음이 육체만이 아니라, 인간의 '사고'(思考)를 지배하는 것이다. 죽을 수밖에 없는 인간은, 이 죽음의 지배 아래 갇힌 사고방식에서 스스로 나올 수도 없다. 그에게는 '역사'(history)조차 자신의 '추론과 경험'의 수준에서 '실증(實證)'되는 한에서만 이해되고 받아들일 수 있는 역사이다.

인간이 죄와 죽음에 갇힌 자신의 사고방식에서 출발하고, 그런 어둡고 부패한 사고방식의 한계 안에서, 창조주요 죽음에서 부활하신 생명의 주(主)에 대해 스스로 판단하는 것 자체가 무모한 일이다. 그것은 마치 집에 있는 강아지가 주인과 산책을 하면서, 스스로 주인의 생각을 꿰뚫고 있다고 믿는 것처럼이나 한계가 분명한 일이기 때문이다.

예수 그리스도의 부활의 사실은, 우리의 '추론'이나 '경험'을 근거로 한 판단에 귀속되지 않는다. 부활 자체가 역사 안에 초역사가, 자연 안에 초자연이 들어온 사건이다. 그것을 역사와 자연, 인간의 추론과 경험 안에서 이해하겠다는 것 자체가 잘못된 접근 방식이다.

성경은 부활의 사실을 논증이 아니라, '계시'(revelation)에 대한 '증언'(testimony)으로 전달한다. 그것은 없는 것에서 있는 것을 창조하셨고, 창조하시는 '하나님께서 자신을 나타내신 계시의 사건'이기 때문이다. 부활의 사실에 대한 당신의 응답은, 그것을 믿음으로 받아들일 것인가 말 것인가에 달려 있다. 부활에 대한 믿음은 당신의 죽을 육체뿐 아니라 당신의 '사고방식을 지배하는 죽음을 몰아내는 부활 생명을 받는 사건'이 될 것이다.

'빛'을 받아들여야, 그 빛 가운데서 비로소 '볼 수 있는' 것과 같다. 예수 자신이 스스로를 빛이라고 말씀하시는데, 예수가 빛인 것이 보이지 않으면 당신의 눈이 먼 것이다. 예수 자신이 부활하셨다고 주장하시는데, 그 부활이 믿어지지 않으면 당신의 '인식'이 여전히 죽음의 흑암 가운데 있는 것이다. 그 반대일 수는 없기 때문이다.

> "예수께서 이르시되 나는 부활이요 생명이니
> 나를 믿는 자는 죽어도 살겠고" _ 요 11:25

구원이란?

"… 우리 하나님의 은혜를 도리어 방탕한 것으로 바꾸고 홀로 하나이신 주재 곧 우리 주 예수 그리스도를 부인하는 자니라 … 또 자기 지위를 지키지 아니하고 자기 처소를 떠난 천사들을 큰 날의 심판까지 영원한 결박으로 흑암에 가두셨으며" – 유 1:4, 6

구원이란, 전통적으로 말하듯이 '소명, 중생, 회개, 칭의, 성화, 견인, 영화'로 정리되는 한 '개인의' 구원의 서정(ordo salutis)에 그치지 않는다. 그것은 종교개혁 당시 중세의 '신학적 세계관'에 반발해, '인간 개인의 발견'이라는 인문학의 부흥이 한창이었던 시대사조를 배경으로 재구성된 '개인적 구원론'이라 할 수 있다. 개인이 전체에 묻혀 버렸던 시대에, 구원을 '천로역정'에서처럼 '한 개인의 서정'으로 이해한 것은 커다란 기여이다.

하지만 지금처럼 포스트모던 사회, 즉, 피조 세계를 더 이상 하나님의 창조물과 통치 영역으로 보지 않는 사회, '전체의 조화와 일치'가 사라진 '다양성, 다원성'의 시대에 교회가 구원을 여전히 '한 개인의 천로역정'만으로 바라보는 것은 '제한된 이해'이며 그 자체로서 '충분히 성경적'이지도 않다. 교회는 이 시대의 교회를 향하여, 성경이 구원을 어떻게 가르치는지를 재구성해서 선포해야 할 필요가 있다.

다행히도 성경은 원래, 보이고 또 보이지 않는 '하나님의 통합적인 세계'를 전제하고 있고, 한 사람의 구원이란 그 하나님의 세계 전체를 배경으로 설명된다. 구원이란 무엇인가? 구원은 자주 '하나님 백성'의 형성과 관련되어 있고, 새 하늘과 새 땅의 '재창조'의 사건과 필연적으로 연결되어 있다. 하나님께서 부르신 그의 백성의 '수(數)가 차기까지' 최후의 심판과 재창조는 일어나지 않을 것이다.

흔히 '영혼 구원'이라 말하지만, 신약성경에서 '영혼'(프쉬케)은 주로 그 '사람 전체'를 가리킨다. 그러므로 '나의 영혼 구원'도 나에게 '부활 육체'가 주어지기까지 완성되지 않는다. 더구나 성도에게 주어지는 부활 육체도, 지금 있는 하늘과 땅이 '죄와 죽음과 허무의 지배'에서 벗어나 '의'(義)가 거하고 '부활 생명'이 지배하고 '하나님께서 직접 임재'하여 함께하시는 새 하늘과 새 땅이 되기 전까지는 받을 수 없다. '나의 영혼 구원'이란, 하나님 나라의 백성이 온전히 완성되고 우주적인 재창조가 이루어져야, 그때서야 비로소 온전히 성취되는 '공동체적이고, 우주적인' 사건과 필연적으로 연결되어 있는 것이다.

이런 점에서 아주 '오래되고 낯선' 유다서는, 오늘날처럼 '파편화된 세계' 안에서 매우 '신선하고 설득력 있는' 구원론을 제시한다. 유다서는, '자기 지위를 버리고 처소를 떠난' 타락한 천사들로 인한 우주적 혼돈과 파괴에 관한 오래된 내러티브를 통해(요 1:6; 창 6:1-4), '은혜를 방탕거리로 변질시키는'

죄를 조장하는 거짓 교사들의 거짓 가르침을 경계하라고 가르친다. 유다서에서 치명적인 '죄'란, 하늘과 땅에서 하나님의 은혜로 '자기 지위와 처소'를 선물 받은 피조물이 그 '지위와 처소'를 내팽개치는 '배은망덕과 직무 유기의 우주적 패턴'을 가리키는 것이다.

그러므로 유다서에서 구원이란 무엇보다, 하나님이 주인이요 주(主)가 되신 '그의 창조와 새 창조 세계 전체에 참여하는 사건'이다. 우리가 받은 구원이란 단지 '나 하나의 죄 사함'이나 '견인'(perseverance)에 그치지 않는다. 구원이란, 보이고 보이지 않는 모든 세계 곧 '총체적인 하나님 나라'의 전망 안에서 우리에게 은혜로 주어진 그 영광스러운 '지위'와 우리에게 맡겨진 새로운 '처소'에 대한 특권과 사명을 의미하는 것이다.

이런 식으로, 유다는 죄와 경건의 의미를, 창조와 구원 그리고 새 창조의 세계 안에서 은혜로 주어진 지위와 영역을 다스리는 특권과 사명을 얻었다는 관점에서 새롭게 해석한다. 창조 세계 전체가 신음하고 있는 이때에, 유다서는 '죄와 경건'에 대한 아주 현대적이고 세련된 정의를 제시하는 셈이다. 우리가 걸어가야 할 새로운 길은, 늘 '처음부터 있는 생명의 말씀' 안에 있다.

> "하나님의 사랑 안에서 자신을 지키며 영생에 이르도록
> 우리 주 예수 그리스도의 긍휼을 기다리라" – 유 1:21

찬송과 경배로 가득 찬 자연

하나님께서 자연을 창조하셨다면, 자연은 하나님이 어떤 분이신지를 조금이나마 엿보게 해 주는 단서가 된다. 마치 예술 작품을 보고서 그 작품을 만든 예술가에 대해서 알 수 있듯이 말이다. 어느 날 여행지에서 자연 속을 돌아다니다 하나님을 떠올리게 되었다. 이런 자연을 만드신 하나님은 정말 어떤 분이실까?

예수 믿는 복(福) 중에 하나는, 이미 잘 알고 있던 세상을 '전혀 새로운 눈'으로 바라보게 된다는 것이다. 하나님은 우리를 구원하신 분이시며 창조주이시기 때문에, 하나님이 보내신 그 아들을 통해 구원의 은혜를 얻은 사람은, 그 은혜 안에서 그분이 창조하신 자연을 하나님의 아름답고 선한 작품으로 깨닫기 시작한다. 그것은 실로 놀라운 은혜가 아닐 수 없다.

애초부터 거기에 있었지만, 드디어 그것이 창조주 우리 아버지 하나님의 사랑의 선물로 다가오는 것이다. 자연을 통해 우리에게 끊임없이 말 걸어오시고 우리와 함께 기쁨을 나누기를 원하시는 하나님을 보게 된다. 하나님이 세상을 창조하셨다면, 하나님이 창조하신 자연은 하나님의 솜씨와 그분의 성품과 그분의 풍성함과 그 다양함 그리고 놀라운 지혜들을 드러내고 있는 것이 분명하기 때문이다. 그것은 바라볼수록,

발견할수록, 그저 경탄을 자아내는 경험이 아닐 수 없다.

　어느 날, 작은 어촌 마을을 거닐 때에 비가 그친 하늘에 펼쳐진 무지개를 본 적이 있다. 수평선 너머로 거침없이 탁 트인 하늘 이쪽에서 저쪽까지 완벽하게 둥그런 무지개가 형형색색으로 빛날 때, 내 안에서 솟아오르던 경탄의 느낌을 잊을 수 없다. 새빨갛게 불타는 것처럼 바다 위를 붉게 물들이던 저녁노을의 강렬한 빛을 바라보며, 매순간 창조주 하나님 앞에서 온갖 모양과 형상으로 자신을 아름답게 표현하며 하나님을 찬송하는 자연이 드리는 예배를 목격했다. 그리고 이런 고백이 터져 나왔다:

> "낯선 마을, 낯선 하늘, 낯선 바다. 하나님은 광대하시다. 내가 모르는 하나님, 알아도 다 알지 못할, 그 지혜의 풍요로움. 저 푸른 하늘, 쉴 새 없이 흔들리는 바다, 옥빛, 잿빛, 붉은빛으로 반짝이는 물결, 당신의 아름다우심을 따라 만드신 사람들의 낯설고 풍성한 아름다움.
> 하나님, 당신은 누구신가요. 신학 책 속에 가둘 수 없는, 살아서 펄럭이며 온 하늘과 푸른 들과 다채로운 사람들 속으로 펼쳐지는 우리 하나님의 끝없는 표정들.
> 하나님, 당신은 누구신가요. 너무도 예술적이신 하나님, 말할 수 없이 다채로우신 분, 유머러스하고 또 장엄하신 하나님. 이해할 수도, 알 수도, 짐작하기도 어려운, 끝없이 놀라우신 분. 오늘도 나는 당신 속으로 빠져들어 가 길을 잃고 맙니다."

자연은 얼마나 다양한 모습으로 자신을 드러나는가. 이름 모를 깊은 숲을 거닐어 보라. 얼마나 다양한 식물이 제각기의 모양과 방식으로 생명의 풍성함을 드러내는가. 하나님께서 이 세상을 '말씀'으로 창조하신 것이 사실이라면 그리고 그 말씀과 함께 '하나님의 영'이 역사하셨다면, 우리가 알고 있는 '말씀이신 그리스도'와 '영이신 성령님'은, 우리가 숲을 거닐며 목격하게 되는 그 푸르고 풍성한 식물들의 온갖 다양함을 통해 오늘도 여전히 풍성하고 찬란하게 자신을 드러내고 계신다.

우리가 알고 있는 '말씀이신 예수 그리스도' 그리고 '생명의 영이신 성령님'이, 우리가 목격하는 자연의 그 찬연한 다양성과 풍요함을 만들어 내신 창조주 자신이시기 때문이다. 삼위 하나님은 이렇게 풍성하시며, 피조물의 온갖 다양함 속에서 자신의 영광의 풍성을 드러내신다. 자연 속의 모든 피조물은 이런 식으로 매순간, 누가 목격하든 그렇지 않든, 자신의 주어진 자리에서 그 모든 아름다움과 생명의 풍요함으로 삼위 하나님을 찬송하고 경배하는 것이다.

계시록에 보면, 하늘의 하나님의 보좌 주변에 서 있는 '네 생물'이, '거룩하다, 거룩하다, 거룩하다' 하며 항상 하나님을 찬송하고 경배한다. 자연이 창조주 하나님을 경배한다는 것은, 그분이 은혜를 따라 주신 자신의 본성에 순복하며, 각기 그 모양과 자신에게 주어진 영광을 드러냄으로 자신의 존재 전체로 하나님께 응답한다는 것이다. 그것은 아름다움 그 자체이며, 자연을 지으신 창조주 하나님을 아는 자들의 눈에는 '경탄'을 자아낸다.

피조물들이 창조주 하나님을 향하여 자기 모습 그대로를 드러내는 그 영광스러운 광경을 바라보며 놀라고 감탄한다는 것은, 우리가 그 피조물들이 찬송과 경배로 창조주께 드리는 '예배'에 함께 참여하는 것과 같다. 실로 이럴 때에 예배의 본질은, '경탄' 곧 '놀라움과 경이로움 속에서 자신을 잊은 채 서서 하나님을 경배하는' 상태이다.

물론 자연도 탄식한다. 인간의 탐욕과 오염으로 인한 무질서에 흔들리고, 죄 아래 있는 인간들처럼 죽음과 허무에 굴복하며 고통으로 아우성친다. 하지만 결국, 모든 피조물이 더러움과 썩어짐과 허무함에 굴복하는 데에서 벗어나, 하나님의 자녀들과 함께 영원토록 우리의 구원자요 창조주이신 하나님을 찬송하고 경배하는 예배에 참여하게 될 것이다.

주께서 '만물을 새롭게 하시는' 그날에 그 영광스러운 예배가 우리 눈앞에 펼쳐질 것이지만, 지금도 믿음과 소망의 눈을 뜨고 보면, 우리가 걷는 모든 길은 자연과 함께 하나님을 찬송하고 경배하는, 날마다 거룩한 예배의 자리이다. 원래부터 하나님이 창조하신 이 우주는 하나님을 예배하는 '성전'(temple)으로 지음받았기 때문이다.

> "네 생물은 각각 여섯 날개를 가졌고
> 그 안과 주위에는 눈들이 가득하더라

> 그들이 밤낮 쉬지 않고 이르기를
> 거룩하다 거룩하다 거룩하다 주 하나님
> 곧 전능하신 이여 전에도 계셨고 이제도 계시고
> 장차 오실 이시라 하고"_ 계 4:8

강단에서 '복음'을!

교회를 떠나 방황하는 그리스도인의 수가 점증하고 있다. 성도가 교회에 적응하지 못하는 데에는 여러 가지 이유가 있다. 목회자 입장에서도 할 말이 많을 것이다. 정말, '자기밖에 생각할 줄 모르는 이기적인' 교인들도 있을 것이다. 하지만 교회에 등록을 하고 다니기로 했다면, 하나님의 은혜를 경험하고 어느 정도의 헌신을 다짐한 경우가 대부분이리라.

그런 성도가 더 이상 교회 생활을 견디지 못하게 되었다는 소식을 듣는 것은 실로 가슴 아픈 일이다. 오늘날 성도들이 교회를 떠나게 되는 이유 중에 가장 뿌리가 되고 결정적인 요소를 들자면 '복음(good news)의 실종'이다.

설교 강단에서 더 이상 '복음' 즉 '기쁜 소식'이 선포되지 않을 때, 성도들은 어디에서 어떻게 힘을 얻고, 은혜를 받고, 하늘의 신령한 능력을 덧입을 수 있는지 알지 못한다. 자신은 복음을 전하고 있다고 굳게 믿고 있지만, 실제로는 전혀 그렇지 못한 목회자들도 많다. 무엇이 '복음, 기쁜 소식'인가?

그저 '이렇게, 저렇게 신앙생활 하면 복을 받습니다'라는 식의 설교는, '복음'을 전하는 것이 아니라 '복을 받는 방법'을 가르치는 것이다. 이것도 다 성도들을 끔찍이 사랑해서 하는 일일 것이다. 죄와 죽음과 실망과 실패가 가득한 세상 속에서 '단지 살아남는 것'조차 버거운 삶을 사는 사람들에게, 피부에 와닿는 '실제적인 축복'을 선포하는 것은 절박하기도 하고 필요한 일이기도 하다. 하지만 그런 '복'들을 마치 '복음'인 것처럼 설교하는 것은, 단지 '부족한' 일이 아니라 '잘못된' 일이다.

아무리 복 잘 받는 이야기를 해도, 그것은 참된 복음이 주는 자유와 생명, 영광과 능력에 전혀 미치지 못하기 때문이다. 하나님께서 '세상을 이처럼 사랑하사' 주신 것은 단지 수억만 톤의 빵이나 계속해서 병든 자들을 치료하는 기적의 병원이 아니라, '그 아들과 그의 나라'에 관한 복음이다. 빵이나 병원이 필요하지 않아서가 아니다. 그것들로는 절대로 해결될 수 없는 죄와 죽음 그리고 하나님께 대한 반역의 문제는, 오직 '그 아들'로써 해결되기 때문이다.

설교 강단은 '내가 생각하기에 성공하고 행복해지는 최고의 방법'을 설파하는 곳이 아니라, 오직 '하나님께서 주신 하나님의 방식대로 구원을 얻고 누리는 최고의 길'을 전하는 거룩하고 두려운 자리이다. 설교 강단에서 가르치는 내용이 마치, '이런 주식, 저런 주식을 사면, 이렇게, 저렇게 재산을 불릴 수 있다'고 말하는 방식과 크게 다르지 않다면, 그것은 '복음'에 기초한 신앙을 만들지 못한다.

불행하게도, 오늘날 대부분의 교회에서 전해지는 설교의 골자는, '죽어서 천당 가고, 살아서도 물질의 복, 건강의 복, 자녀와 사업의 복을 얻어 잘 살라'고 가르치는 것에 가깝다. 제발, '복음!'을 선포하라. 이것이, 아직 교회에 남아 있거나 또는 피치 못하게 교회를 떠나는 성도들이 한결같이 타는 목마름으로 외치는 '갈망'이다. 부디, 강단에서 '예수 그리스도의 복음'을 선포해 달라는 것이다.

복음이란, '기쁜 소식'이다. 우리가 하나님께 그리고 교회 앞에 무슨 일을 하거나 헌신을 하기 전에, '하나님께서 우리와 세상을 위하여 무엇을 하셨고, 무엇을 하시고 계시며, 무엇을 하실 것인가'를 선포하고 설명하는 데에서 비로소 '기쁜 소식'이 전해진다. 우리가 이런저런 '투자', 그것이 영적이건 물질적이건, 그런 식의 '투자'를 한 대가로 어떤 '결과, 소득'을 얻게 된다고 말한다면, 그것이 어떻게 '기쁜 소식'이 되겠는가? 그것은 당연하거나 '노력한 만큼 얻는다'는, 본질상 '율법주의적'인 또는 '공로주의적'인, 세상의 여느 '성공 철학'의 가르침과 다를 바 없다.

교회가 세상과 다르고, 기독교의 신앙이 여타의 종교적 가르침들과 다르고, 성경의 진리가 다른 경전의 가르침들과 다른 이유, 그 근본적인 차이점은 '복음'에 있다. 복음이란 근본적으로, 우리 편에 '원인, 이유, 근거'가 없이, 하나님 편에서 주도적으로 우리에게 베푸신 '은혜, 선물'에 관한 이야기이다. 헌신과 노력, 결과와 열매는 그다음 문제이다. 하나님의 은혜의 복음에 깊이 들어가 잠길 때에, 우리는 자연스럽게 당연히 헌신과 노력, 분투와 열매 맺는 자리를 열망하게 된다.

사랑받지 않은 사람이, 어떻게 사랑을 알고, 사랑을 할 수 있겠는가. '다 아는 이야기'라고 치부할지 몰라도, 수많은 설교자가 복음을 선포해야 할 강단에서 결국 '복 받는 노하우(know-how)' 곧, 인생의 행복과 성공을 위한 '방법론'을 가르치는 일에 빠진다. 그러니 교회에서 듣는 이야기나, '자기 개발서'에서 읽는 이야기나 크게 다르지 않다. 이런 설교는, 단지 종교적인 색채가 가미된 자기 개발 심리학에 불과하게 된다. '행복에 이르는 5단계의 원칙', '성공적 인생을 위한 10가지 비타민', 이런 식이다.

복음이 '그 아들'에게 집중된 것은, 하나님께서 우리 인생의 고단함과 비참함을 모르시거나 외면하시기 때문이 아니다. 복음을 '죽어서 가는 천당'으로 치부하고, '사는 게 이미 지옥 같다'고 해서, 이 세상에서 먹고사는 생존을 최고의 '복음'으로 축소하고 변질시키는 죄악을 범해서는 안 된다.

설교자는 자신이 하나님보다 세상을 '더 사랑한다'고 자부하는 어리석음을 범해서는 안 된다. 하나님이 당신보다 세상을, 세상의 모든 사람을 더 사랑하시고, 진실로 사랑하신다.

그래서 주신 해법이, 단지 빵이나 병원이 아니라 '자신의 아들'이었다. 하나님의 말씀을 맡은 설교자는, 하나님이 허락하신 강단 위에 서서, 자기의 해법을 떠벌리지 말고 자기에게 맡겨진 '하나님의 해법'을 충실히 전달할 각오, 겸손과 충성을 맹세해야 한다.

더불어, 설교자는 자신의 설교를 듣는 성도들을 '과소평가'해서는 안 된다. '성도들은 복 받고 잘사는 방법에 관한 설교를 좋아할 거야'라는 생각은 당신의 것이다. 진정으로 중생한 성도의 심령은 그 이상을 갈구하고 그 이상으로 하나님 나라의 복음에 목마르고 굶주려 있다. 말씀 맡은 자에게 요구되는 것은 충성이지 염려가 아니다. '복음을 있는 그대로 선포하면, 성도들이 감당 못 할 거야, 우리 교회 안 나올 거야' 그런 식으로 생각하지 말라. 성도들은 복음에 굶주려 있고, 하나님의 나라에 목말라 있고, 진리에 갈급해 있다.

복음은, 본질상 '종말론적'이다. '이 세상은 이미 하나님의 심판 아래 있고, 끝이 난 것이나 다름없다'는 엄위한 사실에서 출발한다. 그것이 예수 그리스도의 십자가의 의미이다. 그리고 그의 십자가의 죽음과 부활의 생명 그리고 승천하사 이 땅에 보내신 성령 하나님의 임재와 활동을 통해, 이 세상 안에 전격적으로 '새 하늘과 새 땅'이 이루어지기 시작했다는 소식이다.

이것이 하나님께서 '하신 일'이며 '하고 계신 일'이며 또한 '온전히 이루실 일'이다. 오직 하나님만이 그 아들을 믿는 모든 자에게, 죄의 더러움으로부터, 죽음의 공포로부터, 허무의 무저갱으로부터 건져 내실 은혜와 능력을 베푸신다는 소식, 그것이 기쁜 소식이다. 아버지께서 세상을 이처럼 사랑하사 내주신 그 아들을 믿음으로, 우리는 의(義)와 거룩, 영원한 생명과 사랑, 하나님과 함께 영원토록 누리는 새 하늘과 새 땅을 '거저, 은혜로' 받은 것이다.

그러므로 예수를 믿는다는 것은, 하나님의 은혜로 말미암아, 엄청난 자유와 해방을 누리는 것이며, 이루 말로 다 할 수 없는 부활 생명의 능력과 영원한 나라의 '땅'을 소유한 부와 존귀를 누리게 되었다는 것이다. 이 모든 것이, 그 아들을 믿음으로 '은혜로, 선물로 주어졌다'는 것, 이것이 복음, 기쁜 소식이다.

기독교 신앙은, '내가 노력한 결과 또는 그 이상을 얻어 내는, 종교 생활의 몸부림'이 아니다. 마치 이스라엘이, 이집트 제국 아래서 등에 채찍을 맞으며 진흙을 이겨 벽돌을 만들어 쌓았던 것과 같은 노예 생활이 아니다. 오히려, 성부, 성자, 성령 하나님께서 우리를 깨끗하게 하시고, 온전하게 하셔서, 친히 우리 안에 함께 거하실 하나님의 집, 성전을 세워 가시는 과정에 가깝다.

강단에서 '복음'의 선포가 사라지면, 교회는 '공동의 목표를 달성하기 위해 집결한 행정 조직'처럼 변질된다. 참된 복음을 통해 흘러나오는 '하늘의 신령한 은혜의 역사'가 사라지고, '이렇게 하면 저렇게 된다'는 식으로, 쏟아부은 '인

풋'(in-put)에 따라 거두어들일 수 있는 '아웃풋'(out-put)을 계산하는 처절한 '비은혜'의 세상적인 이익 집단처럼 변질되는 것이다.

거기에는 하늘의 신령한 백성이 성장할 만한 은혜와 진리, 생명과 사랑의 토양이 없다. 영적 생명이 말라 죽는 사막 같은 땅으로 변하는 것이다. 은혜도, 진리도, 생명도, 사랑도 고갈되어 버린 세상 한복판처럼 말라 가는 것이다. 교회가 비참해지는 것은, 예수 믿고 복을 받지 못해서가 아니라, '예수가 복(福)'이라는 사실을 잊었기 때문이다. 교회여, 무엇보다, 그 무엇보다, 제발 '복음!'을 회복하라. 복음을 선포하라, 복음 속에서 숨 쉬고 사는 법을 익히라. 복음이 성도를 숨 쉬게 하고, 교회를 살려 낸다. '기쁜 소식'을 들어야, 기쁘게 살고, 기쁨의 열매를 맺는다.

"내가 복음을 부끄러워하지 아니하노니
이 복음은 모든 믿는 자에게 구원을 주시는
하나님의 능력이 됨이라 …"_ 롬 1:16

숨을 남기고 나오라

제주도에 머물던 그날, 오전에 탐방한 곳은 조금 실망스러

왔다. '오늘 하루는 이렇게 흘러가나 보다' 하며 숙소로 돌아왔는데, 마을에서 저녁에 '해녀의 삶'을 다룬 공연을 한다고 해서 아내와 함께 가 보았다. 뜻밖에도 그 공연으로 해서, 그날은 아주 뜻깊은 하루가 되었다. 노을 진 부두에서 펼쳐진 해녀들의 춤사위도 볼만했지만, 그들이 평소에 지킨다는 수칙(守則)이 특히 기억에 남았다.

그것은 '바다에서 물질을 할 때, 숨을 남기고 나오라'는 것이었다. 해녀가 바닷속에서 해산물을 채취할 때는, 물 밖에서 들이켠 숨을 참았다가 조금씩 그 숨을 쓰게 된다. 물로 뛰어들 때 이미 물속에서 쓸 수 있는 숨이 정해져 있는 것이다. '숨을 남기고 나오라'는 것은 물속에서 채취 작업이 다 끝나고 물 위로 올라올 때, 그 올라오는 동안 쉴 수 있는 숨을 남겨두라는 뜻이다.

그렇게 하지 않으면, 올라오는 도중에 숨이 모자라 큰 고통을 당하거나 위험에 처할 수 있기 때문이라고 한다. 바닷속에서 해산물을 채취하다 보면 '조금 더, 조금 더' 하며 욕심이 날 수 있다. '하나만 더, 하나만 더' 하며 얻어 가지는 것에만 정신을 팔다 보면, 물 위로 올라가는 동안 써야 하는 숨마저 다 써 버리게 되고, 나오다가 큰 위험을 당해 그대로 물속에서 나오지 못하게 될 수 있는 것이다.

그리스도인의 삶도 이와 유사한 점이 있다는 생각이 들었다. 해녀가 물속에 평생 갇혀 있지 않듯이, 우리도 이 세상에 영원히 머무르지 않는다. 그리스도인은 '새 하늘과 새 땅'에 이르는 사람들이다. 예상하지 않은 순간에, 전혀 준비되지 않은 채로 삶의 끝을 맞이하면 당혹스러울 것이다. 바닷속에서 전복 캐고 소라 줍고 멍게 따는 일에 정신을 팔다가 가진 숨을 다 써 버리는 해녀처럼, 결국 이 세상에 정신이 팔려 빠져나오지 못한 채 그 영원한 나라의 문턱에 서게 되면 당혹스럽지 않겠는가.

베드로전서에 의하면 '새 하늘과 새 땅'의 특징은 이 세상과 다르게 '더럽지 않고, 썩지 않고, 쇠하지 않는' 나라이다. 성도에게 약속된 이 영원한 나라는 지금은 '하늘에 간직되어' 있다. 하지만 '아직' 온전히 나타나지 않은 이 '새 하늘과 새 땅'은, 세상의 '더러움' 곧 죄를 이기는 예수 그리스도의 십자가의 능력과 '썩어짐' 곧 죽음을 이기신 그의 부활의 통치, 그리고 하나님 없는 '허무'를 극복한 성령의 오심과 그 임재를 통해, '이미' 이 세상에 결정적으로 침투해 들어와 있다!

예수께서 광야에서 시험을 마치시고 공개적으로 '하나님의 나라가 가까이 왔다! 회개하고 복음을 믿으라!'고 선포하신 그대로이다. 무엇보다, 장차 주께서 다시 오실 때 온전히 나타날 이 새 하늘과 새 땅은, 예수 그리스도의 십자가와 부활을 믿고, 그가 보내신 성령이 친히 임재하시는 성도들 안에 '지금, 여기서도(!)' 활동하며 실현되고 있는 나라이다(벧전 1:3-4).

이 때문에 성도는, 이 세상에서 '더러움 곧 죄'와 싸울 수밖에 없다. 우리를 거룩하게 하시는 하나님의 거룩하심 안에서, 세상의 모든 더러움 곧 영적인 거짓말과 도덕적인 불의와 세상을 오염시키는 탐욕과 날마다 싸우게 되는 것이다. 또한 '썩지 않는 나라'를 받은 성도는 일평생 죽기를 무서워하여, 불의를 보고도 눈감으며 이웃이 짓밟히고 고통을 당해도 모른 척하고, 선을 악이라 하고 악을 선이라 하는 거짓된 삶을 살 수 없다. 그럴 필요가 없는, 그래서도 안 되는, '죽음을 이긴 부활 생명'을 받아 누리고 있기 때문이다.

'쇠하지 않는 영원한 나라'를 받은 성도가, 어떻게 허무한 일에 자신을 내던지며 세월 낭비하겠는가. 그는 성령의 임재 안에서, 부지런히 하나님의 사랑으로 사랑하기를 배우고 그 사랑으로 사랑하는 영원한 삶을 살려 할 것이다. 그리스도인이란 이 '더럽고, 썩어지고, 허무한' 세상 한복판에서도, 이미 '새 하늘과 새 땅'의 더럽지 않고, 썩지 않고, 쇠하지 않는, 거룩하고 영원한 생명의 삶을 살아가고 있는 사람이다.

그렇게 '의'(義)에 주리고 목마른 삶, 영적으로 육적으로 죽은 모든 것을 '살려 내는 삶', 그리고 그 나라에 이르도록 영원토록 남아 있을 '사랑의 삶'을 힘써 살도록 부르심을 받은 것이다. 그리스도인들인 우리도, 때때로 이 세상이 전부인 것처럼 숨 가쁘게 살기도 한다. 그것이 불의한 일이든, 남을 짓밟고 죽이는 것이든, 또는 하나님의 사랑을 소멸하는 탐욕이든, 세상에서 살아남기 위해 애쓰다가 정신을 잃는 것이다.

하지만, 우리가 받은 나라는 '새 하늘과 새 땅'이다. 아직

'숨이 남아 있을 동안', 더욱더 그 '더럽지 않고, 썩지 않고, 쇠하지 않는 나라'를 열망하고, 그 흔들리지 않는 영원한 나라에 합당하도록 자신을 준비해야 한다. 이 세상이 끝나고야 본격적으로 시작될 그 영원한 나라는, 이미 와 있고, 지금도 오고 있고, 장차 온전히 임할 것이기 때문이다. 세상을 사는 그리스도인들이여, '숨을 남기고 나오라!'

"우리는 그의 약속대로 의의 거하는바

새 하늘과 새 땅을 바라보도다

그러므로 사랑하는 자들아 너희가 이것을 바라보나니

주 안에서 점도 없고 흠도 없이

평강 가운데서 나타나기를 힘쓰라"_ 벧후 3:13-14/개역한글

배낭여행자와 교회

'세례'란 무엇인가?

베드로전서 3:21은 그 전후 문맥 안에서, 초기 교회가 세례를 얼마나 폭넓게 이해하고 가르쳤는지를 보여 주는 중요한 본문이다. 베드로는 이를 1세기 독자들의 귀에 익숙한 이야기를 들어 설명한다. 즉, 성도가 받는 세례란, 노아의 방주가 단지 홍수 심판을 피했을 뿐 아니라, 더 나아가서 마른 땅 곧 새 하늘과 새 땅을 찾아갔던 것처럼, 단지 죄를 피하는 것만이 아니라 새 하늘과 새 땅을 찾아 나아가는 '구원의 전 과정'을 가리킨다는 것이다.

베드로전서는 이런 식으로 '죄와 죽음과 허무'의 세상을 지나 하늘 보좌에 이르신 예수 그리스도의 부활 승천 사건을 통해 세례를 재해석한다. '세상 속의 교회'에 있어서 세례란,

'거듭난 심령의 새롭게 된 선한 양심의 길'로 해석된 그리스도의 십자가와 부활의 길을 따라, 악한 자들을 만나는 세상 한복판을 지나, 결국 하나님 보좌 우편에 이르는 그 '나그네와 행인의 여정 전체'를 가리킨다.

그러므로 '세례'는 단회적이지만 동시에 '긴 과정'이다. 선한 양심으로 세상을 지나 하늘 보좌 우편에 이르는 '나그네 길 전 과정'을 가리키는 성례인 것이다. 이것이 베드로전서가 가르쳤던 세례 개념의 특징이다.

초기 교회에 있어서, 새신자를 위한 세례 교육서이기도 했던 베드로전서는, 신자란 세례를 받았고, 세례 속을 지나가고 있으며, 결국 온전한 세례를 받게 될 존재라고 가르치는 셈이다. 당시, 로마 속에 흩어져서 로마를 상대해야 했던 베드로전서의 수신자 교회들이 세례를 이토록 적실하고도 풍성하게 이해했다는 것이 놀랍고 감동적이다.

> "물은 예수 그리스도의 부활하심으로 말미암아
> 이제 너희를 구원하는 표니 곧 세례라
> 육체의 더러운 것을 제하여 버림이 아니요
> 오직 선한 양심이 하나님을 향하여 찾아가는 것이라"
>
> — 벧전 3:21, 개역한글

고생했다, 평안히 쉬라, 새롭게 다시 만나자

"그리스도인이 지금 여기 이 세상에서 마음속에 받아들이는 하늘로부터 오는 신성(神聖)의 불은, 육체가 사멸하면 외적으로 활동할 것이다. 이 불은 다시 한 번 흩어진 요소들을 회복시키고 해체된 육체를 부활시킬 것이다." – 성(聖) 이집트의 마카리오스

위쪽 어금니가 아파서 고생하다가, 기어코 뽑고 말았다. 덩그러니 뽑힌 채 버려져 있는 어금니를 보자니 만감이 교차했다. 사실 영구치라서 뽑기를 주저했다. 음식물을 씹기 불편할 것이기 때문이기도 했지만, 그냥 서운했다. 생각해 보니, 나와 거의 평생을 함께 있었고, 어두운 입안에서 제대로 청소도 해 주지 않을 때도 있었을 텐데, 그 오랜 세월 동안 말없이 꾸준히 나를 섬겨 준 어금니를 떠나보내는 일이 아쉬웠던 것 같다.

간호사가, 이미 신경 치료를 받았고 또 보철까지 한, 금딱지가 붙은 그 어금니를 어찌할 것인지 물었을 때, 순간적으로 '가져갈까?'라는 생각도 들었다. 잠시 망설였지만, 그냥 거기 두고 왔다. 구차해 보이고 어색했다. 왜 나는, 순간적으로나마 그 어금니를 가져오고 싶었을까? 내 몸의 일부가 떨어져 나가고, 다시는 되찾을 수 없는 안타까움이었던가.

곰곰이 생각해 보니, 나이가 들면서 서서히 어쩔 수 없는

이별들이 생긴다. 그날 이후에도 치과를 가야 했는데, 전문 지식을 갖춘 그 의사 선생님은 나를 위로할 양이었는지, 치과 의사인 자신의 치아도 그렇게 아프고 낡아 간다고 말해 주었다. 확실히, '나이가 든다'는 것은 자기의 몸과 이별하기 시작한다는 뜻이다.

오래된 중고차처럼 조금씩 더 삐걱거리는 내 몸을 대하면서, 이미 시작된 이 '이별' 자체를 받아들이기 어려워하고 있다는 사실을 깨닫는다. 빼야 하는 어금니가 아쉬웠던 건 그 때문이었을까. 아직 마음의 준비가 되지 않았는데, 사랑하는 사람이나 오랜 친구 같은 존재를 갑작스레 떠나보내야 할 때처럼 말이다.

잘 헤어지는 것은, 그동안 잘 지내 온 것만큼이나 중요한 과정이다. 조금씩 약해지고 고장 나고 떨어져 나가는 내 몸에 대해서도, 따뜻하고 절제된 인사를 할 수 있어야 할 것 같다. 무엇보다, '그동안 정말 수고 많았다'고 말해 주고 싶다. 오랜 세월, 내 대신 그 많은 음식물을 씹어 잘게 부수어 준 어금니에게도 심심한 감사, 진심 어린 고마움을 표시하고 싶다.

지금 생각해 보니, 그때 그 어금니를 가져와 어디 잘 묻어 주었으면 더 좋았을지 모르겠다. '어금니야, 그동안 정말 고마웠고, 이제는 편히 쉬기를 바란다.' 이렇게 자신의 육체와도 조금씩 이별하는 법을 잘 배우고 잘 해내는 것, 그것이 잘 늙어 가는 일이 아닐까.

한 가지가 더 있다. '애들아, 새롭게 다시 만나자'는 말이다. 아주 헤어지는 것은 아니니까 말이다. 한평생 내 몸에 붙어, 칭찬이나 수고했다는 말도 못 듣고, 묵묵히 자기 일을 다한 몸의 지체들과 지금은 이별한다 해도, 다시 만날 기약이 있지 않은가.

성 요하네스 크리소스토무스(St. John Chrysostom)가 말했듯, 우리 육체가 죽음으로써 흙으로 돌아가는 것은, 마치 조각가가 낡고 부서진 동상(銅像)을 용광로에 넣어 녹여 낸 후 더 훌륭한 작품으로 빚어내는 것과 같다. 우리의 죄도 우리의 육체가 흙으로 돌아감과 함께 끝이 난다. 그리고 주께서 다시 오셔서 만물을 '중생'(rebirth) 곧 거듭나게 하셔서 마침내 새 하늘과 새 땅이 펼쳐질 때, 흙으로 돌아갔던 내 몸의 지체들도 부활 생명으로 고침받고 정화되어 새롭게 돌아올 것이다.

그야말로, 죄와 함께 죽어 흙으로 돌아간 몸이, 마침내 죄를 떨쳐 버리고 부활하는 것이다. 그러니, 이 땅에서 우리는 자신의 육체와 아주, 영영 헤어지는 것은 아니다. 그렇다고 이 땅에서의 이별이 조금 더 쉬워지지는 않을 것이다. 하지만 잠깐의 이별을 잘 견딜 수는 있을 것 같다. 그래서 제대로 나이 든다는 것은, 죽음까지 감당할 만한 진짜 '현실적인 믿음'과 '흔들리지 않는 소망', 무엇보다 '더 큰 사랑'과 함께 '깊어지는 겸허함'을 요구한다.

배움에는 끝이 없다는 것을 새삼 느낀다. 끝까지 주 앞에 엎드려, 이 땅 위를 걸어가는 모든 순간 동안 배우고 또 배워야겠다. 자꾸 연습해야겠다. '그동안 고생 많았다. 정말 고마웠다. 진정 편히 쉬기를. 그리고 다시 새롭게 기쁜 얼굴로 만나자. 사랑하고 축복한다.' 내 육체에게 미리 건네 보는 인사말이다.

> "이 썩을 것이 썩지 아니함을 입고
> 이 죽을 것이 죽지 아니함을 입을 때에는
> 사망을 삼키고 이기리라고 기록된 말씀이 이루어지리라"
> _ 고전 15:54

죽음, 형벌과 은혜

"죽음을 통해 죄는 죽고, 악은 불멸로 남지 못하게 되었다. 오, 하나님의 지혜와 선이여! 죄가 죽음을 낳았는데, 죽음이 죄를 죽이다니요!" – 성(聖) 테오도로스

성경은 죽음이 죄에 대한 형벌로 주어진 것이라고 가르친다. 확실히 그러하다. 죄의 삯은 죽음이다. 죽음은 죄로부터 발생한 것이고, 죄가 불러오는 필연적인 형벌이다. 모든 사람이 죽는다는 것은, 모든 사람이 죄 아래 있다는 뜻이다. 죄를 피할 수 없는 사람은 누구나 죽음도 피할 수 없다.

하지만 초기 교회 교부들은, 이 '죽음의 형벌' 속에서도 하나님의 '은혜와 섭리'를 발견했다. 진리의 영이신 성령의 빛 아래서는, 인간의 '이성의 빛'으로 볼 수 없는, 이 세상의 관점에서는 도저히 찾을 수 없는 '보석 같은 하나님의 은총의 손길'이 보인다. 그 빛나는 은혜와 진리는 하나님의 말씀인 성경 속에 감추어 있다.

'죽음을 통해 죄는 죽고, 악은 불멸로 남지 못하게 되었다'는 성 테오도로스의 말은, 창세기에 기록된 첫 사람 아담과 하와의 이야기를 소환한다. 아담이 하나님의 말씀을 거부한 후, 정확히는 '선악과를 먹지 말라'는 말씀을 거절하고 그 대신 뱀 곧 마귀의 거짓말을 먹어 범죄한 후, 하나님은 우리의 시조 아담과 하와가 생명나무 열매를 먹고 불멸의 존재가 되는 것을 막으셨다.

그것은 죄에 대한 징벌에 포함된 추가적인 징벌이었던가? 그렇기도 하다. 하지만 하나님의 징벌과 심판 속에는 언제나 죄나 악 그리고 죽음의 지배를 제한하시고 억제하시는 은혜와 섭리의 손길이 숨어 있다. 생각해 보라. 우리의 시조가 죄를 범한 후에 불멸의 육체를 갖게 되었다면, 그래서 영원토록 죽지 않게 되었다면, 그들 안에서 활동하는 죄와 악 역시 불멸하게 되었을 것이다.

하나님께서는 시조가 생명나무 열매를 먹지 못하게 하심으로써, 즉, 죄가 있는 채로 영생하지 못하게 하심으로써 죄와 악이 지속되지 못하도록 제한하신 것이다. 이것이 은혜가 아니면 무엇인가. 하나님의 지혜로우심과 선하심이, 그분의 심판과 징벌 속에서도 뚜렷이 드러난 것이다. 참으로 놀랍다.

성 테오도로스의 그다음 구절은 더욱 놀랍다. "죄가 죽음을 낳았는데, 죽음이 죄를 죽이다니요!" 죽음은 죄의 결과이다. 하지만 인간은 육체적으로 죽음으로써, 더 이상 죄를 짓지 못한다. 평생 죄에 시달리며 상처 받고 상처 주며 살아온 인생들에게 이것은 얼마마한 안식인가. 얼마나 다행스러운(?!) 해방인가.

그렇다고 죽음을 찬양할 생각은 전혀 없다. 그것은 어리석기도 하고 현실적이지도 않다. 자신이건 타인이건 살인은 중죄이다. '죽음 자체'는 형벌이다. 죽음은 언제나 두려운 것이며, 말할 수 없는 상실의 슬픔이다. 그것은 어쩔 수 없다. 우리는 다 이 땅에서 뒤엉켜 사는 피와 살로 된 인간들이기 때문이다. 하지만 하나님의 계시의 말씀과 진리의 성령께서는, 죽음을 통해서 하나님의 심판뿐 아니라 은혜의 손길도 보여 주신다. 믿음으로 말씀과 성령을 받은 성도는, 그 거룩하고 은혜로운 빛 안에서 죽음을 바라볼 수 있어야 한다.

인간에게 있어서 가장 고귀한 것, 신성한 선물은, 사랑이 동기가 된 인격적 의지의 선택을 할 수 있다는 사실이다. 이런 인격적 자유를 받은 첫 사람 아담은, 바로 이 지점에서 하나님의 말씀을 버렸고, 죄와 죽음을 끌어들였다. 그 이후로 죽음 아래서 태어난 모든 사람에게 죽음은 '어쩌다가 당할 수밖에 없는' 강제적이고 피할 수 없는 족쇄가 되었다.

하지만 '새 아담'이신 예수 그리스도께서는 성부 하나님의 뜻에 자발적으로 순종하심으로써, 결국 죽음의 근본적인 원인인 '죄' 곧 하나님의 말씀을 버린 사건을 영원히 뒤집으셨다. 그분은 죽음이 세상에 들어온 그 경위, 즉 하나님의 사랑을 저버린 불순종의 죄를 '그 사랑에 순복하는 의(義)'로 뒤바꾸셨다. 사도 바울이 '나는 날마다 죽노라'고 한 것은, 예수 그리스도의 십자가에 참여하는 모든 성도에게 과연 죽음을 극복하는 신비한 방식이 무엇인지를 알려 준다.

죽음은 끝이 아니다. 죄의 결과인 형벌뿐인 것도 아니다. 하나님께서는 우리가 '죄 속에서 영원히 살지 못하도록' 하셨다. 본래 우리를 창조하신 그 목적대로, 그의 말씀과 성령 안에서, 자신과 영원토록 생명과 사랑의 교제를 나누며 살게 하시기 위하여, 잠시 죽음의 계곡을 지나가게 하신 것이다. 우리는 그리스도 안에서 얼마든지 죽음을 이기고, 그의 십자가 안에서 그 죽음이 망가뜨린 하나님께 대한 사랑과 헌신을 회복한다. 죽음마저 섭리하시는 하나님의 무궁한 지혜와 선하심 그리고 그 은혜를 찬송할 뿐이다.

> "이는 내 영혼을 음부에 버리지 아니하시며
> 주의 거룩한 자로 썩음을 당하지 않게 하실 것임이로다" _ 행 2:27

'에코 시대'를 위한, 유다서의 통합적 사고

신약에서 가장 소외된 서신, 가장 낯선 서신인 유다서는, 어쩌면 지구 환경이 모두의 생존을 위한 가장 중요한 이슈가 된 오늘날 가장 앞선, 가장 세련된, 그리고 가장 필요한 신약의 문서일 수도 있다. 왜냐하면, 유다서는 '에코(eco) 시대'에 가장 필요한 '통합적 사고, 통합적 신앙과 영성'을 가르치고 있기 때문이다.

근대 이후 서구의 계몽주의와 그 후에 등장한 이신론적(理神論的) 세계관, 즉 세상을 창조한 창조주는 더 이상 자신의 피조물에 개입하지 않는다는 세계관은, 하늘과 땅과 인간을 모두 물질로 환원시키고 물질로 설명할 수 있는 세계로 제한하고 축소시켜 버렸다.

그리고 서구 사회에서는 시간이 지나면서 점점 더, 물질로 설명할 수 '없는' 하늘의 세계나 인간의 영적 세계는 '존재하지 않는 것'으로 간주하였다. 인간의 물질적 경험이나 이성으로 '알 수 없다면, 존재하지 않는' 것으로 취급한 것이다. 그 결과는 참혹하다. 하늘의 '영적 세계'나 사람 속에 있는 '영적 실재'를 제외시키고, 또한 이 물질적 자연이 놓여 있는 그 모든 보이지 않는 세계와의 연결을 잘라내 버리면, 하나님의 피조 세계는 마치 작은 수조에 갇힌 돌고래처럼 서서히 질식해 죽어 간다. 오늘날 지구 환경의 파괴는, 이런 '이신론적'이고 '무신론적'인 세계관이 받아든 참혹한 성적표이다.

각기 방향은 다르지만, '물질만능주의적 자본주의'와 '유물론적 공산주의'를 지배하는 것은 '결국 존재하는 것은 물질뿐'이라는 사상에서 서로 만난다. 현대에 와서 극에 달하고 있는 과학적 전제를 종교처럼 신앙하는 '과학주의'(scientism)는, 숫자와 합리적 이성으로 실증할 수 없는 영적 세계는 존재하지 않는 것처럼 취급하는 것을 넘어서서, 그런 영적 세계조차 물질적으로 재구성하려고 시도한다. 마치 세상의 모든 비극을 물질로 해결하고, 그 모든 이상(理想)을 물질로 만들어 낼 수 있을 것처럼 말이다.

하지만 그런 '망상'은 도처에서 실패로 드러났고, 드러나고 있고, 더욱 비참하게 드러날 것이다. 2차 세계 대전 후에 세계를 절망으로 몰아넣었던 핵폭탄의 파괴적인 등장뿐 아니라, 오늘날 갈수록 악화되는 지구 환경은 다음 세대를 또 다른 절망으로 몰아넣고 있다. 오늘날 젊은 세대는, 향후 수십 년 안에 지구 온도가 이런 속도로 상승하면 지구 환경 파괴를 막지 못하며 결코 그 이전의 상태로 돌이킬 수 없을 것이라는 암울한 그늘 아래서 살아간다.

이런 절박한 문제를 어디서부터, 어떻게 풀 수 있을까? 오래되고 또한 소외되어 왔던 신약의 서신인 유다서가, 이런 극히 현대적이고 또 미래적인 문제에 대한 해법을 제공할 수 있다면, 신비하고 놀라운 일이 될 것이다. 그럴 가능성이 있다. 그 이유는, 유다서의 '통합적인' 세계관, 우주관, 신앙관이 오늘날 물질주의적이고 파편적인 우주관에 대한 탁월한 해법이 될 수 있기 때문이다.

유다서에서 '하늘과 사람과 땅'은, 모두 '하나의 실재(實在, reality)'로 연결되어 있다. 하늘과 사람과 땅의 주인이시며 주이신 한 분 하나님이 창조주이시고, 그분이 하늘과 사람과 땅을 질서 있고 조화롭게 통치하시기 때문이다. 사실 이러한 세계관은 성경 전체의 특징이기도 하다. 다만 유다서는, 이렇듯 하늘과 사람과 땅이 함께 연결되어 긴밀하게 영향을 주고받으며, 상호 연동되어 움직이고 변화한다는 사실을 드라마틱하게 보여 준다.

예컨대 하늘에서 타락한 천사들은, 땅에서 죄를 짓는 사람들에게 죄악의 어떤 패턴을 제공한다. 그것은 눈에 보이지 않지만, 영적인 세계에서는 동일한 본질을 가진 다른 형태의 죄악들로 나타난다. 하늘의 천사들이 자신들에게 주어진 '은혜의 지위'를 버리고, 그들이 다스리고 섬기도록 주어진 '처소'를 떠나 타락한다.

이런 죄악의 패턴은, 그대로 소돔과 고모라 사람들에게도 변형되어 나타난다. 그들도 하나님께서 주신 '은혜'인 '사랑의 지위와 처소'를 떠나, 그들의 육체를 뒤바꾸어 씀으로써 창조의 생명과 영광의 질서를 깨뜨리고 파괴한다.

유다서가 '은혜를 방탕거리로 뒤바꾸는' 것을 죄의 본질로 규정하는 이유도 여기에 있다. '은혜'의 개념을 확대하면, 은혜란 하나님께서 선물로 주신 창조 세계 전부를 가리킬 수 있다. 그것을 '방탕거리로 변질'시킨다는 것은, 창조 세계의 생명과 의(義) 그리고 그 거룩과 영광의 질서를 깨뜨리고 파괴하여, 결국 그 모든 은혜를 잃고 세상을 심판의 불 가운데로 몰아넣는다는 것을 뜻한다.

그렇다면 유다서가 제시하는 해법인 '참된 경건'은 무엇인가? 그것은 그 창조의 은혜 안에서 자신에게 주어진 영광, 지위, 사명을 지키는 것이다. 그렇게 함으로써 하나님의 세계를 '지키는' 일에 참여하는 것이다. 흥미롭게도, 오늘날은 이런 '지킴'이 가장 중요한 이슈가 되어 있다. 예컨대, 창조 질서를 '지키고', 지구 환경을 '지켜야' 한다. 지구를 어떻게 지킬 것인가? 플라스틱을 버리지 않고, 가능한 한 일회용품을 사용하지 않으며, 후쿠시마 원전에서 나오는 오염수가 태평양에 흘러들지 않도록 '지켜야' 한다. 그런 일들도 반드시 필요하다.

하지만 원전에서 발생한 오염수를 온 인류가 공유하고 있는 태평양에 버리고 또한 그런 악한 정책을 지지하는 '썩은 양심'의 사람들이 있는 한, 지구 환경을 지키는 일은 결코 쉽지 않을 것이다. 그것은 결국 '양심의 싸움'이 될 것이다. 이 지구를 미사일과 핵폭탄의 실험실로 뒤바꿀 수도 있는 그 위험한 스위치는, 불행하게도 몇몇 신뢰하기 어려운 정치 지도자들의 손에 달려 있다.

지구 환경을 지키는 일은, 그런 막강한 정권을 가진 자들과 그 정치권력을 지배하는 '보이지 않는 하늘의 정사들과 권세들'과 더불어 싸우는 '영적인' 일이 되는 것이다. 조금 낯설지만, 유다서의 우주관은, 하늘에서 일어난 일이 땅에서도 일어나고, 그 땅 위에서 행하는 사람들의 죄악에 따라 그 땅의 운명이 결정된다고 가르친다. 이것은 사실상 성경과 고대의 우주관이다. 유다서가 그것을 사람의 '경건'의 문제와 더 깊이 연결하고 있을 뿐이다. 그렇다면 무엇이, 과연 무엇이, 위기에 처한 지구 환경을 지켜 낼 수 있을까?

유다서의 통합적 우주관, 하늘과 사람과 땅이 통합된 그런 우주관에서는, 결국 하나님의 형상으로 지음받고, 타락하고, 또 회복되는 '사람'이 그 열쇠를 쥐고 있다. 동양의 옛사람들이 말했던 하늘과 사람과 땅을 관통하는 그 '도'(道) 곧 그 길은, 실제로는 '말씀이신 예수 그리스도' 곧 성자 하나님이시다. 성도란, '말씀이신 그 아들'을 통해 새로운 '신적 본성'을 받은 자들이다. 그들의 거듭난 새 본성 안에는 바로 '그 말씀'이 심겨 있다. 그래서 그들이 '말씀으로 거듭난 새로운 신적 본성'을 따를 때, 그들은 하늘의 뜻을 이 땅에 실현하게 된다. 이 땅은, 그들이 말씀을 따라 행하는 바에 의해 보존되고 새롭게 된다.

아득한 이야기처럼 들리지만, 하늘과 사람과 땅을 창조하시고, 붙드시고, 또 심판하실 '말씀이신 그 아들'을 신실하게 따르는 '참된 경건'보다, 더 확실하게 새 하늘과 새 땅을 가져오는 길은 없다. 그래서 그 말씀을 받은 새 하늘과 새 땅의 백성인 교회는, 지금 여기서도 세상을 '더럽히는 것'들과 '죽이고 멸망시키는' 세력들, 그리고 하나님을 대적하며 '허무'를 좇는 세력에 맞서, 싸우는 삶을 살 수밖에 없다. '의(義)가 거하는' 새 하늘과 새 땅을 받았으니, '의'에 주리고 목마른 삶을 사는 것은 너무도 당연하기 때문이다.

> "하나님의 사랑 안에서 자신을 지키며
> 영생에 이르도록 우리 주 예수 그리스도의 긍휼을 기다리라"
> – 유 1:21

배낭여행자와 교회

요즘은 달랑 배낭 하나 메고 유럽이며 동남아시아를 여행하는 사람들이 많다. 그중에는 자신이 계획해 왔던 안정된 삶을 접고, 별다른 계획 없이 그저 발 가는 대로 떠돌며 여행하는 이들도 있다. 꼼꼼히 계획하지 않은 여행은, 자주 뜻하지 않은 난관에 봉착하기 마련이다. 하지만 그런 대책 없는 느슨한 여행은 '전혀 뜻밖의 도움'이랄지 '기대하지 않은, 선물 같은 만남'을 마주할 기회를 제공하기도 한다.

한번은, 어떤 '무계획의 배낭여행자'가 여름 성수기의 유럽의 유명한 도시 한복판에서 잠잘 곳을 못 찾아 쩔쩔맸던 에피소드를 소개하는 동영상을 보았다. 방이 나온 곳이 없었고, 간혹 있어도 턱없이 비쌌다. 빈약한 재정으로 여행하는 처지에 하룻밤에 40만 원이나 하는 호텔에 들어갈 수는 없었기에, 그는 밤늦게까지 길거리에 주저앉아 애타게 숙소를 알아보고 있었다.

그렇게 쩔쩔매고 있는 중에, 근처 상점에서 일하던 직원이 그것을 보고, 퇴근 후에 나와 그와 함께 길거리에 주저앉아 여기저기 숙소를 알아보아 주었다. 마침내, 그 직원은 능숙한 현지 언어를 사용해서 가장 저렴한 숙소를 찾았고, 늦은 밤 그 낯선 여행자를 그곳까지 데려다주었다. 그 여행자는 감사한 마음에 나중에 저녁 식사를 대접했는데, 그 직원은 몇 해 전 그 지역으로 이주해 온 무슬림 학생이었다고 한다.

배낭여행자들이 경험하는 또 다른 흥미로운 일 가운데 하나는, 그들이 자주 묵는 값싼 호스텔에서, 각국에서 온 다양한 부류의 여행자들을 만나게 된다는 것이다. 모두 타지에서 여행자 신세라 서로에게 쉽게 마음을 열고, 함께 밥 먹고 여행도 하며, 인종과 언어, 나라와 민족을 뛰어넘는 인간 본연의 친절, 사랑, 그리고 화평을 경험하게 된다.

물론, 때로는 타국에서 온 여행자들에게 인종 차별적 발언을 하는 악한 사람들, 바가지 씌워 한몫 보려는 일부 안 좋은 택시 기사들이나 상인들을 만나기도 한다. 하지만, 아주 낯선 사람들 사이에서 '계획하지 않은, 선물과 같은 친절'을 경험하고, 피부색과 언어, 민족과 나라가 다른 사람들 사이에서, 모든 경계와 차별을 뛰어넘는 '환대'를 경험하는 것은 참으로 놀랍고 감격적인 일이다.

배낭여행의 매력은 그런 데에 있는 것 같았다. 사람들이 이런 '다소 불편하고 불안정한' 여행에 빠져드는 이유는, 쉼 없이 돌아가는 커다란 기계의 부속품처럼 살아가는 예측 가능하고 메마른 삶을 벗어나, '차별 없는 환대와 친절'이라는 '뜻밖의 은혜'를 만나고, 경험하고, 누려 보고 싶어 하는 속 깊은 갈망 때문인지도 모른다.

생각해 보면, 1세기경 로마 전역에 흩어져 '나그네와 행인들'처럼 살아갔던 '초기 교회'의 삶이 그러했다. 그리스도인이란, 애초에 자신의 계획을 내려놓고 하나님께 모든 것을 맡기고 살아가는 사람들이 아니던가. 그만큼 그리스도인의 삶은, 그분의 인도하심을 따라갈 때 경험하는 '뜻밖의 선물 같은 은혜'에 대한 간증들로 채워지기 마련이다.

특별히, 초기 교회의 '순회 전도자들'의 삶은 더욱 그러했을 것이다. 그들이야말로 복음 곧 '기쁜 소식'을 전하기 위해, 무슨 일을 만날지 알 수 없는 낯선 곳을 찾아가는 여행자들이었다. 그들은 자신들이 도착한 지역의 가정들의 환대와 친절과 섬김 없이는 결코 살아갈 수 없는 '나그네요 행인들'이었던 것이다.

거꾸로 생각하면, '미래와 안전이 보장되지 않은' 여행을 하며 타인의 '환대에 의존'해서 살 수밖에 없었던 순회 전도자들의 삶은 오히려, 그들을 맞아들이고 섬겼던 성도들에게 과연 '은혜로 사는 삶'이 무엇인지를 생생하게 체험하게 해 주었을 것이다.

그뿐 아니라, '이방인들에게로' 복음을 들고 나아갔던 순회 전도자들로 인해, 지역 교회의 그리스도인들은 나라와 민족과 언어와 인종을 넘어서는 '사랑과 진리 안에서의 교제'가 얼마나 놀랍고 감동적인 것인지도 경험하게 되었을 것이다.

초기 교회가 로마 사회에서 새로운 희망을 제시하는 '대안적 공동체'로 부상하게 된 데에는, 그들이 예수 그리스도의 복음으로 말미암은 '참된 사랑과 차별 없는 환대'를 특징으로 한 '나그네와 행인들의 공동체'로 살았다는 데에서도 그 이유를 찾을 수 있다.

이런 점에서, 우리 자신을 돌아보지 않을 수 없다. 우리의 교회는 너무 자주, 우리가 정해 놓은 목표와 비전의 틀 속에 갇혀서, 하나님의 뜻을 따라 자유롭게 움직이기에는 너무 딱딱한, 그저 우리가 정한 '목표를 달성하기 위해 모인 사역 집단'처럼 되어 버린 것은 아닐까.

세상에서는 '낯선 자들'이며 때로 적대감과 난관에 봉착하는 '나그네와 행인들'이기 때문에, 그래서 더욱 서로를 따뜻하게 환대하는 가난한 '여행자들의 모임'과 같은 분위기의 교회가 얼마나 될까. 더구나, 오늘날 우리의 교회는 낯선 이방인들, 다른 나라 사람들, 피부색이 다른 사람들, 언어도 풍습도 전혀 다른 사람들이 도저히 끼어들 수 없는 '철저히 우리끼리만'의 교회는 아닌지도 돌아보게 된다.

베드로전서는, 하나님께서 택하여 부르신 성도란 이 땅에서 '나그네요 행인들' 된 자들 즉, '여행자들'이라고 못 박는다. '세상 속의 교회'란, 간단한 배낭 하나 메고 먼 길을 가는 연약하고 가난한 여행자들이 모여 잠시 짐을 풀고, 서로의 경험담을 나누며 위로하고 격려하는 '환대의 공동체'와 같은 것이다.

오직 그들을 부르신 분의 뜻과 그들 안에 이미 시작된 새 하늘과 새 땅의 소망을 좇아, 날마다 '선물 같은 은혜'를 경험하고 나누며 '함께 걸어가는 순례자들'인 것이다. 더불어, 모든 인종과 민족과 나라의 차이, 사회적인 신분이나 경제적인 부와 가난의 간격을 뛰어넘어, 그 모든 차별이 중요하지 않은 '환대와 사랑'을 누리는 기쁨으로 가득 찬 공동체이다. 교회는, 배낭여행자들에게서 배울 것이 많다.

"외모로 보시지 않고 각 사람의 행위대로 심판하시는 이를
너희가 아버지라 부른즉
너희가 나그네로 있을 때를 두려움으로 지내라"_ 벧전 1:17
『지키심을 입은 교회: 요한이서, 요한삼서, 유다서의 이해』중에서

성탄절은 위험한 날

성탄절은 '위험한' 날이다. 로마의 압제가 심해져 가던 때에, 황제가 인구 조사를 시작했다. 불의한 법이라도 따르지 않을 수 없었기에, 요셉과 마리아, 식민지 백성의 가난한 젊은 부부는 마구간에서 자신들의 첫째 아이를 낳아야 했다. 하지만 그 아이는 그저 평범한 아이가 아니었다. 이 소식은, 신빙성 있는 히브리 성경학자들의 입을 통해 분봉왕 헤롯의 귀에까지 들어갔다.

'유대인의 왕이 났다'는 소문이 삽시간에 퍼졌다. 그가 왕이시면 자신이 왕 노릇할 수 없는 자들이 예루살렘에 모여 있었고, 그들은 결국 잔인한 방법을 택한다. 베들레헴에 있던 두 살 이하의 아이들을 모두 칼로 베어 버리면 될 것이라는 잔인한 계략이었다. 권력을 위해서라면, 어린아이들의 목숨 따위는 아랑곳하지 않는 어둠의 자식들이었다.

가장 위험을 느끼고 구석에 몰린 자는 마귀였다. 세상 뒤에 숨어서 권세를 휘두르는 마귀는 이 모든 사악한 계획의 주모자(主謀者)였다. 성탄절은 그에게 죽음의 사자(使者)가 당도하는 '도살의 날'이라는 것을 알았기 때문이다. 사도 요한은 그의 묵시록에서, '머리가 일곱이요 뿔이 열' 달린 '한 큰 붉은 용'이 해산하려는 여자 앞에서 그 아이를 삼키려 하는 장면을 묘사한다.

성탄절은 실로 위험하고 두려운 날이었다. 하지만 계시록이 기록한 그 여자는 끝내 아이를 낳았고, 그 아이는 철장으로 만국을 다스리는, 종말의 목자가 될 것이었다(계 12:1-5). 그래도, 메시아를 해산한 그 여자는 광야로 도망해야 했다.

교회는 아직, 마귀의 사악한 계략이 작동하는 광야를 걸어간다. 억울함과 애통함, 슬픔과 탄식이 가득한 여기는 여전히 악한 자의 땅이다. 그리고 이 악한 자의 땅으로, 하나님은 자기의 아들을 보내셨다. 그것도, 무력하기 짝이 없는 아기로 보내셨다. 이해하기 어렵지만, 전능하신 하나님의 나라는 칼이나 돈이나 힘으로 되는 나라가 아니기 때문이다. 그의 나라는, 불의와 거짓으로, 협박과 폭력으로, 억지로 다스리는 나라가 아니기 때문이다.

이 땅에 무력한 '아기'로 오신 그 아들의 나라는, 그의 아버지 하나님의 생명과 은혜와 진리, 참된 것으로 다스려지는 나라가 될 것이다. 지금도 그리고 앞으로도, 그 아들의 생명과 아버지의 사랑과 그분의 거룩하고 온유하신 영에 순복하지 못하는 세력은 심판을 자초하게 될 것이다.

피할 수 없는 충돌 속에서, 두 살 이하의 아이들을 모두 죽여 버린 무서운 사건의 아우라 속에서, 한 아기가 태어난다. 모든 연약함과 가난함과 아픔과 상처를 짊어진 모습으로 하나님의 아들은 이 땅에 오셨다. 위험한 성탄절이었지만, 그를 받아들이는 모든 이에게는 위로의 성탄절이었다.

이 아이를 통해, 하나님은 '하나님 없는 교만'으로 한없이 높아진 자들을 거꾸러뜨릴 것이다. 이 아이를 통해, 만군의 여호와 하나님은 그를 신뢰하며, 악을 악으로 갚을 수 없어서 인내하며, 그렇게 의의 길을 따르고 사랑의 길을 따르는 모든 이의 눈물과 그 억울함을 신원(伸冤)하실 것이다.

마지막 날에는, 악한 자 마귀와 그에 속한 모든 악한 권력들과 그에 붙어살던 모든 악인이 꺼지지 않는 불에 던져질 것이다. 그날은, 어린양의 피에 자신의 심령과 행실을 씻으며, 눈물로 그의 길을 따라가는 모든 이를, 하늘의 영광, 빛 되신 아버지께서 그의 창조되지 않은 사랑의 빛으로 친히 비추실 것이다. 철장으로 만국을 다스리실 목자이신 그 어린양 예수께서, 그들의 눈물을 생명수 샘물로 친히 닦아 주실 것이다.

성탄절에, 우리는 위험한 자리에 있고, 또 위로받을 자리에 있다. 다만, 지금도 그리고 그때에도 그 아들과 함께 있게 되기를 엎드려 기도한다.

"여자가 아들을 낳으니 이는 장차 철장으로 만국을 다스릴 남자라 그 아이를 하나님 앞과 보좌 앞으로 올려가더라"_ 계 12:5

요셉의 노래

다시, 둥지로
돌아가지 않기 바랍니다.
오히려 여기, 벌판에 숨은 아름다움을
찾아내기 바랍니다. 모두가 맨발의
나그네들이지만, 이 광야에 나선 까닭은
그리고 다시 돌아서지 않는 까닭은,
그분이 이 광야에 계시기 때문입니다.

추운 거리에 누워 계시기 때문입니다.
성문 밖, 주검들 곁에, 주홍빛
궁정 마당에, 단결과 충성의 창검 끝에
계시기 때문입니다. 이 거리를 걸어가는
고단한 순례자의 등에 업혀 계시기
때문입니다. 아기 예수님.

강보에 싸서 (기뻐하고 즐거워하라)
나귀에 태우고 (기뻐하고 즐거워하라)
짐을 나누어 들고 (기뻐하고 즐거워하라)
함께 가야 합니다.
우리의 체온으로 감싸야 합니다.

우리의 비밀.

균열하는 당신들의 나라
안연히 눕고 즐거이 취할 때,
여기 광야에 지금은 아기로 계십니다.
세상보다 크신 이. 다시 둥지로
돌아가지 않기를 바랍니다.

"요셉이 일어나서 밤에 아기와 그의 어머니를 데리고
애굽으로 떠나가" _ 마 2:14

깨어 있으라

기도하는 그리스도인이란, 말씀과 성령 안에서 끊임없이 '깨어 있으려는' 수고로움을 감당하고자, 모든 진실함으로 무릎을 꿇는 사람이다.

말씀의 빛을 따라, 하나님의 뜻을 분별하려는 정직한 수고로움이 없는 기도는, 그렇게 많이 하는데도 도리어 그를 바알의 제단으로 이끌기도 하고, 금송아지의 제단 앞에서 춤을 추게도 만든다.

수십 년을 새벽 기도를 해도, 하나님의 뜻을 분별하는 그 수고로움이 없는 기도, 그 깨어 있음이 없는, 스스로 그리고 마귀에게 속지 않는, 견고한 말씀에 뿌리박은 기도 없이는, 진정 기도하는 그리스도인이 될 수 없다.

"시험하는 자가 예수께 나아와서 이르되 …
예수께서 대답하여 이르시되 기록되었으되 …"_ 마 4:3-4

제 2 장

성도가 성전이고, 코이노니아가 교회인 시대

우리가 당한 고난은 우리에게 묻고 있다. '교회란 무엇인가?, 성전이란 무엇인가?' 이 질문에 대답하고, 그 대답대로 살아내지 못한다면, 우리는 여전히 고난 속에 남아 있는 셈이다. 모든 성도가 자신이 '살아 있는 주의 성전'임을 자각하고 살아낼 때까지 예수 그리스도께서 성취하신 복음으로 돌아가고 또 돌아가야만 한다. 건물로서의 교회당이 있어도, '삼위 하나님과의 코이노니아'가 살아 있지 않다면, 교회는 단지 '사역을 위한 행정 조직'에 불과하게 될 것이다. 그 아들의 생명과 아버지의 사랑과 성령의 치유하시고 회복하시는, 살아 있는 코이노니아를 회복해야 한다. 한 사람이 더 이상 '물건'이나 '숫자'로 치부되지 않고, '인격'으로 살아나는 참된 교제를 회복하는 교회가 되어야 한다.

고난을 낭비하지 말라

'흩어지는 시대'와 코이노니아

'전염병의 시대의 연대는 모두가 흩어지는 것이다!' 설교자의 가르침은 아니지만, 이 혼란한 전염병의 시대를 조율하는 이 한마디가 예사롭게 들리지 않는다. 마치 예루살렘 성전에 모여 눈멀고 귀먹은 하나님의 백성에게 대고 소리치는, 광야의 소리처럼 들린다.

'흩어지기를 두려워 말라. 그것은 새로운 연대의 시작이다!' 예루살렘 교회도 그렇게 흩어져 로마 전역으로 퍼져 나갔다. 흩어졌는데, 새로워지고 성장한다. 역설이다. 그렇게 들리지 않는가. 기존의 연대는 부패하여 그 상처가 곪을 대로 곪았다. 모일수록, 바벨탑만 쌓아 가던 결집이 아니었던가.

흩어짐을 받아들여야 한다. '새로운' 연대의 창출을 위해서이다. 이 흩어짐은 언제까지 계속될 것인가? 그 전의 연대로 돌아갈 수 없을 때까지일 것이다. 어쩌면, 새로운 연대를 찾아낼 때까지가 아닐까? 흩어짐의 고통이 새로운 연대의 기쁨이 될 때까지가 아닐까?

'연대'(solidarity)라는 말에 가장 가까운 신약의 용어가 있다면 '코이노니아'(koinonia)일 것이다. 그러면 이런 말이 된다. '전염병의 시대의 코이노니아는, 모두가 흩어지는 것'을 통해 새롭게 형성될 것이다. 어떻게 흩어지는 것, 모이지 못하는 것이 '코이노니아'가 되는가? 하나님의 방법으로 된다. 그것이 하나님께서 자주 자신의 언약 백성을 다루시는 방식이기도 하다. '언약'도 '연대' 곧 '코이노니아'의 다른 이름이다.

하나님께서는, 자기 백성이 그 언약, 그 코이노니아, 그 연대를, 훼손하거나 더럽히거나 썩게 만들거나, 무의미한 것으로 변질시킬 때마다, 그들을 흩으셨다. 흩으심으로써, 거기서 다시 그들과의 코이노니아, 연대를 '새롭게' 하셨다. 바벨탑을 무너뜨리시고, 다윗 왕국과 첫 번째 성전을 무너뜨리시고, 예루살렘 성전까지 무너뜨리시면서, 자기 백성을 흩어버리셨다.

'디아스포라'(diaspora). 이것이 다시는 예루살렘 성전으로 돌아갈 수 없었던, 그래서 로마 제국의 변두리에서 나그네와 행인으로 살며, 가정에서 일터에서 모였던, 새 언약 백성의 정체성이다. 세상 속에 흩어진 '교회의 다른 이름'이다.

거기서, 디아스포라가 된 교회 안에서, 하나님은 새로운 연대, 새로운 코이노니아, 새로운 언약 백성을 창조하셨다. '살아 있고 신령한 하나님의 집, 성전'으로서의 자기 백성이다. 그것도 역설이다.

전염병의 시대에 어쩌면, 저 광야의 외치는 소리를 따라, 흩어짐을 기꺼이 직면해야 할지도 모른다. 과연 언제 이 흩어짐이 끝날 것인가? 그것은 흩어짐을 면치 못한 그 옛 연대가 완전히 무너지고, 새로운 연대, '새 코이노니아', 새 교회를 만들어 낼 때까지이다.

그것은 온전히 하나님께 달려 있지만, 또한 우리에게도 던져진 숙제이다. 수치와 참회의 재를 뒤집어쓰고, 비통한 가슴을 치며, 눈물 속에서, 부르짖음 속에서, 찾아내야만 하는 교회의 '새롭고 산 길'이다.

> "하나님과 주 예수 그리스도의 종 야고보는
> 흩어져 있는 열두 지파에게 문안하노라"_ 약 1:1

고난을 낭비하지 말라

고난은 비싼 것이다. 비싼 값을 치르고 배우는 수업이다. 고난처럼 비싼 수업이 어디에 있는가? 고난받을 때에, 우리는 건강을 잃기도 하고, 재산을 잃기도 하고, 소중히 여겼던 사람들과의 관계를 잃기도 한다. 이렇게 많은 희생을 치른 고난을 통해 우리는 과연 무엇을 건질 것인가? 무엇을 얻어 낼 것인가?

하나님께서 살아 계시고, 모든 역사와 인생을 주관하시며 개입하시고 섭리하신다면, 우리 인생에서 일어나는 모든 일은 '의미가 없을 수 없다.' 고난도 예외가 아니다. 무의미하거나 도저히 이해가 되지 않아도, 고난에도 역시 하나님의 뜻이 담겨 있는 것이다. 많은 경우에, 고난의 '원인'을 찾는 것은 쉽지도 간단하지도 않다. 하지만, 그 고난을 통해 드러난 것들을 직면하고, 돌이키고 성장하는 기회로 삼을 수는 있다.

고난을 '수업'이라고 말할 수 있다면, 그것은 매우 값비싼 수업이다. 때로 피를 흘리고, 눈물을 흘리고, 뼈를 깎는 희생을 치르면서 배우는 시간이기 때문이다. 그런 많은 수업료가 들어가는 고난을 통해서 우리가 배운 것이 없다면, 설혹 그런 고난을 낭비한다면, 그것은 얼마나 허망한 일인가?

우리는 어떻게 고난을 낭비하는가? 고난을 낭비하는 가장 간단한 방법은, 그 고난이 아무런 의미도 남기지 않은 채 끝나는 것이다. 우리에게 아무런 의미도, 성장도 주지 못한 채 고난이 끝나는 것은, 그 고난 자체보다 더 큰 불행일 수 있다. 숙고되지 않은 고난은 반복되기 쉽기 때문이다. 고난을 낭비하면, 다음에 그런 고난이 올 때, 그런 고난에 다시 한 번 속수

무책으로 당할 수밖에 없다.

고난을 낭비하는 또 다른 방식은, 그저 모든 것을 남의 탓으로 비난하거나, 운명으로 모든 것을 돌리거나, 술로 잊거나, 가능한 모든 방법을 써서, 그 고난을 직면하지 않는 것이다. 그럴 때 고난은 비싼 값을 치르고 우리에게 찾아오지만, 그대로 낭비되고 만다. 고난을 직면하지 않으려는 마음은 얼마든지 이해될 수 있다. 고통스럽기 때문이다.

그럼에도, 고통은 덜어야 하지만, 고난은 직면해야 한다. 직면하지 않은 고난은 반복될 것이기 때문이다. 어떻게 고난을 낭비하지 않을 수 있는가? '지혜'가 필요하다. 하나님께서 주시는 지혜, 위로부터 오는 지혜가 필요하다. '위로부터 오는 지혜'의 특징은, 깨끗함과 긍휼이다. 깨끗하다는 것은, 그 지혜가 우리가 자신을 속일 수 없을 만큼 성결한 빛으로 주어진다는 뜻이다. 우리의 어둠이나 거짓이나 탐욕으로 가리지 못할 만큼, 깨끗하고 밝은 빛, 말씀의 빛, 성령의 빛 안에서 우리 자신을 볼 수 있게 하는 지혜이다.

그런 지혜를 얻으면, 우리는 비로소 빛이신 하나님 안에서, 우리가 당한 고난을 직시하게 된다. 거짓 없이 그대로 보게 된다. 그 원인을, 혹은 '그 원인 속에 있는 진짜 원인'을 간파하게 된다. 빛 가운데 드러나지 않는 어둠은 없기 때문이다.

위로부터 오는 지혜의 특징은 또한, '긍휼'에 있다. 고난 중에 '위로부터 주시는 지혜'를 얻으면, 고난 뒤에 있는, 고난

속에 감추어져 있는 하나님의 한결같은 긍휼의 손길을 보게 된다. 이 모든 것은, 신실하신 하나님의 사랑하심의 역사이다. 하나님이 버렸기 때문에, 심판하셨기 때문에가 아니라, 하나님이 사랑하셨고, 사랑하시고, 살리려 하시기 때문에 일어난 일이라는 사실을 알게 된다.

그럴 때 우리는 낙담하지 않고 고난을 마주 대하며, 극복하고, 그 고난의 상황, 그 고난의 원인이 되는 상황을 뛰어넘을 용기와 힘이 생긴다. 하나님의 사랑이 우리 앞에 길을 열고, 우리를 친히 인도한다. 사랑이 우리를 고난 가운데서도, '새롭고 산 길'로 인도한다. 사랑 안에는 언제나 길이 있기 때문이다.

하나님의 사랑 안에서, 고난을 바라보아야 한다. 고난을 낭비하지 말라. 그것은 하나님께서 그의 사랑으로 우리를 새롭고 산 길로 인도하시는, 특별한 시간이다. 많은 희생을 치르지만, 그 희생보다 더 값진, 새롭고 산 길, 영원한 생명의 길이다. 주께서 예비하신 더욱 복된 생명의 길이고, 결국 아버지께로, 그의 따뜻한 품에 이르는 길이다. 고난을 낭비하지 말라. 정직하게 고난을 마주하고, 주께서 주시는 지혜와 긍휼 안에서 자신을 들여다보아야 한다. 그 안에 주께서 손잡아 인도하시는 새 길, 사는 길이 있다.

"오직 위로부터 난 지혜는 첫째 성결하고
다음에 화평하고 관용하고 양순하며

긍휼과 선한 열매가 가득하고 편견과 거짓이 없나니
화평하게 하는 자들은 화평으로 심어 의의 열매를 거두느니라"

− 약 3:17-18

'성도가 성전'이고, '코이노니아가 교회'인 시대

　코로나 이후 시대를 지혜롭게 살아간다는 것은, 코로나의 재난을 통해 교회가 뼈저리게 직면하게 된 사실을 깊이 숙고하고, 그동안 내달려 왔던 잘못된 길, 말씀을 떠나 걷던 길에서 끝내 돌이킨다는 것을 뜻한다. 코로나 이후에도 그 전부터 가던 길을 계속해서 내달릴 것이라면, 교회는 쇠락의 비탈길에서 결코 멈출 수 없을 것이다.

　그중에 하나, 코로나 기간 동안 교회가 피할 수 없이 냉혹하게 직면했던 문제가 있다. 그것은 '예배당'에 관련된 것이었다. 예배당에 모여 대면 예배를 볼 수 없게 되자, 심각한 문제들이 제기되었다. 온라인 예배, 비대면 예배도 예배인가? 온라인으로 성찬식을 할 수 있는가? 많은 논쟁이 생겨났다. 달갑지 않아도, 직면해야 하는 문제에 부딪힌 것이다.

　사실 예배당에서 예배드릴 수 없게 된 상황은, 하나님의 백성의 역사에서 그리 낯선 경우가 아니다. 다윗 왕국이 망했을 때 솔로몬 성전은 무너졌고, 옛 언약 백성은 포로가 되어

'돌로 지은 성전' 없이 바벨론과 앗수르에서 오랜 세월을 살아야 했다. 이런 상황은 1세기에, 예루살렘 성전이 있던 팔레스타인을 떠나 로마 변두리에 흩어져 살았던 초기 그리스도인들에게도 마찬가지였다. 그들은 '돌로 지은 예루살렘 성전'으로 다시는 돌아갈 수 없었다. 그들에게 성전은 무엇이며, 예배란 무엇이었던가?

포로기 이후 그리고 하나님의 아들 예수 그리스도께서 오신 후에, 신약성경은 '성전'에 대한 새롭고도 담대한(!) 교회론을 선포한다. 이제는 돌로 지은 예루살렘 성전이 아니라, 예수 믿는 성도들 자신이 진짜 '살아 있는 성전'이라는 것이다. 예수님께서 예루살렘 성전을 가리켜 '이 성전을 헐라, 내가 사흘 만에 다시 일으키리라'고 하신 그대로이다. 그분께서 먼저 자신의 부활하신 몸 자체가 '살아 있는 성전'이요 '산 돌'로서, 그를 믿는 자들이 그의 안에서 함께 지어져 가는 '신령하고 유일한 성령의 전'임을 선포하신 것이다.

그러므로 오늘날 예배당을 지어 놓고 그것을 '제1 성전, 제2 성전'으로 부른다든지, 팔레스타인에 제3의 성전을 세운다든지, 혹은 예배당을 건축하면서 굳이 '성전 건축'이라고 부추기는 관행은, 예수님께서 헐어 버리신 것을 다시 세우려는 불신앙이요, 주께서 친히 세우신 '살아 있는 성전'인 몸 된 교회를 폄하하는 것이다. 만일 아직도 예배당을 '성전'이라 부르며, 목회자 자신만 '제사장'이고 나머지 성도는 모두 '그냥 백성'이라고 여기는 목회자가 있다면, 그는 주일 예배 때 설교하기 전에 반드시 동물의 피를 흘리는 희생 제사도 함께 드려야 할 것이다. 그래야 아직도 구약 율법 아래에서 행하는 '일관된' 신앙이 되지 않겠는가.

예수 그리스도의 교회가 이렇듯 자기 편리한 대로 구약의 율법 아래로 돌아가는 것은 무지하고 부끄러운 일이다. 새 언약 교회는, 하나님께서 그 아들 예수 그리스도를 통해 이루신 구원 사역을 거꾸로 되돌려서는 안 된다. 그저 작은 말의 실수이고, 다 알고 있지만 그저 그렇게 말하는 관행이라고 묻어 두기에는 그 폐해가 너무 크기 때문이다. 코로나의 재난은 바로 이 사실을 들추어내어 온 교회의 눈앞에 또렷이 보여 주었다. 그 큰 예배당에 아무도 모이지 못했을 때에, 과연 '하나님의 성전'은 무엇이며, '주의 교회'는 무엇이었던가?

그렇다고 '예배당 무용론(無用論)'에 빠져서는 안 된다. 그것은 현실적이지도 않고 유익하지도 않다. 우리는 육체를 가진 인간이고, 교회는 시간과 공간 속에 뿌리를 내리고 살아가는 공동체이다. 예배당을 건축하며 함께 벽돌을 나르고 계단을 닦으면서 그렇게 신앙이 함께 성장하기도 한다. 때로는 예배 장소를 빌리는 것보다, 건물을 짓는 편이 나은 경우도 있다. 예배당은 우리의 공동체적 신앙을 위해 언제나 필요하고 얼마든지 유익하다.

다만, 지어 놓은 예배당을 향해 '성전'이라 부르지 말고, 예배당에 나와 앉아 있는 성도들을 향해 끊임없이 '여러분이 성전입니다. 여러분이 살아 계신 하나님이 친히 거하시는 살아 움직이는 성전입니다'라고 말해 주어야 한다는 것이다. 예배당이 아니라 '성도 자신이 교회'이기 때문이다. 신약성경은 단 한 차례도 건물을 향해서 '교회'(에클레시아)라고 부른 적이 없다. 교회란 '삼위 하나님과 친교를 나누는 살아 있는 성도의 모임(코이노니아)'이다.

예배당에 모여도 참된 코이노니아가 없다면, 대면 예배가 회복된다고 한들 그 이전과 무슨 차이가 있겠는가. 코로나가 준 교훈 중 하나는, 참된 코이노니아가 없다면 예배당은 껍데기에 불과하다는 사실이다. 그러므로 교회의 회복은 코이노니아의 회복이다. '생명의 말씀이신 그 아들'과 '그 아들을 보내신 아버지의 사랑'이 '성령의 임재와 나눔'으로 함께하는 친교를 통해, 세상에서 '수단'이요 '물건' 취급당하는 한 사람이, 삼위 하나님과의 사귐 안에 있는 존귀한 '인격'이요 '목적'으로 회복되는 코이노니아가 있는 곳, 거기가 교회이다.

성도는 또한 예배당의 벽을 넘는다. 성도는 세상 속에서도 '성전'으로 존재하기 때문이다. 구약의 성전에 지성소가 있듯이, 세상의 온갖 혼탁한 문화의 풍랑 속에서도 그의 심령 그 깊은 중심에는 '삼위 하나님만이 거하시는 지극히 거룩한 성소'가 있다. 성도는 그래서 '땅에 있는 하늘'과 같은 그런 존재이다. 믿지 않는 사람들을 만날 때, 구약의 성전에 '이방인의 뜰'이 있었듯이, 성도도 거기서 세상 사람들을 만나며,

그들로 하여금 성전의 아름다움, 거룩하시고 생명이 충만하신 하나님과 함께하는 삶의 아름다움을 엿보게 하는 것이다. 그래서 성도 안에 있는 '살아 있는 소망의 이유'가 무엇인지 묻게 만드는 것이다.

성도 한 사람, 한 사람이, 자신 안에 '영원한 속죄 제물'이신 예수 그리스도를 가진 존귀한 하나님의 제사장이며, 동시에 하나님의 영이 친히 임재하시는 존귀하고 거룩한 성전이다. 콘크리트 건물은 결코 성전이 될 수 없다. 무엇이 '큰 교회'인가? 성도가 성도다운 교회가 큰 교회이다. 누가 '큰 목사'인가? 큰 예배당을 가진 목사가 아니라, 성도 숫자에 상관없이 성도를 그리스도의 장성한 분량까지 키워 내는 목사가 큰 목사이다.

무엇이 성전 건축인가? 성도를 말씀과 성령을 통해, 하나님이 친히 거하시는 성전으로 세워 가는 것이 진정한 성전 건축이다. 예배당을 성전이라 자랑하며, 정작 참성전인 성도들을 세상 사람들과 다르지 않게 만들어 놓은 우리의 폐허 한복판에서, 삼위 하나님께서는 지금도 자신의 '살아 있는 성전을 건축'하고 계신다. 성전 된 성도 안에 거하시는 삼위 하나님으로 말미암아 온 열방과 피조 세계가 하나님의 영광과 찬송의 충만으로 회복되는 것, 그것이 교회의 목적이다. 코로나 이후 우리는 한국 교회를 새롭게 건축하시는 '하나님의 성전 건축'에 참여해야 한다. '삼위 하나님과 더불어 그리고 성도 간의 인격적 코이노니아'가 살아 있는 공동체적 교회들이, 하나님을 떠나 사랑과 진리 없이 죽어 가는 이 세상의 희망이기 때문이다.

사실 '작은' 교회는 없다. 모든 교회가 예수님의 교회이다. 교회는 성도이므로, 성도가 있는 곳에 주님의 교회가 있을 뿐이다. 온 교회의 담임 목사님은 예수님 한 분뿐이며, 나머지는 모두 부사역자들일 뿐이다. 예배당의 벽으로 주의 몸 된 교회를 가르고, 주의 교회를 내 것으로 '사유화'(私有化)하려는 태도를 버려야 한다. '공교회'(公敎會)성을 회복해야 한다. 성도가 성전이고, 성도가 교회이다. 우리에게는 오직 하나의 성전, 부활하신 주의 살아 있는 몸 된 교회만 있을 뿐이다. 코로나 이후는 '성도가 성전'인 시대, '코이노니아가 교회'인 시대이다. 이 길이, 우리가 돌이켜 가야 할 '오래된 새 길'이다.

> "너희도 산 돌같이 신령한 집으로 세워지고
> 예수 그리스도로 말미암아 하나님이 기쁘게 받으실
> 신령한 제사를 드릴 거룩한 제사장이 될지니라" _ 벧전 2:5

'기복교'와 기독교 그리고 성경적 가치

오래전 이 땅에 불교, 유교, 기독교가 들어왔지만, 여전히 가장 강력한 종교로 남아 있는 것은 '샤머니즘' 곧 무속(巫俗) 신앙이다. 샤머니즘은 마치 밭의 토양과도 같아서, 그 위에 어떤 씨앗을 뿌리든 그 씨앗의 생명을 질식시켜 버리기도 하고, 설혹 싹이 나더라도 변질되거나 그 모양조차 이상하게 왜곡시키는 '바탕'의 역할을 한다.

그러니 이 땅에 불교가 들어와도, 유교가 들어와도, 기독교가 들어와도, 토속적인 무속 신앙에 그 뿌리가 붙잡히거나 휘둘리면 모두 변질되고 만다. 겉모양은 천 년 된 불교고, 오백 년 된 유교고, 이백 년이 된 기독교라도, 그 내용은 샤머니즘과 다를 것이 없이 변질되어 버리는 것이다. 무속 신앙이 그렇게 무섭다.

불교가 원래 돌부처에게 절해서 자기 소원 성취하는 종교였던가? 그렇지 않을 것이다. 유교가 원래 끼리끼리 편먹고 파당 지어 권력 때문에 사소한 예법 문제로 상대 파를 멸문지화(滅門之禍)시키는 혈연, 지연, 학연의 파벌 공동체를 장려했던가? 그렇지 않을 것이다.

기독교가 원래, 예수 믿고 세상 복 받고 그것이 공의(公義)인지 불의인지 묻지도 따지지도 않고 출세하고 성공하는 것을 '믿음의 승리'라고 간증하는 종교였던가? 그렇지 않다. 기독교는 '기복교'(祈福教)가 아니라 '기독'(基督) 즉 '그리스도'(Christ)교이다.

사람은 복을 받아야 산다. 하나님도 복 주시기를 기뻐하신다. 하지만 복이 목적이 아니다. 하나님이 목적이라야, 복이 비로소 복이 된다. 그것이 더럽고 썩어지고 허무한 세상에서 누리는 진정한 복, '팔복'(八福)이다.

예수 그리스도 자신이 복이고 복음이다. 기독교는, 예수 그리스도를 받고 그와 연합하여 그를 사랑하고 순종하여 그의 길, 새롭고 산 길, 곧 예수 그리스도의 십자가와 부활의 길을 따라 새 하늘과 새 땅으로 가는 복음에 관한 것이다.

기독교는 역사의식과 윤리가 실종된 '기복교'가 아니다. 목사는 무당이 아니고, 교회는 성경에 나타난 하나님의 뜻과 상관없는 '비나이다, 비나이다'의 산당이 아니다. 성경은 아무데나 펼쳐서 성경 한 구절 떼다가 운세를 점치는 점괘가 아니며, 설교는 그저 '예수 믿고 복 받아라'를 외치고 복비(福費) 받아먹는 수단이 아니다.

기독교는 예수 그리스도를 믿고 사랑하고 따르는 종교이다. 목사는 '하늘의 백성'을 '새 하늘과 새 땅으로 인도하는' 목자이며, 교회는 '하나님의 은혜와 공의의 법을 따르는 하늘의 성도, 거룩한 무리이다. 성경은 우리를 '의(義)와 경건으로 인도하기에 합당한 복음과 교훈'이며, 설교는 예수 그리스도와 그의 나라의 복음의 선포이다.

그래서 설교단에 서서 하늘의 존귀한 성도를 앞에 두고, 자신의 정치적 선택을 강요하는 자는, 단지 '부족한 종'이 아니라 '불의한 종'이다. 자기에게 맡겨진 지위를 잊은 오만불손한 자이다. 예수 그리스도께서 자신의 피로 값 주고 사신 그분의 양 무리를, 마치 자기 소유물인 양 착각하며 도적질하는 강도이다.

누구도 설교단에서 성도에게 속한 양심을 강요할 권리가 없다. 이 땅의 정치 체제는 그 어떤 것이든 '하나님의' 나라, 그분의 뜻대로 통치되는 그 나라와 일치하지 않는다. 언제나 불완전하다. 하지만 교회는 무엇이 성경이 가르치는 공도(公道)이며, 하나님 나라의 가치인지, 성경의 명확한 가르침인지는 분명히 분별하여 선포해야 한다.

하나님은 거짓말을 원치 않으시고, 사술(邪術)을 미워하신다. 땅은 하나님의 소유고 공동체를 위한 선물이어서, 이웃의 것을 무한대로 빼앗아 독점할 수 있는 소비재가 아니다. 약자는 보호해야 하고, 억울하거나 억압하는 자가 없도록, 법은 부자나 가난한 자, 힘이 있는 자나 없는 자 가릴 것 없이 누구에게나 공평무사(公平無私)해야 한다.

생명은 태아라도 하나님의 형상이며, 사람은 남자와 여자로 지음받았다. 인간이 스스로 자신의 '성'(性)을 취향대로 결정하는 것은 생명을 주신 창조주의 뜻이 아니다. 육체도 자연처럼 하나님의 선물이며, 하나님의 뜻을 배제하는 인간의 자율적 조작의 대상이 아니라, 하나님께서 사람과 함께 거하시고 소통하시는 거룩한 처소로 보존되고 보호받아야 한다.

교육은 정부의 이념과 사상적 편향에 따라 강제할 수 없으며, 국민의 신앙의 자유와 가치관과 창의성을 존중하는 방식으로 열어 두어야 한다. 평화는 말과 병거, 군사력과 힘에서 오지 않고, 하나님의 은혜와 주권을 인정하며 정의와 인애를 실행하는 땅 위에서만 지켜진다.

  이와 같은 내용들을 포함하는 여타의 성경적인 가치관들 중, 어떤 것이 더 시급하다고 생각하는지는 각 사람의 양심의 판단에 속한다. 목사라고 강요하고, 설교단에서 마이크를 쥐었다고 자기 멋대로 선동할 수 있는 사안이 아니다. 자신이 가진 권력과 지위를 이용해 타인의 양심을 도적질하는 자는, 양심을 각 사람에게 주신 하나님께 대하여 범죄하는 것이다.

  기독교는 하나님의 존재와 주권을 인정하고, 그분의 약속에 따라 그분의 나라 곧 '새 하늘과 새 땅'을 간절히 바라고 기다림으로 살아가는 언약 신앙이다. 그런 종말의 신앙을 가진 교회는 이 땅에서도, 전능하고 유일하신 그분의 주권적 긍휼과 공의의 질서에 순복하고 따라야 한다. 만유를 다스리시는 주께서, 이 어려운 때에 교회에 분별력과 지혜, 용기와 헌신, 사랑과 충성을 더해 주시기를 기도한다.

> "예수께서 그들 앞에 또 비유를 들어 이르시되
> 천국은 좋은 씨를 제 밭에 뿌린 사람과 같으니"_ 마 13:24
>> 『지키심을 입은 교회: 요한이서, 요한삼서, 유다서의 이해』 중에서

입학 면접

대부분 토요일 오전에 진행되는 대학원 입학 면접 심사는, 교수들이 기피하는 업무 중에 하나일 것이다. 요즘은 경쟁률도 높지 않아, 굳이 선별해야 하는 수고도 덜하기 때문에 더 그럴 수도 있다. 의례적일 수 있는 전문대학원 석박사 면접 심사에 그렇게 참여하게 되었다.

그런데 지원자 한 사람 한 사람의 자기소개를 듣고, 그들의 지원 동기, 연구 주제와 학업의 목표 등에 관한 이야기를 나누면서, 나는 점점 면접 심사가 아니라 무언가 하나님의 놀라운 역사를 목격하는 증인이 되는 분위기에 잠기게 되었다.

한 사람의 신앙인이 살아온 과정은, 하나님께서 그의 일생이라는 원고지에 써 오신 한 권의 책과 같다. 그 책을 펼쳐 읽는다는 것은, 그의 인생 속에서 살아 역사해 오신 하나님의 은혜롭고 신실하신 역사를 목격하는 것이다. 겉모양은 그저 평범해 보일지 몰라도, 그 사람의 신앙과 경력과 인격은 그대로 하나님의 신실한 작품이다.

입학 면접이 진행되는 그 작은 공간 속에서, 마치 스크린에 펼쳐지는 여러 편의 드라마를 보는 것처럼, 나는 어느덧, 살아 계신 하나님의 살아 있는 역사를 듣고 보고 있었다. '저렇게 귀한 사람이 다 있구나.' '하나님이 저렇게 가르치셔서, 여기까지 인도하셨구나.' '상황이 그렇게 어려운데도 저렇게 잘 견디고 이렇게 끝까지 사명을 다하려고 하는구나.' '이렇게 험하고 혼탁한 세상에도 저렇게 신실하고 소박하고 충성스러운 사람도 다 있구나.'

순간, '교회가 살아 있다'는 생각을 했다. 누가 뭐라든 '하나님은 사람들 속에서 하늘의 은총과 그 아들의 생명의 복음과 성령의 따뜻한 역사를 통해, 오늘도 일하시는구나', 그것을 보게 되었다. 누가 누구를 면접했던 것인가?

대학원 지원자들을 면접하러 갔지만, 사실 하나님께서 나를 면접하고 계신 듯했다. '너는 나를 믿느냐, 너는 아직도 내가 내 교회를 위해 일하는 것을 믿느냐' 이렇게 물으시는 듯했다. 하나님은 오늘도 신실하게 역사하신다. 사람들 속에서, 하루하루, 그의 말씀과 성령과 사랑으로, 자신의 사람들, 그 나라의 사람들을 빚어 가신다. 교회가 어렵지만, 그저 공허하고 추상적인 말들로 비난하고 고개를 떨굴 일이 아니다.

오늘도 사람들 속에서 절망하지만 또다시 희망하고, 울지만 다짐하고, 내쳐진 바닥에 쓰러져서도 다시 무릎으로 기도하며, 그 사랑 안에서 말씀을 붙들고 일어서는 수많은 목회자가 있다. 그들의 눈물과 기도 속에서, 그들의 섬김을 통해 하나님의 사람들이 빚어진다. 오랜 세월이 걸리지만, 하나님은 자신의 나라를 위해 조용히 그러나 확실하게 일하신다.

마치 예배를 드린 듯, 어느새 경건하고 겸허한 마음이 되어 면접장을 나왔다. 일부러 터미널까지 걸었다. 걸으며 생각했다. 나도, 나에게 주어진 길을 신실하게 가야겠다고 다짐했다. 내가 선 이 무대에서 맡은 역할을 다해야 한다. 연출은 그분이 하신다. 아름답게 하실 것이고, 빛나고 황홀하게 마무리하실 것이다. 그 영광의 '피날레'를 위해, 나는 소망해야 한다. 충실해야 한다. 감사한 하루였다.

> "너희 안에서 착한 일을 시작하신 이가
> 그리스도 예수의 날까지 이루실 줄을 우리는 확신하노라" _ 빌 1:6

큰 목사, 작은 목사

예배당이 크면 큰 교회라는 것은 거짓말이다. 예배당이 크고 성도 수가 많고 헌금 액수가 많으면 큰 교회, 큰 목사라는 것은, '크고 작음'에 대한, '위대함과 초라함'에 대한, '이 세대의 영'(spirit of this age)이 만들어 낸 거짓말이다.

성경을 보면, 그런 식의 크고 작음이 하나님께서 판단하시는 크고 작음이 아니라는, 위대함과 초라함이 아니라는 사실을 알게 된다. 세례 요한은 '여자가 난 자 중에 가장 큰 자'였다. 하지만 천국에서는 '지극히 작은 자'가 세례 요한보다 '크다'(마 11:11).

왜 그런가? 세례 요한은 그리스도가 오시기 전까지 그리스도를 가장 분명히 알았고 가장 가까이서 알았고, 가장 명확하게 증거한 선지자였다. 세례 요한은 자신을 규정할 때, 언제나 그리스도를 기준 삼아서 증거한다. '나는 그리스도가 아니다', '내 뒤에 오시는 이가 있으니', '그는 흥하여야 하겠고, 나는 쇠하여야 하리라.'

성경에서 한 사람의 크고 작음은, 그가 '하나님과 그리스도를 알고 누리고 증거하는 크기'만큼이다. 욥은 무엇을 했는가? 자식을 다 잃고 바닥에 앉아 헐어 버린 피부를 긁으며, 이유 없는 고난 속에서 하나님을 알아 갔던 것 외에는 그가 이룬 업적이 없다. 에녹은 무엇을 했기에, 하늘로 들려 올라갔는가? 일평생 애 낳고 하루하루 하나님과 동행한 것뿐이다.

누가 크고 위대한 자인가? 천국에서는, 예수 그리스도를 소유하고 알고 누리고 증거하는 지극히 작은 자가, 세례 요한보다 크다고 판단한다. 누가 큰 교회, 큰 목사인가. 예배당이 아니라, 성전 된 성도를 신령하게 건축한 목사이다. 성경의 판단을 따를 것인가, 세상의 거짓말을 따를 것인가.

큰 예배당에, 많은 수의 성도에, 많은 헌금 액수에, 큰 목사라도, 그리스도를 버리고 욕되게 하면 그는 작고 초라한 목사이다. 예수님은 이 땅에서 너희가 핍박을 당하나, '기뻐하고 즐거워하라'고 말씀하신다. '하늘에서', 성경이 인정하는 세계에서, '이미 임한 성령의 통치 안에서', 아무도 주목하지 않는 곳이라도, 세례 요한처럼 광야에서 외치고 감옥에 갇혀 혼자 죽어 가도, 그리스도를 사랑하고 알고 증거하는 삶이라면, 그 사람은 '큰 자'이다.

　사람의 크기는 그가 그리스도를 알고 누리며 증거하고 살아 내는 크기, 그 크기만큼이다. 누가 큰 목사인가. 거짓에 속지 말라. 성경의 판단은 전혀 다를 것이다.

"그때에 제자들이 예수께 나아와 이르되
천국에서는 누가 크니이까" _ 마 18:1

구약과 신약, 혈통과 언약 백성

"성령은 세습할 수 없다." – 베르너 크루쉐, 『칼빈의 성령론』

　여호수아는 모세의 아들이 아니었다. 이스라엘의 사사들도, 혈통으로 세워지지 않았다. 기드온은, 그와 그 자손 대대로 자기들을 다스려 달라는 이스라엘 백성의 청을 단호하게 거절했다. 오직 여호와, 그분만이 그들의 왕이심을 알았기 때문이다. 하나님께서는 핏줄을 따라서가 아니라, 자신의 뜻을 따라 이스라엘을 다스릴 사사들을 세우셨다.

　이스라엘이 온갖 이방 신들에게 취해 있을 때, 하나님은 길르앗이 창녀에게서 낳은 입다를 사사로 세우셨다. 엘리 제사장의 두 아들 홉니와 비느하스는 혈통을 따라 제사장의 역할을 이어받았지만, 망령된 지도자의 사례로 사용되었을 뿐이다. 대조적으로, 하나님은 아이 못 낳던 한나에게 주신 아들 사무엘을 택하셔서 이스라엘의 실질적 지도자로 삼으셨다.

언약 백성에게, 혈통은 아무것도 아니다. 다윗은 이새의 아들들 중, 장자가 아니라 막내이다. 일부러 그렇게 뽑으신 것이다. 하나님의 나라는 혈통으로 되지 않는다. 이삭도 사라가 낳았지만, 낳을 수 없는 때에, 낳을 능력이 없는 여인을 통해, 오직 약속만으로 낳게 하신 '언약(言約)의 아들'이다. 그것이 하나님 백성의 정체성이다. 옛 언약 이스라엘 백성도, 새 언약 교회도 오직 하나님의 '약속으로 난 백성'이다.

교회에 혈통이 있다면, 오직 '약속의 혈통'뿐이다. 그래서 '성령으로 잉태되신' 예수 그리스도가, 아브라함에게 약속되었던 '그 약속의 자손'이 아니시던가. '다윗의 아들' 예수님의 족보도 마찬가지이다. 혈통이 결정하지 않는다. 모압 여인 룻이 들어와 있고, 심지어는 헷 족속이었던 우리아의 아내 밧세바도 들어와 있다. 하나님 나라 백성의 혈통은, 처음부터 끝까지 '오직 택하심'으로 된다. 그분의 뜻을 행하는 자, 그것이 핵심이다. 누가 하나님의 가족들인가. 예수님께서 말씀하신 대로이다. '하늘에 계신 내 아버지의 뜻대로 행하는' 자들이다.

교회의 직분도 마찬가지이다. 오직 성령 하나님의 은사 주심을 따라 되는 것이다. '혈통'으로가 아니라, '성령'으로 된다. 성령께서 그리스도의 몸을 세우기 위해 주시는 은사를 따라 직분을 세워야 한다. 성령께서 주신 은사와 능력이 없는 자를, 교회의 직분자로 세울 수 없다. 성령께서 은사 주시고 훈련하시고 예비하신 자가 세워져야, '사람의 집단'이 아니라 '성령의 전'이요 '그리스도의 몸'으로 세워질 수 있다. 성령은 '세습'될 수 없다.

 회중 앞에서 자신의 아버지인 담임 목사를 '내 아버지'라 부르는 자는 어리석은 자이다. 그는 교회 공동체, 하나님이 택하신 언약 백성이 어떤 존귀한 존재인지 알지 못한다. '내 아버지'는 없다. 오직 '하늘에 계신 우리 아버지'뿐이다. 성도는, '당신의 혈육의 아버지, 당신의 혈육의 아들'보다 중하다. 성도는 '오직 그리스도의 피(血)로 된' 하나님의 아들이요 딸이기 때문이다. 그 거룩한 부르심과 신령한 하늘의 성도들 앞에서 혈육의 끈을 운운하는 것은, 그 생각이 그토록 세속적이요, 그토록 땅의 것임을 드러낼 뿐이다.

 그렇게 말하는 자들에게 '아멘, 아멘' 하는 성도들이여, 성경을 읽고 자신의 존재의 고귀함과 영광스러움을 회복하라. 복음은 당신을, 당신이 생각하는 것보다 훨씬 더 존귀하게 만든다. 말씀으로 돌아오라. 오직, 말씀으로 돌아와, 성도(聖徒)가 되어라. 이 척박한 미신(迷信)의 땅에서 지존하신 하나님의 교회, 그의 '언약' 백성이 되어라.

> "말하던 사람에게 대답하여 이르시되
> 누가 내 어머니이며 내 동생들이냐 하시고" _ 마 12:48

코이노니아의 중심

'떨기나무의 불꽃', 말씀과 신앙생활

설교는 어렵다. 하나님의 말씀을, 성령의 역사를 통해 전달해야 하기 때문이다. 말씀과 성령을 '하나님의 불'이라고 한다면, 설교자는 그 신성(神聖)한 불이 붙어 타오르는 나무이다. 그래서 설교자는 마치 모세가 보았던 '떨기나무의 불꽃'과도 같다. 설교자가 하나님의 말씀을 전할 때, 준비하고 애쓰는 모든 씨름의 과정의 본질이 여기에 숨어 있기 때문이다.

떨기나무가 있고, 거기에 신성한 불이 붙어 있다. 그 불 가운데서 여호와의 사자가 나타난다. 이것이 설교이다. 하나님의 은총의 현현(顯現)으로서의 설교이다. 떨기나무에 불이 붙는 것 그리고 그 불 가운데서 그 아들 예수 그리스도가 드러나는 것이다. 그 아들의 은혜와 진리, 생명과 영광이 나타나 전달되는 것이다. 그 불은 우리의 영(靈)을 비추는 빛이요 살려 내는 긍휼이다. 그것은 무어라 형언할 수 없는 것이다. 설교자가 전달하는 그 불붙은 말씀을 듣는 성도의 심령이 느끼고 깨닫고 받아들이는 하나님의 은총이다.

문제는, 그런 설교가 어렵다는 것이다. 모세가 본 것처럼, 떨기나무는 그대로 있고 거기에 불이 붙어 타고 있는 경우여야 하기 때문이다. 가장 미흡한 설교는, 설교자의 심령에 거룩한 불이 붙어 있지 않은 채, 그 설교자 자신의 지성, 감성, 의지 자체가 불타오르는 경우이다. 설교자가 말씀과 성령의 불에 붙어 있지 않고, 자기 자신을 태워 설교하는 경우이다.

애초에 말씀의 생명에서 나오는 불, 성령께서 함께하시는 불이 없거나, 있어도 지극히 미미한 경우이다. 이런 설교자는 자신의 지식이나 감성 또는 의지에 스스로의 불을 붙여 태운다. 여기에도 빛은 있고 열은 있다. 다만, 그것이 말씀과 성령으로부터 나오는 것이라기보다는, 주로 그 설교자 자신에게서 뿜어져 나오는 것이라는 차이가 있다.

인간의 지성에서 나오는 빛은, 마치 형광등처럼 무지의 어둠을 밝히지만 대체로 차가운 빛이어서, 사람의 심령을 따뜻하게 하거나 치유하거나 살려 내지 못한다. 단지 설교자의 감성에서 흘러나오는 따뜻함은, 우리의 마음에 와닿을 수 있지만 그것도 거기까지이다. 그런 인간적 감성은 때로 깨끗하지 못하거나 어두운 것이기도 하다. 자신의 의지의 열정이나 욕망을 부추기는 열정이 전부인 경우도 있다. 그것은 최악의 경우에, 마치 불붙지 않은 떨기나무 가지로 청중을 내리치며 때리는 설교와 같다.

그다음 단계는, 떨기나무에 불이 붙어 있는데, 떨기나무도 같이 타는 경우이다. 이런 경우가 가장 많다. 왔다 갔다 하는 것이다. 때로는 신성한 불에 휩싸였다가, 어느 순간 그 불에 붙어 자신이 타 버리는 경우이다. 자신의 지성과 감성과 의지가 타오르면서, 연기를 내고 성령의 불과는 다른 불을 뿜어 내기도 한다. 어디까지가 성령의 역사이고 어디까지가 나 자신의 말인지 구분이 어려워지기도 한다.

이럴 때 설교자는 성령의 역사 안에서 말씀을 전달했지만, 그와 함께 자기 자신을 불태웠기 때문에 설교가 끝난 후에 어느덧 '타고 남은 재가 된 자신'을 보게 된다. 그 후유증으로 자신의 지적인 교만이나 감정적 허탈함 또는 의지적 모순을 느끼기도 한다. 설교 중에 자신이 했던 말의 화려함이나 주었던 감동을 떠올리며 스스로 도취되기도 하고, 청중에게 쏟아부은 사랑과 열정의 감정이 지나간 빈자리로 인해 생긴 공허함에 시달리기도 한다. 무엇보다, 자신도 하지 못하고 할 수 없었던 행동이나 태도를 요구했던 자기모순적인 위선을 마주하기도 한다.

마지막 단계는, 떨기나무는 그대로 있으면서 거기에 불이 붙어 타는 경우이다. 설교자는 단지 말씀과 성령의 도구요 전달자가 된다. 그의 지성은 말씀을 이해하고 그 말씀 앞에 복종하며 그 말씀의 자리를 한순간도 빼앗지 않는다. 말씀의 지혜와 빛을 가리는, 자신의 생각을 최대한 덜어 내고 침묵시킨다. 그의 감성은 어떤 경우에도 동요하지 않고, 성령의 깨끗함과 따뜻한 사랑 안에 머물러 있다. 의지는 말씀을 전달하는 중에도 성령의 인도하심에 민감하게 깨어 있어서 한 걸음도 앞서 가지 않는다. 목자의 음성을 따라가는 순한 양처럼, 한순간도 다른 것에 관심을 빼앗기지 않고 성령님과 보조를 맞춘다.

운동선수들이 시합을 할 때 가장 많이 듣는 조언은 '힘을 빼라'는 말이다. 발이나 팔, 온몸에 힘이 잔뜩 들어가면, 그 선수와 상대 그리고 공이 움직이는 역학(dynamics) 속에 작동하는 힘을 최대치로 그리고 의도한 대로 정확하게 다룰 수 없게 되기 때문이다. 그 힘의 흐름을 타지 못하게 된다. 그런데 이게 그렇게 어렵다는 것이 아닌가.

몸에 힘이 잔뜩 들어가서는 되는 일이 거의 없다. 설사 일이 된다 해도, 몸을 다치거나 상하게 되기 십상이다. 운동도 그렇지만, 설교도 그렇고 결국 신앙생활의 본질도 이와 같다고 할 수 있다. 신앙생활이란 '주님과 함께 살기'를 연습하는 일이다. 그것은 마치 바다에서 파도를 타며 '서핑'을 하는 것처럼, 거대한 파도의 흐름에 몸을 맡기고 그 위에서 자유자재로 움직이며 즐기는 운동과도 같다. 그만큼 '주님과의 교제와 동행'은 오랜 훈련을 요구하는 것이다.

결국 그분의 임재와 인도에 '깨어 있는' 것, 나의 의지, 감정, 지성을 앞세우지 않는 훈련이 필요하다. '하나님과의 연합'을 신학과 신앙의 최고의 목표로 삼았던 교회의 전통을 살펴보면, 하나님 안에 거하는 복된 사귐의 최고의 열쇠는 특히 '나의 의지를 그분께 온전히 드리는' 것에 있음을 알게 된다. 주님께서 '나의 원대로 마옵시고, 아버지의 원대로 하옵소서'라고 기도하셨을 때, 바로 그 온전하고 깊고 자유로운 연합을 누리신 것처럼 말이다.

설교뿐 아니라 신앙생활도 결코 '혼자' 하는 것이 아니다. 내가 '내 힘으로' 하는 것은 더더욱 아니다. '그분이 내 안에, 내가 그분 안에' 거하는 사귐을 통해 '함께'하는 삶이다. '그분이 내 안에' 거하시게 하는 것은 '담대한 믿음'으로 된다. 하지만 '내가 그분 안에 거하는' 삶은, 그분을 경외하고 사랑하는 친밀한 교제에서 나오는 진실한 '자기부인'(self-denial)을 통해서만 가능하다.

삼위 하나님과의 복된 사귐의 연습만이, 우리로 하여금 그분이 주시는 모든 은혜를 누리게 하며, 또한 그분의 뜻과 그분의 나라를 마음껏 이루어 가게 할 수 있다. 믿음을 통해 그분이 내 안에 거하시고, 내가 나를 비우고 그분 안에 거할 때, 그분의 길을 따라갈 수 있게 된다. 그것이 참으로 어렵지만, 그럴 때에 나는 더욱 자유롭게 '복된 나'로 살게 된다. 하나님의 은혜와 진리 안에서, 실패를 반복하며 꾸준히 연습하고 성장하는 길밖에 없다.

"여호와의 사자가 떨기나무 가운데로부터 나오는 불꽃 안에서
그에게 나타나시니라 그가 보니 떨기나무에 불이 붙었으나
그 떨기나무가 사라지지 아니하는지라"_ 출 3:2

코이노니아의 중심

'코이노니아'란 친교, 동역, 나눔 등을 뜻한다. 교회의 본질 중에 하나는 코이노니아 곧 '성도의 교통, 교제와 소통'이다. 성도가 함께 모여도, 거기에 참된 코이노니아가 없다면 '교회'가 되지 못할 것이다. 예배당이 크고 훌륭해도, 그 안에서 참된 코이노니아가 이루어지지 않는다면 그것도 공허할 것이다.

하지만 코이노니아는 단지 '우리끼리의 만남과 교제'가 아니다. 코이노니아의 중심은 삼위 하나님 곧 그 아들이신 예수 그리스도와 아버지 하나님과 성령 하나님 자신이시다. 그래서 성도의 코이노니아에 참여하는 자는 누구나 끊임없이 코이노니아의 중심을 기억하고, 그 중심이 되신 삼위 하나님을 신뢰하며, 그 중심으로 계속해서 돌아가려고 애써야 한다.

성도의 친교는 때로 황홀하고 아름답지만, 너무나 실망스럽고 고통스럽기도 하다. 코이노니아에 참여하는 한 사람의

성도는, 그가 속해 있는 '코스모스'(세상)의 모든 어둠과 더러움과 썩어짐과 허무함을 끌고 들어오기 때문이다. 코이노니아 안에 코스모스의 모든 문제가 뒤섞여 들어온다. 코이노니아의 중심에는 빛이신 아버지 하나님이 계시지만, 그 코이노니아에 참여하는 성도는 세상의 온갖 어둠을 끌고 들어온다.

코이노니아의 중심에는 우리의 죄를 자신의 피로 씻으시는 그 아들의 긍휼이 한없이 흐르지만, 코이노니아에 참여하는 우리는 끊임없이 세상의 죄를 짊어지고 들어온다. 코이노니아의 중심에는 성령 하나님의 교제와 지식이 한없이 흘러넘치지만, 그 안에 참여하는 성도는 세상의 어그러진 사귐과 어둡고 완악한 무지(無知)를 끌고 들어온다.

그래서 코이노니아에 참여하는 우리는, 더욱더 코이노니아의 중심에 빠져들어야 한다. 거기서 우리 자신을 품고, 거기서 그 친교에 참여하는 자들을 맞아들여야 한다. 코이노니아의 중심에는 죽은 자를 살리는 그 아들의 생명이 언제나 강력히 역사하고 있기 때문이다. 코이노니아의 중심에는 그 아들의 진리가 있어, 언제나 우리를 거짓에서 자유케 하고 깨끗하게 해 주기 때문이다. 코이노니아의 중심에는 언제나 아버지의 사랑이 쏟아부어지고 있다.

교회란 이 영원하신 삼위 하나님과의 코이노니아 속에서 그 아버지의 사랑을 받고, 그 사랑 안에 거하여, 그 사랑으로 자신의 모든 어그러진 사랑들을 치유받으며, 그 사랑으로 사랑하기를 배우는 복된 성도의 교제이다. 교회의 교제를 '단지 우리끼리의 만남과 사귐'에서 건져 내어, 그 아들과 아버지와의 놀라운 코이노니아의 신비 속으로 인도하시는 분은 성령 하나님 자신이시다. 그러므로 우리는 항상 믿음으로써 성령님께 우리 자신을 의탁해야 한다.

오직 성령님만이 우리를 그 아들에게, 그 영원한 생명 가운데로 인도해 주실 수 있기 때문이다. 오직 성령님만이 우리를 그 아들을 통해 그 아버지의 말로 다 할 수 없는 풍요한 사랑의 바다에로 인도해 주시기 때문이다. 한없이 겸손하신 성령님은, 우리를 그 아들과 아버지에게로 인도하시고 자신은 우리 뒤에 숨으신다.

성령님은 그분을 의지하는 우리의 뒤에 숨으셔서, 그분 자신이 원하시는 뜻을 우리가 원하도록 인도하신다. 그분이 우리 속에서 하나님을 향하여 '아바, 아버지'라고 부르게 하시고, 그 아들을 한없이 사랑하고 경외하고 순종하도록 이끄신다. 마치, 자신이 모든 일을 다 하고 그 모든 공로(功勞)와 영광은 아들과 아버지에게 돌리는 헌신적인 어머니처럼, 성령은 우리를 그 아들의 생명으로 낳으시고, 그 아버지의 사랑에 거하게 하신다.

교회는 얼마든지 실망스러울 수 있다. 하지만, 교회가 삼위 하나님과의 코이노니아를 본질로 갖는다면, 교회는 영원토록 소망 가운데에 성장한다. 그 교제의 한복판에는 언제나 생명수가 솟아나며, 사랑의 폭포수가 쏟아진다. 이 모든 생명과 진리와 사랑 가운데에 거하게 하시는 성령님이 계시기 때문이다. 항상, 코이노니아의 중심으로 돌아가야 한다. 거기에 교회의 교회다운 능력, 성령의 참된 교통이 있다. 그것이 교회의 영광이다.

> "… 우리의 사귐은 아버지와 그의 아들 예수 그리스도와
> 더불어 누림이라"_ 요일 1:4

'우리 교회 최고주의' 망상

우리 교회가 최고고, 진짜고, 가장 개혁적이고, 가장 교회답다고 생각하는 망상과 싸워야 한다. 우리 교회 우리 방식이 진짜고 최고면, 다른 교회 다른 방식들은 전부 가짜이거나, 이류, 삼류가 된다. 이 땅에 진짜 최고의 교회는 없다. 모두가 부족한, 모두가 주님이 참고 함께 계셔 주시는 어그러지고 못난, 주의 생명과 인내와 지혜와 능력으로 빚어져 가는 형제 교회들일 뿐이다.

'우리 교회 만능 최고주의'의 망령에 붙잡히지 말라. 자기 교회 예배당을 '제1 성전, 제2 성전, 제3 성전' 식으로 분점 내지 말고, 브랜드로 만들지도 말라. 교회가 어떻게 프랜차이즈인가? 교회는 하나이다. 하나님 나라도 하나이다. '우리 교회 만능 최고주의'에 빠지는 순간, 그런 교회는 주의 몸 된

교회의 대적이 된다. 주의 몸 된 교회의 혈관을 막는 고지혈증 같은 지체가 된다. 그렇게 하지 말라.

언제나 주의 이름 앞에 우리의 이름을 가리자. 주 예수 그리스도의 교회 외에는 다른 이름도 갖지 말자. 그것이 참된 교회의 정신, 그리스도의 몸을 사랑하는 하나 된 교회의 형제 우애의 참된 신앙이다. 우리 교회 브랜드 만들지 말고, 우리 교회 성전 지점 내지 말고, '우리 교회, 우리 교회'의 망상에 빠지지 말자. 세상에 하나님의 교회 우리 주 예수 그리스도의 하나 된 교회 외에는, 달리 '우리 교회'가 없다.

우리 교회를 사랑하고 자부심을 갖는 것은 좋지만, 교단이 다르고 역할이 다른 주변의 이웃 교회들도 돌아보고 사랑하고 협력하자. 내 교회가 남의 교회보다 잘되는 것으로 자랑 삼는 것처럼 애처로운 것이 또 있는가. 남의 교회 성도 빼앗아 오면서 자랑하는, 그런 어리석은 일이 어디에 또 있는가. 교회가 날마다 노래해야 할 주제는, 우리 교회가 아니라 '우리 주 예수 그리스도와 그의 나라, 하나님의 나라'이다.

'우리 교회 진짜 최고'라는 망상에서 벗어나자. 주의 교회는 하나요, 모든 교회는 내 교회, 우리 교회, 주의 교회이다. 큰 교회도 없고 작은 교회도 없다. 담임 목사님은 한 분 예수님뿐이고, 우리는 모두 그분과 그분의 교회들을 섬기는 부사역자들이다. 온 땅에 흩어진 주의 교회를 섬기자. 어디서든 누구를 맡기든 한결같이 한마음으로, 한 성령으로, 한 주(主)만 섬기자.

> "몸이 하나요 성령도 한 분이시니 이와 같이
> 너희가 부르심의 한 소망 안에서 부르심을 받았느니라
> 주도 한 분이시요 믿음도 하나요 세례도 하나요
> 하나님도 한 분이시니 곧 만유의 아버지시라 …" _ 엡 4:4-6

질문하는 성도, 성도의 질문

교회에서 성경을 가르치거나, 설교하거나, 심지어 심방을 해서 구역 예배를 보거나, 혹은 순 모임이나 목장 모임을 하거나, 그 어느 경우라도 성도가 자유롭게 말씀에 대해 '자신의 질문'을 내어놓는 경우는 많지 않다. 그런 환경이 쉽게 조성되지 않는다.

어찌 보면 교회는 이런 점에서 상당히 '일방적'이다. 담임 목사의 설교를 듣는 것으로 끝나지 않고, 소그룹으로 모여서 나눌 때에도 그 '설교의 본문 말씀'이 아니라 '그 말씀에 대한 설교' 자체를 '묵상'하고 나눈다. 그래서 전 교인이 담임 목사의 설교 내용을 따라 '한 생각, 한뜻, 한마음'을 품는 교회를 지향한다. 그럴 필요가 있는 경우도 있을 것이다.

하지만 이렇게 '씹어 낸 음식'만이 아니라, 말씀 자체를 성도가 '소화하도록', 직접 묵상하도록 도울 수는 없을까? 소그룹에서 성도 자신이 그 '설교 본문'을 묵상하고 그 묵상한 내

용을 서로 나누게 하면 어떨까. 그러면 위험(?)한가? 성도에게는 항상 '말씀의 해석'만을 주어야 하는가? 성도에게 직접 '말씀'을 '만나고, 묵상하고' 자신이 이해한 만큼 깨닫게 된 것을 나누게 하면 '통제'(?)가 안 되어 위험할까?

　성경 본문의 의미는 '하나'이다. 하지만 그 하나의 의미는 다이아몬드처럼 다면적이고 다층적이고 '풍성한 하나'이다. 그래서 각 성도가 그 말씀의 의미에 다가가 부딪힐 때, 그 의미를 다양한 측면에서 다각적으로 드러낼 수 있다. 이것이 '말씀의 코이노니아'의 영광이 드러나는 방식이다. 설교도, 성경 공부도, 구역 예배에서도, 말씀이 성도에게 '일방적으로' 주어지는 데에는 확실히 아쉬움이 있다. 예수님을 만난 사람들이 많지만, 그 사람들은 그 처지와 환경에 따라 '다 다른 방식으로, 다양하게' 만났다. 예수님은 한 분이지만 그만큼 풍성하신 분이기 때문이다.

　교회가 '집단적으로 획일화'되는 데에는, 이런 '말씀의 일방적 전달' 방식도 한몫한다. 마치 정원에 다 다른 꽃들을 심어 놓았는데, 한참 지나면, 백합도 장미도 민들레도 안개꽃도 전부 한 가지 색깔, 한 가지 모양의 꽃으로 뒤바뀌는 것만 같은 일이 일어난다. 하지만 뒤뜰의 정원도, 하나님의 나라도 그런 모습으로 성장하지 않는다. 몸의 각기 다른 지체들이 한 몸을 이루듯이, 하나님의 말씀의 풍성함을 경험하는 방식도 '하나이지만 다양한' 모습을 지니는 것이, 삼위 하나님과의 코이노니아인 교회의 정상적인 모습이다.

물론, 설교 후에 성도가 손을 들고 질문하는 것을 허락하는 경우는 어리석고 지혜롭지 못하다. 설교는 선포이고 설득이다. 그것은 듣고 숙고해야 할 말씀이다. 하지만 성경 공부나 교리 공부마저 '일방적'으로 전달될 때, 가장 놓치게 되는 부분은 그것을 일방적으로 배우게 되는 성도의 '진정성'이다. '나의 질문'을 '내가 제기할 수 없다면', 그런 경우 '나는 나로서 진실하게' 그런 배움에 참여하기 어렵다. 모든 진지한 관계에서는, 내가 나이기 위해 질문해야 하고 답변을 얻어야 한다.

하나님은 우리가 질문할 때, 일부 교역자들처럼 '불쾌해하고, 불안해'하실까? 그렇지 않다. 성경은 하나님을 알아 가고, 하나님에게서 배웠던 수많은 성도가 상상을 뛰어넘는 질문들을 하나님께 쏟아부었다는 사실을 알려 준다. 욥이 하나님께 했던 질문들을 보라. 시편의 기자들이 하나님께 부르짖는 질문들을 보라. 충분히, 하나님이 곤란해하실 질문들로 가득하다. 교역자가 불편할까 봐, 성도가 질문을 삼키고 묻어 두게 될 때, 그 성도의 신앙의 '진정성'은 거기서 멈추게 된다. 그럴 때에 그 성도의 '진짜' 모습은, 교회 아닌 다른 데서 드러나게 될 가능성이 높다.

물론, 진리를 구하는 모든 질문은 '사랑 안에서' 해야 한다. 그것은 당연하다. 이해하기 위한 질문이고, 듣기 위한 질문이어야 한다. 성도도 그 정도는 할 수 있다. 어찌 보면, 이 땅의 교회는 성도를 말씀 앞에서 '영원토록 어린아이 취급'하는지도 모른다. 평생을 교회에서 설교 듣고 말씀 배우지만, 죽을 때까지 교역자가 죽을 쑤어 떠먹여 주는 수준에 머무르기만 하는 것은 아닐까? 왜 가르치려만 들까? 성도 스스로 말씀을 만나고, 그 말씀을 듣고, 그 말씀에 대해 질문하고 대화하며, 그 말씀에 응답하면서 스스로 성장하도록 교역자들이 '돕는 역할'을 더 많이 해야 하지 않을까 생각하게 된다.

성도들이 말씀을 대하며, 만나며, 묵상하며, 던지는 질문을 용인하고 격려해서, 그런 질문들을 실제로 들어보면, 정말 놀랍도록 신선하고, 때로 매우 뛰어나게 학문적이며, 무엇보다 현실적인 경우가 너무도 많다. 그렇지 않더라도, 한 성도가 제기하는 질문은 '그 자신에게 엄청난 의미'가 있다. 그뿐 아니라, 그 질문에 대한 답을 찾으면, 그 답은 그런 질문을 하는 수많은 다른 성도들에게 상당한 도움이 된다. '나의 질문'은 내가 속한 '공동체의 질문'이기도 하다.

질문하는 성도. 성도들의 질문. 이런 부분이 살아나야, 성도들의 '진정한 내적 성장'이 이루어질 것이다. 이런 부분이 살아나야, 교회는 진정으로 '성도의 코이노니아'가 될 것이다. 어쩌면 사역자들이 '믿음이 너무 없는지도' 모른다. 성도를 믿고, 말씀의 능력을 믿고, 말씀을 통해 성도를 하나님께로 이끄시는 성령의 인도하심을 '믿는다면', 성도들의 질문을 얼마든지 격려할 것이다. 질문하는 성도를 얼마든지 환영할 것이다. 적어도, 스스로 질문하고 스스로 말씀 안에서, 기도하며, 말씀을 행하며, 그 답을 찾아가는 성도는 반드시 '진정으로' 성장하기 때문이다. 축하할 일 아닌가.

"니고데모가 대답하여 이르되 어찌 그러한 일이 있을 수 있나이까 예수께서 그에게 대답하여 이르시되 …"_ 요 3:9-10

말씀 묵상과 '기다림'

만일 도둑질이 직업이고 그것을 바꿀 의향이 없는 사람이 성경을 해석하면 어떻게 될까? 남의 것을 탐내지 말라는 말씀은 '후대에 삽입된' 것이라고 주장할지 모른다. 도둑질을 죄라고 규정하는 성경을 인정하기 어려워할 것이기 때문이다.

그래서 성경을 해석할 때, '해석자 자신'이 매우 중요하다. 자신의 '욕망을 정당화하기 위해' 성경을 읽는 것이 아니라, '죄악 된 욕망을 치유받기 위해, 그래서 무엇을 욕망해야 할지 알기 위해' 읽어야 하기 때문이다. 이런 전제가 없으면, 해석자는 자신의 탐욕이나 죄를 정당화하려고 성경을 읽게 될 것이다.

'말씀이 빛이고, 내가 어둠'이라는 전제가 없이, 성경을 해석하는 것은, 결국 자신의 죄를 정당화하는 해석으로 끝나게 된다. 이것이 거짓 가르침의 시작이다. 베드로후서는, 성경 해석이 '제멋대로'일 때 거짓 가르침이 생기고 거기서 교회의 부패와 혼돈과 수치가 생겨난다고 지적한다.

거짓 교사의 성경 해석의 가장 큰 특징은, '제멋대로, 사사로이'(*idios*, 이디오스) 해석하는 태도이다(벧후 1:20). 여기서 영어의 '이디엇'(idiot) 곧 '어리석은 자'라는 말이 나왔다. 성경은, 자신의 욕망의 빛을 따라 '사사로이' 해석해서는 안 된다. 성령과 함께, 교회의 전통 안에서, 삶의 열매와 더불어 해야 한다.

무엇보다, 성경 해석을 통해 가장 먼저 그 어둠과 죄에서 나와야 하는 사람은 바로 해석자 자신이다. 그래서 해석자 자신이 하나님의 신성한 성품에 참여하고 변화하고 성장하는 일이 없는 성경 해석은 거짓되고 무력하다.

말씀은 '빛'이다. 말씀을 묵상한다는 것은 그 '빛 안에 오래 거한다'는 뜻이다. 해석자가 그 말씀의 빛에 오래 거할수록, 자기 자신을 보게 된다. 그 말씀의 빛 속에서 해석자 자신이 치유된다.

그가 그 빛으로 충만할수록 그 빛 안에서 비로소 말씀의 중심으로 걸어 들어가게 된다. 그것이 '기다림의 해석학'이다. '말씀의 빛과 생명'이 해석자를 밝히고 살려 낼 때까지, 그 말씀 안에, 그 말씀이 그의 안에, 거하게 하는 것이다.

"… 날이 새어 샛별이 너희 마음에 떠오르기까지 …"_ 벧후 1:19

지워져야 할 이름

　자신의 아성(牙城)을 세우는 것만큼 위험한 것이 없다. 루터는 자신을 따르는 자들이 스스로를 '루터파'라고 부르자, '정신 나간 소리 말라'고, 자신은 '그리스도인이 되는 것 말고 다른 것을 가르친 적이 없다'고 경고했다.

　처음에는 좋은 뜻으로 시작하지만, 하나님과 그의 나라를 위해 시작하지만, 그렇게 시작된 터와 성이 다시 그 자신을 위한 고집과 자신만의 아성이 되는 경우가 흔하다.

　정말 '예수 그리스도의' 교회를 원한다면, 주의 몸 된 교회를 위하여 자신의 교회를 제한하고 지우고 숨기려 할 것이다. 정말 '하나님의' 나라를 위한다면, 자신의 뜻이 관철되지 않아도 서로 협력할 것이다.

　주의 이름 뒤에 자신의 이름을 지울 수 없다면, 그는 주의 이름의 영광을 구하는 사람이 아니다. 우리는 그것으로 분별할 수 있다. 누가 진정성 있게 하나님의 영광을 구하고 있는가. 신학의 이름으로도 얼마든지 자신의 아성을 쌓을 수 있고, 교회의 이름으로, 교단의 이름으로, 심지어 하나님 나라를 구한다는 명목으로도 그렇게 할 수 있을 만큼, 우리의 '아성'을 향한 욕구는 집요하고 또 지칠 줄 모른다.

　오늘날 잊힌 초기 교회의 정신 중 소중한 하나는, '사도적 일치와 협력에 관한 형제 우애'의 정신이다. 형제 우애가 경건만큼이나, 경건보다 더 귀하고 높은 덕목이다. 형제 우애야말로 그 경건의 진정성을 증명해 주기 때문이다.

무엇을 위한 경건이며, 무엇을 위한 신학이며, 무엇을 위한 교회이며, 무엇을 위한 운동인가. 당신의 이름인가, 하나님의 이름인가. 나와 다른 형제를 끌어안지 않으면서 하나님의 이름을 높일 수는 없다. 당신의 이름은 그분의 이름 앞에 지워져야 하는 이름이다.

"우리는 우리를 전파하는 것이 아니라
오직 그리스도 예수의 주 되신 것과
또 예수를 위하여 우리가 너희의 종 된 것을 전파함이라" _ 고후 4:5
『지키심을 입은 교회: 요한이서, 요한삼서, 유다서의 이해』 중에서

누군가의 시선

잘 키운 학생 하나, 자식 부럽지 않다. 그런 말이 있는지 모르지만, 가끔 좋은 소식을 보내오는 학생들 때문에 종일 기쁜 날도 있다.

처음에는 시들시들한 여린 싹 같은 아이였다. 푸르고 팽팽한 생기로 가득해야 하는데, 아직 싹인데도 힘이 빠지고 군데군데 찢기고 더 자랄 수 있을지 모르겠는, 그런 어린 싹 같

은 아이였다. 그런데, 너무 멋지게 성장했다. 가슴이 벅찰 만큼, 멋지게 만개한 꽃처럼 활짝 피어 가는 모습이었다. 더 이상 바랄 것이 없을 만큼 활짝 핀 아이.

교사는 무조건 학생을 믿어야 한다. 단 한 가지의 장점과 아름다움이라도 그것이 전부인 것처럼 좋아하고 기뻐하고, 마치 푸르른 여름의 나무를 보는 것처럼, 붉고 찬란한 가을의 열매를 보는 것처럼, 교사의 눈에는 그의 확실한 만개(滿開)가 보여야 한다. 그 아이에게는 그것이 보이지 않기 때문이다.

누군가의 시선(視線). 그것이 따뜻하고 희망적일 때, 전혀 예기치 않은 일이 일어난다. 모든 싹은 그런 시선을 먹고 일어난다. 다시 일어나고, 또 자라고 견디고 꽃을 피운다. 하나의 씨앗에 불과한 우리를 바라보시는 그분의 시선도 그러하다.

그 따뜻하고 오래되고 한결같은 그분의 시선이 없다면, 나도 일어나지 못한다. 그분께 감사한다. 아이들아, 고맙구나.

> "… 그가 너로 말미암아 기쁨을 이기지 못하시며
> 너를 잠잠히 사랑하시며
> 너로 말미암아 즐거이 부르며 기뻐하시리라 하리라" _ 습 3:17

갈릴리의 성전

언약을 성취하시는 하나님에 관한 사복음서의 이야기는, 이제 '돌로 지은 성전'이 무너지고, 하나님의 새로운 백성이 친히 하나님의 성전, 즉, 종말에 하나님이 친히 임재하시는 처소가 된다는 거의 혁명적인 사실을 알리는 흥분으로 가득 차 있다.

부활하신 예수는, '돌로 지은 성전'이 우뚝 서 있는 그 예루살렘이 아니라 '갈릴리에 있는 언덕'에서 열한 제자를 만나, 새 언약 교회, 새로운 성전의 조촐하지만 그 웅장한 시작을 선포하신다.

새 언약 백성, 신약 교회의 가장 큰 특징 중 하나는, 이제는 그들 자신 곧 새 언약 성도들 자신이, 하나님의 영, 성령께서 친히 거하시는 살아 있는 성전이 되었다는 사실이다.

성도가 성전이고, 성도가 교회이다. 베드로 역시, 다시는 '돌로 지은 성전'이 서 있는 예루살렘으로 돌아갈 수 없는 로마의 변두리에 흩어져 있는 새 언약 백성을 향해 담대하게 '너희가 산 돌 위에 지어져 가는 신령한 성전'이라고 선포한다(벧전 2:5).

아직도 예배당 건물을 두고 '성전'이라 부르는 자는 누구든, 예수께서 허무신 것을 세우는 자요, 예수께서 세우신 것을 허무는 자이다. 하나님께서 성취하신 것을 거꾸로 돌리는 자는, 하늘로부터 오신 성령께서 증거하신 예수 그리스도의 복음을 무너뜨리는 자이다.

왜 건물이 필요하지 않으랴. 하지만, 그 '콘크리트 건물' 안에 하나님의 영이 거하시는 것이 아니다. '예수를 그 심령에 믿고 모이는 성도들' 안에 주의 성령이 임재하시고, 바로 거기가 하나님의 거룩한 성전이다. '작은 교회'도, '큰 교회'도 없다. '너희 교회'도, '우리 교회'도 없는 것이다. 오직 주의 성도들이 있는 거기가 교회요, 살아 계신 하나님의 성전이다.

주후 70년에 무너질, 돌로 지은 그 성전이 서 있던 예루살렘을 뒤로하고, 부활하신 예수는, 오늘도, 지금도, 갈릴리 언덕, 거기 모인 '그 제자들 가운데' 계신다. '담대하라. 내가 세상 끝 날까지, 너희와 함께하리라!' 하신 그분이 그 안에 거하시는 거기가 성전이다. 오직 예수를 믿고 따르는 성도만이 성전이요, 교회이다.

"열한 제자가 갈릴리에 가서 예수께서 지시하신 산에 이르러 …
내가 너희에게 분부한 모든 것을 가르쳐 지키게 하라"

― 마 28:16, 20

제 3 장

이방인 중에서, 선한 행실로 소통하는 그리스도인

'이순신 크리스천'이라는 우스갯소리가 있다. '내가 그리스도인이라는 것을 아무에게도 알리지 말라'는 것이다. 자신이 그리스도인인 것을 알리면, 쉽게 비난받고 조롱받는 시대가 되었다. 신앙심이 투철한 그리스도인일지라도 세상에서 '양심대로 사는' 그리스도인이라는 보장이 없다면, 이런 사회적 적대감은 계속 증대하고, 기독교에 대한 사회적 신뢰도는 계속 하락할 것이다. 다른 방법이 없다. '십자가는 붙드는데 양심은 없는' 그리스도인이란 존재하지 않는다. 십자가 자체가 '의인으로서 악인을 대신하여 당하는 선한 고난'이기 때문이다. 십자가 보혈을 붙드는 성도는 누구나, 세상과 우선적으로 선한 양심으로 소통할 수 있어야 한다. 이것이 우리 시대의 사명이다.

여기까지 찾아오신 하나님

어느 날의 기도

어느 날의 기도는 '의논'과 같다. 결정해야 할 많은 선택 앞에서, 그분 앞에 엎드리고 의논을 시작한다. 말을 하지 않고, 대신 그 문젯거리들과 그 문젯거리들에 대한 내 마음을 보여 드린다.

'주님, 이 마음 안에 무엇이 있습니까?' 사랑 안에는 언제나 길이 있다. 말씀의 빛 안에는, 주님의 마음 안에는 언제나 길이 있다. 안개와 같은 복잡함의 결들이 하나둘씩 걷힌다. 그분과 함께 내 생각을 들추고, 거기 숨어 있는 것들을 그분께 드린다.

두려움과 초조함, 책임감과 염려도 그분께 드린다. 주님은 내 짐을 대신 지시는 분, 어두운 짐들은 거두어 가시고, 기쁘고 아름다운 짐들은 남겨 두신다. 그것은 내가 질 수 있다. 기쁨으로 질 수 있다.

어느 날의 기도는 주고받는 '의논' 같다. 그분과 함께 찬찬히, 엉킨 실타래를 풀 듯 하나둘씩 풀고 가볍게 일어나는, 내 멍에를 벗고 그분의 멍에만을 메고 일어서는 자리. 스스로 하려는 오만의 짐을 벗는 겸손과, 온유로 옷 입고 일어나는 자리. 그분과 만나 의논하는 그런 기도.

새벽안개가 조금씩 걷히는 아침, 일어나 오늘 속으로 걷는다. 그분과 함께.

> "… 볼지어다 내가 세상 끝 날까지
> 너희와 항상 함께 있으리라 하시니라" _ 마 28:20

'이방인 중에서', '선한 행실'로 소통하는 그리스도인

'포스트코로나 시대'에는 무엇이 달라져야 하는가? 코로나의 재난은, 교회인 우리 자신의 허약한 측면을 확연하게 깨닫게 해 준 계기가 되었다. 아직 해결되지는 않았지만, 그 약한 부분을 깊이 깨닫게 된 것만 해도 감사한 일이 아닐 수 없다. 그것은, 교회가 '사회의 적대감'을 맞닥뜨리고 있다는 엄연한 사실인데, 그 원인 중 하나는 교회가 사회 속에서 자주 '악행을 하는 집단'처럼 비쳐진다는 뼈아픈 현실이다.

이런 이야기를 들으면, 많은 목회자들이나 그리스도인들은 다소 '억울한' 느낌을 갖게 되기도 한다. 사실 여전히, 우리 사회 속에서 어두운 곳, 소외된 분들, 어려운 가정들에 손을 내밀고 도움을 주려 애쓰는 일에 있어서, 교회만큼 열심인 단체는 없을 것이다. 그것이 초기 한국 교회의 역사였고, 이 땅에 교회가 세워진 때부터 지금껏 이어져 온 아름다운 전통이다.

그런데 왜 오늘날의 교회는 마치 '미운털'이 박힌 것처럼 '이토록' 성장률도 신뢰도도 하락세를 면치 못하는 것일까? 언제부터 교회는 사회 속에서 이처럼 '몰상식하고, 불법적이고, 불의한' 집단처럼 비난을 듣곤 하는 것일까? 이러한 사회의 적대감을 단지, 몇몇 잘못된 지도자들이나 극단적인 교회들 때문이라고 묻어 두어도 되는 것일까? 혹은, 우리 사회에서 반(反)기독교적 정서를 부추기는 자들은 모두 '극좌파요, 네오마르크시스트'들이라고 몰아세우는 것으로 해결될 수 있을까? 혹시, 하나님 앞에서 우리 자신을 정직하게 돌아보고, 우리에게 연약한 면이 있다면 분명하게 바로잡아야 하지 않을까?

다시 핑크빛 소망의 미래를 노래하기 전에, 교회가 잘못 가던 길이 있다면 반드시 돌이켜야 한다. 확실히, 교회를 둘러싼 '사회적 환경'이 바뀌었다. 오늘날의 교회는 우리 사회 속에서 더 이상 '선도적인' 그룹, 존경받고 신뢰받는 '다수'가 아니다. 흔히, 교회의 '황금시대'가 지나가고 있다고들 한탄하는 그대로이다. 언제부터였을까? 그 시점과 원인을 정확히 규명하는 것이 필요하지만, 우리는 지금 눈앞에 닥친 문제들을 해결해야 한다. 그것은 당장, 일상생활 속에서 그리스도인들이 부딪히는 '사회적 적대감'을 어떻게 헤쳐 나가야 하는지에 관한 것이다.

오늘날 교회가 사회 속에서 받는 비난의 내용이 무엇인가? 코로나가 극심해졌을 때, 교회가 사회로부터 받았던 비난의 내용이 무엇이었던가? 한마디로 하면, 교회가 '악행을 한다'는 비난이다(참조. 벧전 2:12). 아니, 교회가 무슨 악행을 하는가? 그 진짜 의도가 어찌 되었든지, 또 사실이었는지 과장된 것이었는지, 면밀한 조사와 평가가 있어야 한다. 하지만 분명한 것은, 코로나 기간 동안 교회는 사회로부터 '몰지각하고 비상식적이며 비양심적인' 집단처럼 비난받았다는 현상이다.

사회가 교회를 비난하는 데에는, 여러 가지 차원이 있다. 초기 교회 성도들은 단지 그들이 '오직 하나님, 오직 예수 그리스도를 주(主)로 섬긴다'는 이유 때문에, '무신론자들, 인류의 적들, 상종할 수 없는 자들'이라는 비난을 받았다. 만일 오늘날 교회가 사회로부터 받는 비난이, 예수 그리스도의 복음과 그분께 대한 충성 때문이라면, 그것은 얼마든지 감수해야 한다. 하지만, 교회가 세상 사람들도 하지 않는 '불의'나 '불법'을 저질러 비난을 받는 일은 깊이 돌아보아야 하는 부분이다.

왜 예수 잘 믿는데, 세상 사람들이 상식으로도 지키는 일을 못하는 걸까? 왜 천국 간다고 확신하고 교회 생활 잘하는데, 그리고 더러는 목회도 크게 성공했는데, 세상에서는 불법, 탈법, 비양심적인 일들로 비난받는 일들이 생길까? 이 부분에서 우리는 윤리 운동을 하고, 열심히 실천을 해서 앞으로는 점점 더 나아지도록 노력하면 되는 것일까?

어쩌면, 그보다는 더 깊은 '신학적'이고도 '교회론적'인 수술이 필요할지 모른다. 이런 것이다. 만일 우리의 신앙이라는 것이, '예수 믿고, 복 받고, 천당 가는 것'으로 정리되면, 세상에서 굳이 '선한 양심으로, 선한 행실로 살면서, 때로는 손해도 보고 고난도 당해야 하는' 이유를 쉽게 찾지 못하게 된다. 혹시 그렇게 하더라도, 그것을 '내 교회 성장을 위한 전도'나 '복 받기 위한 수단'으로 하는 한, 그것은 근본적인 답이 되지 못한다. 한국 교회는 이미 성장도 해 봤고 복도 받았지만, 여전히 '악행을 한다'는 비난을 마주하고 있기 때문이다.

더 나아가서, 만일 '복음'이라는 것을 '율법 아래서 율법의 행위로가 아니라, 오직 예수 그리스도를 믿음으로 거저 은혜로 의롭다 함을 얻는 것'으로 정리하고, 그것이 전부인 것처럼 알고 있으면, 도대체 세상 속에서 '선한 양심으로, 선한 행실로 애쓰며 살아야만 하는' 이유를 쉽게 찾지 못할 것이다. 어차피 '악하게 살아도, 다 은혜로 구원받는 것이 아닌가?'

이런 생각이 들기 때문이다.

그러므로 '온전한 복음'이 먼저 회복되어야 한다. 십자가의 복음만이 아니라, 부활의 복음, 주(主) 예수 그리스도의 통치의 복음, 그리고 무엇보다 '새 하늘과 새 땅의 복음'이 더 자주 선포되어야 한다. 복음이란, 이 세상이나 이 세상의 복을 얻는 것이 아니라, '더럽지 않고, 썩지 않고, 쇠하지 않는 나라'를 얻는 것이라는 확신이 있어야 한다(벧전 1:3-4; 벧후 1:11; 3:13). 그래야, 아무리 화려하고 유혹적이고 또한 위협적인 세상 앞에서라도, 이 세상은 본질상 '더럽고 썩어지고 허무한 땅'이라는 사실을 깨닫고 흔들리지 않게 될 것이다.

그때서야 비로소 교회는, 이 세상을 '나그네와 행인'으로 '지나갈 수' 있다. 그때서야 비로소, 예수 믿고 받은 복과 세상을 놓지 못해서 세상 사람들도 하지 않을 비양심적인 일들과 불법, 불의를 그칠 이유를 찾게 된다. 교회는 '하나님 앞에서'(Coram Deo)만 서 있는 것이 아니라, '이방인 중에서' 살게 되어 있다(벧전 2:12). '신전(神前) 의식'도 있어야 하지만, 오늘날은 더욱더 '이방인들 속에서' 우리가 짊어진 하나님의 이름이 과연 '어떤 평판을 받는지'에 대한 깊고 예민한 의식도 절실한 것이다.

이 땅에서 교회가 짊어진 하나님의 거룩하고 큰 이름을 교회인 우리 자신이 더럽힌다면, 우리를 둘러싼 이방인들이 어떻게 그 이름을 부르며, 어떻게 그 이름을 불러 구원을 얻겠는가? 오늘날 신학과 신앙의 가장 큰 주제는, 교회가 이미 잘 알고 있는 소중한 '칭의론'의 확신뿐 아니라, 우리가 땅에 떨어뜨리고 짓밟고 있는 '하나님의 거룩한 이름'에 관한 것이어야 한다. 왜 세상 속에 사는 그리스도인들에게 '선한 양심, 선한 행실'이 중요한가?

이런 질문 앞에서, '사람이 구원받는 것은 선한 행실 때문이 아니다'라는 답은, 맞지만 틀린다. 구원은 당연히 은혜의 선물이다. 생명을 자기가 스스로에게 낳아 주는 사람이 없듯이, 영적 생명이란 처음부터 끝까지 하나님의 선물이다. 하지만, 그것이 전부라면, 교회는 굳이 오늘도, 내일도, 이 땅에 존재할 필요가 없다. '양심'으로는 구원 못 받는다. 하지만, 세상 속의 교회에게 '선한 양심'은, 교회를 둘러싼 이방인들과 소통하는 결정적인 통로이다.

교회는 이 땅에서 '나그네와 행인'이며, 동시에 '이방인들 가운데서' 저들이 '우리의 선한 행실을 보고' 하나님께 영광을 돌리며, 돌아오는 일을 위하여 부르심을 받은 '제사장 공동체'이다. 주여! 우리에게 복음을 새롭게 해 주시고, '세상 속의 교회'로서 새로운 사명에 눈뜨게 하소서. 주께서 우리에게 가르치신 기도 그대로, '하늘에 계신 우리 아버지여, 이름이 거룩히 여김을 받으소서.'

> "너희가 이방인 중에서 행실을 선하게 가져
> 너희를 악행한다고 비방하는 자들로 하여금 너희 선한 일을 보고
> 오시는 날에 하나님께 영광을 돌리게 하려 함이라" _ 벧전 2:12

여기까지 찾아오신 하나님

해마다 고난 주간이 되면 교회마다 '주님의 고난에 참여합시다!'라는 현수막이 걸리곤 한다. 맞는 말인데, 어딘가 어색하다는 인상을 받는다. 왜일까? 그것은 주님의 고난이 우선적으로 '우리를 위한 것'이기 때문이다. 주와 함께 고난을 받으러 당당히 나섰는데, 정작 주께서 고난을 받아야 할 이유가 '우리 자신의 죄와 비참 때문'이라면 참으로 당황스러운 일이지 않은가. 거기서 우리가 할 수 있는 일이 무엇이라는 말인가.

물론, 복음을 전하고 이웃을 사랑하기 위하여 받는 고난이 있다. 하지만 고난 주간에 묵상하게 되는 주님의 십자가의 고난은, 그 무엇보다 우리 자신의 '비참'을 바라보지 않을 수 없게 만든다. 그러니까 주님의 고난을 '본받기' 전에, 우리의 비참에 기꺼이 참여하신 주님의 고난, 그분의 놀라운 은혜와 사랑을 먼저 모든 겸허함으로 그리고 오직 감사함으로 '받아야만' 하는 것이다.

주님의 고난을 생각할 때, 우리는 한없이 작아진다. 한없이 놀라고, 그분의 이해할 수도 헤아릴 수도 없는 사랑과 겸손에 할 말을 잃게 된다. 십자가는 하나님께서 우리를 찾아오시되, 상상하기도 어려운 비참 속 그 바닥에까지 찾아오신 사건이기 때문이다. 예수님께서는 십자가에 달려 돌아가실 때, '나의 하나님, 나의 하나님, 어찌하여 나를 버리시나이까?'라고 탄식하며 부르짖으셨다.

예수님의 이 절박한 기도는 시편 22:1의 기도를 그대로 가져온 것이다. 이 기도가 충격적인 이유는, 하나님의 백성이 그렇게 처절한 고난 속에서 절박하게 부르짖는 이 간구에 하나님은 전혀 응답하지도, 돕지도 않으시는 상황이기 때문이다(시 22:2). 그저 하나님께마저 버려지는 상황에서 터져 나온 아우성인 것이다. 하지만 뜻밖에도, 여기에 복음이 숨어 있다.

즉, '하나님께 버려지는 것 같은 순간에 드린 이 처절한 기도'를, 십자가에 달리신 예수님, 하나님의 아들 자신도 '친히' 부르짖으셨다는 사실이다! 그리스도께서 당하신 십자가의 고난은 그러므로, 하나님의 아들이 친히 우리의 고난과 비참, 그 가장 밑바닥에까지 찾아오셨다는 사실에 대한 확고한 증거이다. 이것은 무슨 의미인가? 이런 뜻이다. 즉, 이제부터 우리 주 예수 그리스도께서 알지 못하는 나의 고난, 우리의 고난은 없다는 뜻이다.

비록 죄로 인한 수치와 모욕, 비참과 절망일지라도, 주님이 알지 못하는 우리의 고난은 없다. 그분도 거기에 계셨기 때문이다. 그래서 우리는 고난받을 때에, '나는 홀로 여기 이 고난과 비참 가운데 버려져 있어!'라고 말할 수 없다. 왜냐하면, 혹시 하나님께서 기도에 응답하지 않으시고, 문제를 해결해 주지 않으셨을지라도, 한 가지 너무나 확고한 사실이 있기 때문이다. 그것은 우리가 떨어지는 그 나락 한가운데서, 그분께서 우리처럼 거기서, '나의 하나님, 나의 하나님, 어찌하여 나를 버리시나이까?'라고 부르짖으셨다는 사실이다.

역설적이지만, '하나님께 버림받은 비참 가운데에도' 하나님께서 함께 계신다. 오직 그 아들의 십자가를 믿는 자에게 이는 말로 형용할 수 없는 위로이다. 도대체, 이것보다 더 깊고, 더 견고한 위로가 어디에 있는가. 설혹, 내가 내 죄로 인하여 사망의 한가운데로 끌려갈지라도, 거기서 하나님의 응답을 받지 못하고, 그의 도우심도 없이 그와 멀어져 무저갱의 끝없는 나락으로 떨어지는 중이라도, 혹시 내 입으로 '나의 하나님, 나의 하나님, 어찌하여 나를 버리시나이까'라고 소리치는 중이라도, 내 주 예수 그리스도, 그 모든 긍휼과 은혜의 하나님께서 그렇게 나락으로 떨어지는 나와 거기에 함께하신다. 거기서 나와 함께, 그 탄식의 기도를 드리고 계신 것이다. 이 얼마나 놀랍고 감격스러운 은혜인가!

나는 버려지지 않았다. 우리는 버려지지 않았다. 이것이 복음이다. 비록 죄와 죽음의 비참 속에 있지만, 우리는 결코 버려지지 않았다. 그래서 고난 주간에는 먼저, 우리의 죄와 비참 한복판까지, 우리가 내동댕이쳐진 '여기까지 찾아오신 하나님'의 손을, 모든 절박함과 겸손함으로, 굳게 잡아야만 한다. 나는 그분이 절대로 필요하다. 나는 나의 비참 속에서 스스로 나올 수 없는 존재이기 때문이다. 그분이 그 비참의 나락 밑바닥까지 오셨다. 고통 속에 헤매며 쓰러진 당신과 나의 곁에 서서, 당신과 나의 손을 붙잡으셨다. 당신도 그 손을 붙잡아야 한다.

이것이 고난 주간에 우리가 들어야 할 복음이다. 그 기쁜 소식에 눈물을 흘려야, 그때야 비로소, 그분과 함께, 비참에 처한 나 아닌 다른 이들을 향해 나아갈 수 있다. 이웃의 비참, 그 나락에까지 그분과 함께 찾아가 그들과 함께 울 수 있다. 거기서, 비록 우리가 사망의 음침한 골짜기 한가운데를 지날지라도 그분이 그때에도 우리와 함께하시며, 끝내 우리의 원수인 죄와 죽음 앞에서 우리를 위해 상을 베푸심을 찬송할 수 있다.

'여기까지 찾아오신 하나님'께서, 온 세상을 뒤덮은 사망 권세를 이기셨고, 부활하셨고, 승천하신 그분께서, 우리를 여호와의 집으로, 하나님의 보좌 앞으로, 그 영원한 생명의 샘물 가로 인도하신다. 거기서 우리의 목자요 어린양이신 주께서 우리의 눈물을 닦아 주실 것이다. 거기서 다 함께, 영원토록, 주와 함께 거할 것이다.

"여호와는 나의 목자시니 내게 부족함이 없으리로다"_ 시 23:1

『지키심을 입은 교회: 요한이서, 요한삼서, 유다서의 이해』 중에서

긍휼의 뒷골목

우리 사회에서 폐지를 주워 생계를 이어 가는 어르신들이 1만 5천 명 정도 된다고 한다. 새벽 4-5시에 나와서 밤 11시가 넘도록 폐지를 주워 손에 쥐는 일당은 1만 원이 조금 넘는다. 시간당이 아니라 15시간가량 리어카를 끌고 다니며 종일 버는 돈이 1만 원인 것이다.

점심을 편의점에서 컵라면으로 때우면 그날은 그런 대로 끼니를 챙기는 날이고, 점심을 아예 건너뛰는 날도 많다고 한다. 대부분은 70대를 넘긴 노인 분들이라, 폐지를 실은 리어카나 손수레를 끌고 다니는 것은 체력적으로 버거운 노동이다. 그래도 '짐이 무거운 날은 마음이 가볍고, 짐이 가벼운 날은 마음이 무겁다'고 하시는 분도 계신다. 그렇게라도 매일 늙은 육신을 끌고 다니며 벌지 않으면 밥 먹고 살 수가 없는 처지인 분들이다.

폐지 줍는 어르신에 관한 다큐멘터리를 보면서, 그리스도인들은 무엇을 해야 하는지 생각이 들었다. 우리는 무엇을 걱정하며, 무엇에 관심을 가지며, 무엇을 고민하며 살아가고 있는가? 그리스도인으로서 하는 우리의 고민이 너무 자주 사치스러운 것들은 아니었는지, 부끄러운 마음으로 되돌아본다.

주로 젊은이들이 몰려 사는 원룸 지역에서 폐지 줍는 어르신께서 한탄하시는 소리도 들었다. 분리수거를 전혀 하지 않는다는 것이다. 종량제 봉투에 모든 것을 때려 넣고 한꺼번에 버린다는 것이다. 자신은, 분리수거하는 것이 '자원'을 모으는 길이라고 생각한다 하시며, '버리면 쓰레기요, 모으면 자원이고 그렇게 나라를 돕는 것 아니겠냐'고 하신다.

그 말씀을 들으며, 이 사회의 밝은 미래가 어디에 달려 있는지, 정신이 번쩍 들었다. 교회에 젊은이들이 많이 몰려드는 것 자체가 중요한 것이 아니라, '어떤 젊은이들'을 세워 가고 있는지가 더 중요하다. 교회 청년들이 바른 정신, 바른 태도, 이웃에 대한 긍휼, 공동체에 대한 헌신, 검소한 삶, 정직한 노동에 익숙한 겸손한 청년들로 가르쳐지고 있는지 돌아본다.

더불어, 그리스도인으로서 이 사회 속에서 '어떤 사람들에게' 더 가까이 다가가야 하는지도 생각하게 되었다. 화려하고 크고 세련된 삶에도 나름대로의 경건이 있겠지만, 야고보 사도가 말한 대로 이 사회에서 기댈 곳이 없는, 아무도 돌아보지 않는 이웃에게 다가가는 것이, 주께 더 가까이 가는 길일 것이다. 가던 길을 멈추고, 그분과 함께 가야 하는 '긍휼의 뒷골목'을 바라보게 된다. 한 걸음이라도 그분께로, 잊힌 이들에게로 더 가까이 가겠다고 다짐한다.

> "하나님 아버지 앞에서 정결하고 더러움이 없는 경건은
> 곧 고아와 과부를 그 환난 중에 돌보고

또 자기를 지켜 세속에 물들지 아니하는 그것이니라"_ 약 1:27

양심

마태복음 2장을 보면, 예루살렘에 모인 정치 권력자와 종교인들이 나온다. '유대인의 왕이 나셨다'는 소식에 들썩이고, 선제적 조치를 취하느라 정신이 없다. 하지만, 그들은 그 '왕으로 오신 이'를 보지 못한다. 그들의 권력과 지식으로는 도저히 그 '왕'을 만날 수도 찾을 수도 없었다고, 마태는 증언한다.

그들이 만나지 못했던 그 '왕'을 만나 알현하고 경배하고 목격한 자들은, 뜻밖에도 이방 점술가들이었다. 동방 박사들로 알려진 이들은, 당시 이방 과학자들이었다. 유대교 지도자들도 아니었고, 정치 권력자도 아니었다. 이들은 천체(天體)를 연구하며 이상한 조짐을 예견하고, 그 전조를 따라 그 '왕'을 찾으러 온 이방인들이었다.

정작 구약에 능통했던 자들도 찾지 못했던 '유대인의 왕'이 태어난 정확한 위치를, 별을 관찰하던 이방 과학자들이 찾았고 그곳에 이를 수 있었던 것이다. 가장 유대적인 복음서인 마태복음이 이런 식으로 유대적 전통에 익숙한 자들을 당황케 하는 내러티브를 적고 있다는 것은 충격적이기까지

하다.

오늘날에도 성경을 알고 있는 기독교인들은 종종 자신들이 세상의 진리를 모두 독점한 것처럼 생각하곤 한다. 하지만 세상을 돌아보면, 정말 진실과 양심을 붙들고 있는 사람들은 누구인지, 다시 생각하게 된다. 정말 '정의'를 붙들고 놓지 않는 사람들은 기독교인들인지 세상 사람들인지, 생각하게 된다.

정말 강도 만난 자의 처참하고 비통하고 절박함에 함께 눈물 흘리며, 함께 그 고통에 참여할 뿐 아니라, 진실과 정의를 향해 나아가는 수고를 아끼지 않는 사람들이, 전부 기독교인들은 아니라는 사실이, 당연한데 새삼 놀랍다.

칼뱅(J. Calvin)은, 세상 사람들이 스스로 '하나님을 아는 지식'에 이르지는 못하지만, 성령의 '선물 주심'으로 인하여 탁월한 양심과 통찰력, 지혜와 용기, 선을 깨닫고 행하는 능력을 받는다고 말한다(베르너 크루쉐, 『칼빈의 성령론』 참조). 창조의 영이신 성령의 은사를 받는 것은 예수 그리스도를 믿는 성도에게만 국한된 것이 아니다. 성령 하나님은, 성부 하나님이 창조하신 만물에 생명과 생기를 주시며, 모든 사람에게 탁월한 은사들을 주셔서 하나님의 뜻대로 살도록 초청하시는 분이시다.

그리스도인들은 성령으로부터 하나님을 아는 지식을 받아 하나님과 교제하는 신비를 누리지만, 그리스도인 각자가 성령으로부터 모든 은사를 다 받는 것은 아니다. 그러므로 그리스도인들이, 믿지 않는 세상 사람들 속에 있는 양심이나 정의를 향한 탁월한 은사를 폄하해서는 안 된다. 거꾸로 말하자면, 신앙이 있다고 해서, 반드시 양심의 측면에서 실제적으로 회복되었거나 세상 사람들보다 탁월한 것은 아니다. 뜻밖에도, 세상 속에서 양심과 정의에 관한 일들에 관해, 신앙인들은 어쩌면 스스로 눈이 멀어 있다는 사실도 잘 모를 수 있다.

예수님 당시 두 살 이하의 어린아이들을 학살하고 자신의 권력을 유지하려 했던 헤롯의 만행과, 304명의 아이들이 바다에 수장되어 버린 이 나라의 아픈 현실이 겹친다. 사회에서 정의가 무너지고 불의가 횡행할 때, 그래서 약자들이 짓밟히고 희생당할 때, 그들을 위해 목소리를 높이고 그들 곁에서 '함께 울어 주는 자들'은 누구인가?

하늘의 빛은 적어도 양심의 빛보다는 밝아야 한다. 그런데, 그것이 자주 그렇지 않다는 것이 그렇게 부끄럽다. 하나님께서 우리를 그리스도인으로 부르신 것은, 결국 '사람'으로 회복되라 하심이다. 신앙인은 양심에 있어서도 온전히 회복되어야 한다.

> "선한 양심을 가지라 이는 그리스도 안에 있는
> 너희의 선행을 욕하는 자들로
> 그 비방하는 일에 부끄러움을 당하게 하려 함이라" _ 벧전 3:16

개신교인들이 생각하는 '이웃을 향한 죄'

개신교인들이 이웃을 향한 죄라고 느끼는 것들은 종종 '내면적이고, 감정적이고, 영적인 영역'에 국한되는 경향이 있다. 예수님께서 산상수훈에서 말씀하시지 않았던가. 형제에게 노하지 말라고, 마음에 음욕을 품지 말라고, 너희를 미워하는 자들을 도리어 사랑하라고, 그리고 형제를 '중심으로' 용서하라고(마 18:35).

확실히 신약 시대가 구약 시대와 다른 점 중 하나는, 하나님의 영 곧 성령께서 친히 예수 그리스도를 진실로 믿는 자의 '심령 안에' 거하신다는 사실이다. 성도 안에 내주하시는 성령께서는 그 심령 안에 있는 죄의 '은밀한 동기'조차 밝히 드러내신다.

그래서 신약의 성도는, 구약이 요구한 대로 이웃을 살인하지는 않더라도, 단지 상대를 미워하는 마음을 갖는 것조차 죄악이라고 생각한다. 실제로 간음하지 않았지만, 이성을 단지 욕구 충족의 성적 대상으로 생각하는 것만으로도 죄책감을 느끼기도 하며, 실제로 이웃의 것을 도적질하지는 않았지만, 마음에 질투와 탐욕을 품는 것조차 불편하게 느끼기도 한다.

이처럼 개신교인들이 느끼는 이웃을 향한 죄의식은, 종종 내면적이고 영적이고 또는 감정적이다. 화내서 미안하고, 미워해서 미안하고, 상처 주는 말을 해서 미안하다는 식이다. 그런데 우리가 이웃에 대한 죄를 이렇게 내면적이고 감정적인 것으로 생각하는 동안, 뜻밖에도 이웃을 향한 경제적, 사회적, 정치적인 차원의 죄악들에 대해서는 마치 신앙과는 관계없는 문제들인 것처럼 생각하게 된다는 현상이 일어난다.

예수님께서 요구하시는 이웃 사랑을, '단지 교회 안에서 믿음의 형제자매들끼리 서로 상처 안 주고 잘 사는 것 정도'로 생각하고 말기가 쉽다는 것이다. 하지만 구약에서 보면 – 결국 신약의 가르침도 마찬가지지만, 이웃을 향한 죄의 목록들은 주로 내면적이기보다는 외면적으로 드러난 구체적인 피해들, 즉 이웃을 향한 경제적이고, 사회적이고, 정치적인 차원의 불의한 행위들인 경우가 많다.

시편 15편에서 다윗은, 여호와의 산에 올라가 그분과 동거할 하나님의 백성의 조건들을 열거한다. 어떤 조건들인가? 단지 여호와 하나님을 섬기고 또한 그분을 섬기는 자들을 존중하는 신앙의 차원만이 아니다(시 15:4). 그는 무엇보다, 이웃에 대하여 정직하게 행하며, 공의를 실천하고, 무고하게 말로 이웃을 모함하거나 해를 끼치지 않는 사람이다(시 15:2-3). 또한, 심지어 이웃에게 이자를 받으려고 돈을 꾸어 주지 않으며, 뇌물을 받고 무죄한 자를 해치지 않는 사람이다(시 15:5).

이렇듯 이웃을 향한 죄의 목록 또는 덕의 목록이, 주로 내면적으로 규정되어 있다기보다는, 외형적이고 구체적인 사회적, 경제적 행위들로 규정되어 있다. 이사야 선지자가 유다와 예루살렘의 죄악을 질타하는 내용들을 보라. 지도층에 있는 악인들이 가난한 백성의 재산을 탈취하여 자기 집 안에 잔뜩 쌓아 두고는, 힘없는 그들을 짓밟아 그들의 얼굴이 고통과 수치로 가득하기까지 맷돌질한다고 폭로한다(사 3:13-15).

이 악인들은 '가옥에 가옥을 잇고 전토에 전토를 더하여 빈틈이 없게 하고 이 땅 가운데 홀로 거하려 하는'(사 5:8), 소위 부동산 불법 투기꾼들이다. 이들과 결탁한 재판관이라는 자들은 모두, '악을 선하다 하며 선을 악하다 하고, 밤낮 술 마시기를 즐겨하며, 뇌물로 말미암아 악인을 의롭다 하고, 의인에게서 공의를 빼앗는'(사 5:20-23), 말하자면 법꾸라지들이고 법기술자들이었던 것이다.

그렇다면 신약이 강조하는, 이웃에 대한 내면적이고, 영적이고, 감정적인 죄악이, 구약이 강조했던 외적이고, 구체적이고, 사회적, 경제적인 죄악들과 아무런 상관이 없는 것인가? 그렇지 않고 그럴 수도 없고, 이는 전혀 사실과 다르다.

신약이 말하는, 이웃을 향한 내면적이고 영적인 죄악은, 구약이 예시로 들어 말하는 이웃에 대한 사회적, 경제적 불의의 근본적인 '뿌리'를 지적하는 것이다. 그런 면에서 서로 연결되어 있고, 더 나아가서 신약은 구약이 말하는 이웃에 대한 죄악의 '원인, 그 내면적인 동기부터 제거'하고자 하는 철저하고 근본적인 치유를 강조하는 것이다.

십계명에서는 살인하지 말라고 되어 있다. 산상수훈에서

는 형제에게 모욕을 주는 말도 하지 말라고 한다. 그러면, 그리스도인이 형제에게 '라가'('골빈 녀석', 히브리인의 욕) 또는 '미련한 놈'(마 6:22)이라고 말은 하지 않았지만, 그를 죽이는 것은 괜찮은가?

가슴 아프게도 세상은 오늘날의 그리스도인을 이런 식으로 묘사하기 일쑤이다. 교회 다니고 점잖은데, 이웃에게 돈을 빌리고 갚지 않는다. 장로님이고 집사님인데, 회사에서 직원들을 괴롭히고 월급을 떼먹는다. 집 거실에는 십자가가 걸려 있는데, 국회에서는 뇌물 받고 불법을 저지르는 타락한 정치인이다.

반대로, 십계명을 따른답시고, 살인은 하지 않았지만 마음으로 이웃을 미워하고 저주하는 것은 괜찮은 것인가? 속에는 탐욕과 방탕으로 가득한데, 율법을 요리조리 기술적으로 해석해서 스스로를 '자칭 의인들'이라 생각했던 바리새인들이 여기에 해당할 것이다. 예수님은 이들과도 싸우셨다.

예수님이 가르치신 산상수훈에서 내면적인 동기부터 성결하고 선해야 한다고 하신 것은, 내면적인 죄만 다루면 된다는 것이 아니었다. 겉으로, 행동으로 드러나는 불의와 악의 뿌리까지 의롭고 선해야 한다는, 옛 언약의 십계명보다 더 수준 높은, 새 언약 백성을 위한 그리스도의 법을 가르치신 것이다(요 13:34-35; 갈 6:2).

그러니, 내면적인 죄이든 외면적으로 드러난 죄이든, 둘 다 하지 말아야 한다는 것이 예수님의 가르침이다. 살인하지 않기 위해서는, 마음으로부터도 미워하거나 저주하지 말라는 것이다. 동시에, 마음으로 죄짓지 않는다고 하면서, 사회적, 경제적인 죄악들에는 눈감고 홀로 천국에서 사는 것처럼 살 수도 없고, 그래서는 안 된다고 말씀하시는 것이다.

그리스도인은 어쩔 수 없이, '의'(義)가 깨어져 버린 고통받는 세상을 보고 애통하며, 의에 주리고 목마르며, 의를 회복하고자 부대끼며 살 수밖에 없다. 꽃과 열매는 나무와 뿌리에 연결되어 있다. 산상수훈이 경계하는 이웃을 향한 내면적이고 영적인 죄악은, 십계명이 규정하는 이웃을 향한 사회적, 경제적인 죄악들의 모습으로 이 땅에 굳게 뿌리내리고 있다. 이 둘이 서로 연결되어 있다는 사실을 잊어서는 안 된다.

'의로운 삶'에 관해서 신약이 마치 영화의 '자막'과 같다면, 구약은 그 영화의 등장인물들이 펼치는 실제의 '사건들과 이야기들'을 보여 주는 것과 비슷하다. 그래서 신약이 가르치는 '의의 길'을 구체적으로 행하고자 하면 구약의 실제 사건들과 이야기들을 살펴보고 참고하는 것이 크게 유익하다. 신약과 구약은 이런 점에서 서로 보완하여 함께 온전한 의의 길을 제시하는 것이다.

이처럼 신약의 성도들은, 이웃을 향한 정의와 공의, 사랑을 행하기 위해 '마음으로부터' 새로워져 하나님의 긍휼을 품어야 하지만, 동시에 구약성경이 잘 보여 주는 것처럼 사회적, 경제적, 정치적으로 그런 이웃 사랑이 '잘 드러나도록'

힘써야 한다.

그것이 참으로 내면적이고 영적인 신앙이다. 기독교 신앙은 영적이고 내면적이지만 언제나 '살(肉)과 피(血)'로 되어 있다. 새 언약의 신앙 곧, 거듭난 심령에 말씀이 심겨 있고 성령이 그 안에 내주(內住)하시는 신앙은 결국, 구체적으로, 삶으로, 역사 안에서, 육체로 나타난다. 부활하신 주께서 첫 번째 하신 일은 굶주린 제자들에게 물고기를 구워 주신 일이었다. 말씀이신 하나님의 아들이 '육신이' 되셨다. 우리는 그런 분을 따르고 있음을 잊지 말아야 한다.

> "너희 중에 누구든지 그에게 이르되 평안히 가라, 덥게 하라,
> 배부르게 하라 하며 그 몸에 쓸 것을 주지 아니하면
> 무슨 유익이 있으리요 이와 같이 행함이 없는 믿음은
> 그 자체가 죽은 것이라"_ 약 2:16-17

이순신이나 세종대왕은 지옥 가나요?

이런 질문은, '예수 믿어야 구원받고 천국 간다'는 말씀에 대한 반응으로 생긴다. 아직 예수님이 전해지지 않았던 때에 이순신이나 세종대왕처럼 선하고 의로운 분들이, 애초에 믿을 기회가 없었던 예수님을 믿지 않았다는 이유로 지옥 간다

면 그것은 '불공평'한 것이지 않느냐는 질문이다.

  답변을 할 수 없는 것은 아니다. 아직 '예수 그리스도의 복음'이 전해지지 않았던 때에도, 하나님의 영원하신 능력과 신성(神性)이 그 만드신 만물과 사람의 양심에 계시되어 있어서 아무도 핑계치 못한다거나(롬 1:19-20), 아니면 옛 이스라엘에게처럼 '예수 그리스도로 말미암는 구원'이 비록 제한적이지만 단계적으로 계시된 '내용'에 따라 심판하실 것이라고 말해 줄 수 있다(히 1:1-2). 하나님께서 각 시대의 각 사람들을 판단하실 때에, 그들에게 주어졌던 계시(啓示)와 그에 대한 각 사람의 믿음과 응답에 관하여 '공정하게' 판단하셨을 것이라고 보는 것이다.

  하지만 이렇게 설명해 준다고 해서, 애초에 이런 질문을 한 사람의 마음이 그리 시원하게 될 가능성은 크지 않다. 왜냐하면, 근본적으로 '하나님은 과연 공정한 분인가?'에 대한 의심 즉 하나님의 성품에 대한 '신뢰의 문제'가 그 바탕에 깔려 있기 때문이다.

  내가 어떤 사람 자체를 의심하기 시작하면, 그가 무슨 말을 하고 어떤 행동을 하든 의심스러운 눈으로 바라보게 된다. 반대로, 내가 어떤 사람을 정말 잘 알고 굳게 신뢰하게 되면, 그 사람이 어떤 말을 하든 어떤 행동을 하든, 오해하는 일이 거의 없게 된다.

  설사 그가 한 말이나 행위가 이해가 되지 않거나, 혹은 그 사람의 말이나 행위에 대해 어떤 흉악한 소문을 듣는다 해도, 그것을 쉽게 믿으려 들지 않을 것이다. 제기되는 의문보다는, 내가 그 사람을 잘 알고 있고 그래서 그 사람을 믿는 신뢰가 더 크기 때문이다.

그래서 우리가 '하나님, 이렇게 하시는 것이 정말 공정한 행위입니까? 그것이 정말 공평하고 올바른 판단이십니까?'라고 물을 때, 사실 우리는 그분의 행위나 그분의 판단의 공정성 여부를 따지기보다는, 하나님 자신이 '불공정한 일을 하실 수도 있는 분'이라는 의심을 제기하는 것이다.

그렇다면 다시 질문을 고쳐서 해 볼 수 있다. '하나님은 정말 불공정한 일을 하실 분일까?' 이렇게 말이다. 하나님은 정말 누구에게든지 어떤 부당한 처사를 내리실 분일까? 이를테면, 어떤 사람이 정말 열심히 천국 가려고 애쓰고 있는데, '넌 아무리 노력해도 소용없어, 내가 이미 너는 지옥 보내기로 했어', 이렇게 판단하고 행하실 만큼 '잔인한' 분이신가?

우리 마음속에 이런 질문들이 솟아날 때, 우리가 확인해 볼 수 있는 시금석이 될 만한 명확한 판단의 기준이 있다. 그것은 하나님의 아들 '예수 그리스도'를 바라보는 것이다. 아들은 아버지가 어떤 분인지를 보여 준다. 예수님께서 '나를 본 자는 아버지를 보았느니라'고 말씀하신 그대로이다. 정말 하나님은, 이순신이나 세종대왕이 예수를 몰랐다는 이유로, 다른 여타의 사정을 고려하지 않은 채, 그들을 가차 없이 지옥에 떨어뜨리는 '불공정'하고 '잔인한' 분이실까?

사실, 하나님께서 어찌하실지 정확히 알 길은 없다. 하지만, 그렇게 하실 그분이 '어떤 분이신지'에 관해서는 이미 확실히 드러나 있다. '십자가'를 보라. 거기서 확인해 보라. 하나님은 누구를 억지로 지옥에 떠밀기 위해 혈안이 되신 '잔인한' 분이신가? 누구에게든 '불공평'하게 하실 분인가? 혹시 하나님께서 '불공평'하시다면, 그것은 죄 없는 자신의 아들에게 우리 모두의 죄를 뒤집어씌워 그 죄의 삯인 죽음을 담당하게 하셨다는 것이다. 이것이 그분의 '불공평한 은혜'이다. 하나님이 불공평하신 것은, 그분의 십자가의 은혜밖에 없다.

그러니 정말 하나님이 이순신과 세종대왕을 어찌하셨는지 그 자초지종을 다 알 수 없다고 하더라도, 한 가지 분명하게 확신할 수 있는 내용이 있는 것이다. 그것은 하나님께서 이순신과 세종대왕을, '그 아들의 십자가에서 보여 주신 자비와 긍휼, 공의와 공평, 그리고 그분의 한없는 지혜 가운데서 다루셨을 것'이라는 사실이다.

왜인가? '그분은 그러한 분'이시기 때문이다. 우리가 그 자세한 과정과 절차를 다 알 필요가 없을 수도 있다. 하나님께서 그 아들의 십자가 사건을 통해 우리에게 보여 주신 공의와 긍휼의 모습, 우리에게 긍휼을 베푸시기 위하여 자기 아들에게 공의의 심판을 행하신 그 마음, 그 뜻을 우리가 보고 확증한 이상, 그분께서 가장 공의롭고 자비하고 지혜롭게 행하셨으리라 '추호도 의심하지 않고' 신뢰할 수 있기 때문이다.

사실 하나님께 대한 질문이란, 그 사람이 하나님을 알고 신뢰하는 만큼의 수준에서 나오게 된다. 서로를 깊이 아는 사이에서는, 따로 질문할 필요를 느끼지 않는 경우도 있지 않은가. 어떤 사람을 오래도록 지켜보고 잘 아는 사람이, '그 친구라면 그렇게 하겠지' 하는 신뢰가 있다면, 서로 굳이 질문할 이유도 대답할 필요도 느끼지 못할 것이다.

하나님께 대한 수많은 질문도, 그분을 알고 나면 굳이 묻지 않아도 될 질문들일 수 있다. 욥도 그랬다. 욥기를 채운 수많은 질문은, 욥이 말로만 듣던 하나님을 직접 뵙고 깨닫게 되었을 때, 일일이 대답할 필요가 없는 질문들이 되었다: "내가 주께 대하여 귀로 듣기만 하였사오나 이제는 눈으로 주를 뵈옵나이다"(욥 42:5). 그래서 하나님께 대한 질문에 대한 답보다 중요한 것은, 그렇게 하나님을 알아 가고 신뢰하는 자리에까지 '이르는' 일이다.

"하나님은 모든 사람이 구원을 받으며
진리를 아는 데에 이르기를 원하시느니라"_ 딤전 2:4

경청 – 기독교에 적대적인 이웃을 대하는 태도

감동스러운 주보 통계

보고 또 보아도 새롭고 감동스러운 주보였다. 무슨 치장이 없다. 자신을 높이는 무엇이, 자신에게 집중하는 무엇이 없다. 주보에 있는 유일한 통계는 '전도팀의 열매'이다. 이 통계마저, 전도해서 자신의 교회에 나왔다는 등록 새신자의 숫자가 없다.

전도팀이 복음을 전하기 위해 만난 사람들과, 만나서 복음을 들은 사람들과, 그래서 예수 그리스도를 영접한 사람들 숫자만 있다. 하나님과 하나님의 나라에만 관계된 숫자이다. 교회가 무엇을 위해 존재하는지를 잘 보여 주는 숫자이다.

교회는 자신의 교회를 위해 존재하지 않는다. 하나님의 나라를 위해 존재한다. 모든 교회는 하나이다. 한 주님을 모시고, 유일한 복음, 예수 그리스도의 복음을 전한다. 오직 하나님의 나라만이 교회의 목표이다. 자기 자신에 취한 교회만큼 안쓰러운 것이 없다.

마음이 순전(純全)한 교회를 보는 것은 기쁨이다. 요즘도 전도를 하고, 전도가 된다는 사실을 입증하는 교회, 잃어버린 영혼에 대한 순수한 긍휼을 가진 교회가 많다. 교회 성장을 위해서가 아니라, 지극히 작은 자 한 사람이 돌아오는 것을 너무도 기뻐하시는, 하늘 아버지의 마음만을 따라 복음을 전하는 교회 말이다.

요즘도 전도가 된다. 교회가 세상을 실망시켜도 전도가 된다. 세상 사람들에게는, '교회에 대한 실망보다 복음에 대한 열망이 언제나 더 크기' 때문이다. 교회에 대한 실망보다 세상에 대한 절망이 항상 더 크다. 다만, 그렇게 해서 복음을 듣고 교회로 온 사람들을 실망시키지 않는 것이 필요할 뿐이다.

주님, 이 땅에 주의 순전한 교회들을 지키시고 인도하소서. 주의 복음의 승리를 언제나, 영원토록 선포하게 하옵소서. 주여, 우리를 주의 순전한 말씀으로 돌이키소서.

"… 살든지 죽든지 내 몸에서
그리스도가 존귀하게 되게 하려 하나니" _ 빌 1:20

다 사정이 있다

학교에서 가르치다 보면, 수업이며 과제며 잘 따라오는 학생들도 있지만, 뒤처지는 학생들도 있다. 그중에서 한두 번 정도 과제를 못 내거나 출석을 못 하는 경우도 있지만, 문제는 아예 과제를 하거나 강의를 듣는 것에 관심이 없어 보이는 학생들이다.

강의에 애정을 쏟으면 쏟을수록 이런 학생들이 가끔씩 괘씸하게(?) 여겨지기도 한다. '도대체 이렇게 열심히 하는데 따라오지 않는 이유가 뭐란 말인가?' 속으로 부글부글 끓기도 한다. '어디, 두고 봐라. 학기말에 학점으로 응징하리라' 하는 모진 마음이 들기도 한다.

그래도 학기 중간까지는 아직 구제의 가능성이 남아 있다. 궁금한 마음으로, 문자 메시지를 보내기도 한다. 예전에는 '경고성' 문자를 통보하기도 했지만, 나이가 지긋한 지금은 최대한 부드럽게 물어본다. 무슨 어려운 사정이 있는 것은 아닌지, 혹시 내가 도와줄 수 있는 것은 있는지, 어떻게 해주면 이 과목을 끝까지 잘 마칠 수 있는지 조심스럽게 물어본다.

대개는 금방 답신 문자가 온다. '아, 교수님, 깜빡했어요. 감사합니다. 열심히 하겠습니다.' 이런 대답이 보통이다. 개중에는 조금 자세하게 자기 사정을 설명하는 아이도 있다.

노트북이 고장이 났다든지, 아르바이트 하는 일이 많다든지, 얼핏 자신들의 사정을 들여다볼 수 있는 여지를 준다.

정말 사정이 여의치 않아 아르바이트를 몇 개씩 하며 생활을 꾸려 가는 경우도 있다. 정말 노트북이 고장이 났든지, 아니면 아예 노트북이 없을 수도 있다. 아이들의 사정은 자세히 들여다보기 전에는 지레짐작으로 속단할 수가 없다. 뜻밖의 이유를 듣게 되는 경우도 있다. '페이퍼를 썼는데, 질문이 해결이 안 돼서 그냥 두고 있어요'라고 말했던 학생도 있었다. 그 아이는 성적이나 출석에는 별 관심이 없었다. 자신이 답을 찾지 못한 미완성의 페이퍼를 내기 싫었고, 그렇게 낼 수는 없었다는 것이 그의 사정이었다.

나는 그가 비록 페이퍼를 내지 않았고, 그래서 과제에 대한 정당한 평가와 성적을 받지 못했지만, 충분히 나름대로 성장할 것이라는 생각이 든다. 그동안 관찰한 바에 의하면, 능력과 성적을 떠나서 '진정성'(authenticity)을 가진 학생들이 결국 자신의 시간표에 맞게, 느리지만 뚜렷한 성장을 이루어 간다는 사실을 알게 되었기 때문이다. 치장이나 허세는, 진실한 성장에 도움이 되지 않는다.

학생들이 둘러대는 이유들을 듣다 보면, '다 사정이 있다'는 생각이 든다. 강의 시간에는 대개 조별 모임을 하는데, 다소 게으르고 무책임한 듯한 조원이 있으면 그 조의 조장은 마음고생을 하게 된다. 그래서 가끔 조장들을 모아서 하는 이야기가 있다. 조원들 중에 과제를 해 오지 않거나 결석이 잦은 학생들도 남이 다 알지 못하는 피치 못할 사정이 있으리라 생각하라고 권면한다. 선뜻 평가하고 속단하고 비난하지 않기를 바란다고 말한다. 정말 게으르고 무책임한 경우조차, 그렇게 할 수밖에 없는 이유, 배경, 사정이 다 있다.

교수인 내가 해야 하는 일은, 그 사정을 할 수 있는 한 헤아려 주는 것이다. 다 알 수 없다면, 그래도 배려해 주는 것이다. 물론, 마땅히 해야 할 것을 하지 않았을 때 감당해야 하는 결과가 있다는 사실을 알려 주어야 한다. 어떤 경우는 불가피하게 낙제 학점을 주기도 한다. 하지만 오해는 없다. 나는 그 학생이 그렇게 할 수밖에 없던 사정이 있었다고 생각한다. 만일 기회가 있다면, 나는 그 사정을 알게 되었을 것이다. 그리고 도울 길을 찾아보았을 것이다.

그러나 그럴 수 있는 기회가 없이 헤어졌더라도, 나는 그 학생을 오해하지 않았다는 인상을 남겨 주고 싶다. 누군가는 그를 조금이라도 이해하려 했고, 조금이라도 기다려 주려 했다는 사실을 알게 해 주고 싶다. 내가 가르치는 내용을 다 배우지 못했다면, 나를 그렇게 사랑하고 기다려 주셨던, 그리고 지금도 그렇게 기다려 주시는 그분의 사랑을 조금이라도 눈치 채게 해 주고 싶다.

'잘 가거라, 아이야. 나는 너의 사정을 다 듣지 못했지만, 이해하고 싶고 응원하고 싶다. 누구나 다 사정이 있다. 속단하지 않으리라. 들어 보기 전까지는 오해하지 않으리라. 나는 너를 돕고 싶다. 나는 너를 응원한다. 아이야, 힘을 내거라.'

"이와 같이 성령도 우리의 연약함을 도우시나니
우리는 마땅히 기도할 바를 알지 못하나
오직 성령이 말할 수 없는 탄식으로
우리를 위하여 친히 간구하시느니라" _ 롬 8:26

'경청' - 기독교에 적대적인 이웃을 대하는 태도

내가 근무하는 학교는 기독교 대학이지만, 많은 수의 학생들이 비(非)신자이다. 개중에는 기독교에 적대감을 가진 학생들도 많고, 기독교 대학에 와서 세례를 받고 신자가 되는 경우도 있지만, 오히려 이전보다 더 적대적이 되는 경우도 있다. 그래서 그런지, 요즈음 믿는 학생들도 이런 질문을 많이 한다. '믿지 않는 학생들에게 어떻게 복음을 전하지요?'

기독교에 적대적인 학생들을 만나면서, 깨닫고 배우게 되는 태도가 있다. 그 학생들을 대하다 보면, 오늘날 기독교인 우리 자신이 거울에 비쳐지기도 한다. 그것은 우리 사회가 '아, 개신교!'라고 하며 떠올릴 때의 그 '불편한' 모습과 같을 것이다. 때로 '독선적이고, 황당하고, 무모하고, 일방적'이기만 한 이미지 말이다.

'신약성경 개관' 강의는 기초적인 내용이라, 믿지 않는 타 학과의 학생들도 많이 들어온다. 매학기, 그중에서 한두 명

정도는 '기독교에 대해서 아주 삐딱한' 태도를 가진 학생이 있다. 어떤 학생은 강의 시간마다, 아주 냉소적이고 비판적인 질문을 던진다. 그 전 시간에 대답해 주어도, 다음 시간에 또 마찬가지이다.

'하나님이 사랑이신데, 지옥은 왜 만들었나요?', '선악과를 따 먹을 때, 막을 수 있지 않았나요?', '이순신은 지옥 갔나요?', '하나님이 예정했다는데, 무엇 하러 전도하시나요?' 등등. 전부 대답을 해 주어도 비슷한 질문을 또 하는데, 결국 바꾸지 않는 것은 그 '삐딱한 마음'이다.

그러한 학생들이 강의에 들어올 때마다, 나는 그 학생이 속해 있는 조(소그룹)의 조원들에게 특별히 부탁한다. '학교 졸업하고 어디 먼 타국에 가서 선교할 생각 말고, 지금 여기서 옆에 있는 그 비신자 학생에게 잘해 달라고. 성경을 모른다고 무시하지 말고, 계속 거슬리는 말을 해도 참고 선하게 대해 주라'고. 그러면, 믿는 학생들은 대부분 그 미션(mission)을 아주 잘 해낸다.

오래전, 꼭 그렇게 삐딱한 비신자 학생이 있었다. 그 학생이 속한 조원들과 함께 나는, 정성을 다해서 모든 질문에 대답해 주고, 같은 질문에 반복해서 대답하고, 설혹 상처 주는 말이나 행동을 해도 기도하며 사랑으로 응해 주었다.

학기가 끝나고, 그 비신자 학생은 여전히 교회에 나가지도 않았고 예수를 믿지도 않았다. 하지만, 그해 겨울 방학이 지나고 설날이 되었을 때, 그 학생에게 불현듯 전화가 왔다. '교수님, 안녕하세요. 그때 그 신약성경 개관 때 질문 많이 했던 그 학생이에요.' 그냥 인사드리려고 전화했단다.

나중에 그 학생에게 들어 보니, 기독교 대학에 와서 성경도 모르고 신앙에 대해서 몰라서 주변 학생들의 눈치를 많이 보게 되었고, 상처도 받았다는 것이다. 마태복음이 어디에 있는지는 고사하고, 신약성경이 무엇인지도 몰랐으니 그럴 수도 있겠다 싶었다. 그런데, 그 수업에서 뜻밖의 경험을 했다는 것이다. 다른 것은 모르겠는데, 자기가 계속해서 '삐딱한 질문'을 하는데도, 교수님도 조원들도 화를 내지 않고 '친절하게 들어 주었다'는 것이다. 아직 교회에 나가지는 않지만, 그게 그렇게 마음에 남았다고 했다.

그 후로도, 그 친구는 설날 때마다 전화했다. 신학과의 다른 학생들이 소식이 없을 때에도, 그 학생은 가끔 내가 강의하는 강의실을 불쑥 찾아와서 인사하고 돌아가곤 했다. '때가 있으리라' 생각한다. 하나님께서 그 학생을 또 품에 안으시고, 사랑해 주시고, 또 한 번 복음을 들려주시고, 손잡아 인도하실 때가 있으리라 생각한다. 내가 한 것은, 그리고 나와 함께해 주었던 그 믿는 학생들이 했던 것은, '경청'뿐이었다. 그때는 기독교인에 대한 그런 좋은 인상을 남긴 것으로 충분했다고 생각한다.

"너희 마음에 그리스도를 주로 삼아 거룩하게 하고
너희 속에 있는 소망에 관한 이유를 묻는 자에게는 대답할 것을

항상 준비하되 온유와 두려움으로 하고"_ 벧전 3:15

이름

사람은 숫자가 아닙니다. 이름 없는 사람은 없습니다. 사람에게서 이름을 지우고, 얼굴을 지우는 것은, 그에게서 인격을 지우는 것입니다. 사람에게서 인격을 지우는 것은, 그가 사랑받았고 사랑했던 사람이었다는 사실을 지우는 것입니다. 그가 받은 사랑과 그가 한 사랑을, 영원히 지우는 것입니다.

한 사람의 '이름'을 부를 때, 우리는 그가, 그녀가 누군가의 말할 수 없이 사랑하는 딸이며, 아기를 보고 환하게 웃는 아빠이며, 고국에 엄마를 두고 공부하러 온 자랑스러운 아들의 얼굴로 떠오릅니다. 애도는 '추상적으로' 할 수 없습니다. 사랑하는 사람을 진실로 떠나보낼 수 있을 때까지, 그의 이름을 부르며 우는 것입니다.

애도는 '기간 안에' 제한할 수 없습니다. 개인의 애도를 국가가 '진두지휘'할 수도 없습니다. 슬픔은 각자에게 머물 수 있을 만큼 머물다가 가는 것입니다. 마음껏 애도하고, 슬퍼하고, 마저 사랑하게 해야 합니다.

말씀이 '육신'이 되셨습니다. 하나님은 한 사람의 이름, 나의 이름, 당신의 이름을 부르십니다. 목자는 양을 알고, 양의 이름을 부릅니다. '인격'으로 회복되지 않는, 집단의 광기는 신앙도 교회도 아닙니다. 교회는, 한 사람의 인격에 관한 것입니다. 세상에서 숫자요, 연봉이요, 점수로 대접받는 한 사람이, 아버지 하나님의 사랑과 그 아들의 희생과 성령의 함께하심으로, 하나님을 대면하여 교제하는 한 인격이 되는 곳입니다.

한 사람의 이름과, 그 이름을 품은 또 다른 사람의 눈물과, 그 눈물을 닦아 주는 또 다른 이웃의 손길이 사라지면, 지구는 그저 차가운 빙하기의 버려진 땅덩어리에 불과합니다. 그곳은 아무리 풍족해도 '잘사는 나라'가 될 수 없습니다. 거기에는 문명도, 종교도, 삶도 없는 것입니다. 사랑이 사라지면, 아무것도 없는 것입니다.

"… 그가 자기 양의 이름을 각각 불러 인도하여 내느니라"_ 요 10:3

'낯섦'의 영성

기독교가 변방으로 밀려나고, 교회가 소수자로 낙인찍히는 탈기독교 사회에서 '다양성'을 존중하고 '환대'의 정신으로 사는 것은 중요한 일이다. 인종과 민족과 계급과 남녀의 성별의 차이와 신분과 빈부를 떠난 '열린 공동체'는 '오직 은혜'로 '새 언약 백성'이 되는 신약 교회의 두드러진 특징이기도 하다.

하지만 교회는 '거짓까지 받아들이는 잘못된 환대'에는 거리를 두고 경계해야 한다. '나와 다른 사람들'에 대한 '환대'도 중요하지만, 세상 속을 지나가는 교회에게는 '낯섦'의 영성도 결정적이다. 교회는 처음부터 세상과 같이 가지 않고, 이미 새 하늘과 새 땅을 받았고, 지금도 그 '신천신지'(新天新地)를 누리며, 장차 온전히 이루어질 그 영원한 나라를 향해 가는 순례자들이기 때문이다.

그러므로 '여행자 된 교회'는 점점 더 세상에서 낯설게 여겨질 수밖에 없다. 교회는 그 사실조차 낯설게 여기면 안 된다. 세상이 점점 더 자기의 길로 내달릴수록, 교회는 점점 더 그런 세상을 낯설게 여기게 된다. 교회가 새 하늘과 새 땅을 향해 갈수록, 세상도 교회를 점점 더 낯설어하고, 비방하고, 이상히 여기고 핍박하게 될 것이다: "이러므로 너희가 그들과 함께 그런 극한 방탕에 달음질하지 아니하는 것을 그들이 이상히 여겨 비방하나"(벧전 4:4).

세상이 '낯설게 여기는 교회'가, 세상의 낯선 자들, 세상에서 버려지고 소외된 자들을 대접하는 것, '환대'하는 것은, 그래서 그들을 그들의 기준과 그들이 속한 세상으로 받아들이는 것이 아니라, 교회가 속한 새 하늘과 새 땅, 그 '더럽지 않고, 썩지 않고, 쇠하지 않는' 영원한 나라의 품 안으로 받아들이는 것이다.

　세상의 낯선 자들을 세상과 같지 않은, 세상과는 전혀 다른, 죄가 아니라 의(義)가 거하고, 죽음이 아니라 생명이 거하고, 쇠하는 것이 아니라 영원과 사랑이 거하는 새 하늘과 새 땅의 품, 그 거룩한 교회의 품으로 끌어안는 것, 그것이 세상에서 '낯설게 여김받는' 교회가 세상의 '낯선 자들'을 '환대'하는 방식이다.

　'다름'을 인정하고 세상과 '공존'하는 것이 교회의 목적이 아니다. 교회는 세상과 공존하기 위해 존재하지 않는다. 성령은 오셔서, 죄에 대하여, 의에 대하여, 심판에 대하여 세상을 책망하신다(요 16:8). 세상은, 그리스도 안에서 모든 신성(神性)의 충만으로 채워진 '그리스도의 몸, 곧 교회' 안에서 새로워질 것이다. '환대 자체'가 '구원'이 아니다. 환대를 통해 죄와 죽음과 허무의 세상에서 벗어나 이르는 곳, 새 하늘과 새 땅, 그 거룩하고, 생명이 충만하고 영원한 삼위 하나님의 품에 이르게 하는 것, 그것이 구원이다.

> "사랑하는 자들아 너희를 연단하려고 오는 불 시험을
> 이상한 일 당하는 것같이 이상히 여기지 말고
> 오히려 너희가 그리스도의 고난에 참여하는 것으로 즐거워하라
> 이는 그의 영광을 나타내실 때에 너희로 즐거워하고
> 기뻐하게 하려 함이라" _ 벧전 4:12-13

작은 답, 거대한 문제

인문학의 실종은 하루아침에 일어난 일이 아니다. 자본주의, 곧 돈이 근본이 되는 사회에서 쉽게 돈으로 환산되지 않는 인문학이 추천될 리 없다. 대학은 직업 교육 기관처럼 되어 가고 있고, 취업률이 그 대학의 질을 결정하는 열쇠가 되었다.

요즘 학생들은 네모난 스크린에서 화면과 이미지에 너무 익숙해서, 책의 활자를 보면 낯설고 힘들어한다. 신학(神學)을 가르치고 성경을 가르쳐야 하는 내가, 학생들과 대화를 하고 나면 인문학적 기초를 다지라는 권면으로 끝나기 일쑤이다.

왜 그렇게 되는지, 나 스스로에게 묻는다. 신학을 했는데, 사고의 폭이 좁고 균형 감각이 적은 경우가 많기 때문이다. 신학적으로는 확고한 답을 낼지 모르지만, 문제를 제대로 바라보고 공감하며 이해하고 실력 있게 살아 낼 여유와 폭을 갖지 못한다.

완벽해 보이지만 너무 작고 좁아서 문제가 되는 경우도 있다. 그 크기가 동전만 한 것이다. 스스로는 완벽한 신학적 논리로 무장을 했는데, 너무 좁은 경우가 많다. 정통 신학을 신봉한다는데, 인생과 역사와 사회를 바라보는 사고방식이 겨우 오백 원짜리 동전 크기만 하다. 원래 신학적 진리가 그런 것이 아닐 텐데 말이다. 인문학은 '답보다는 문제의 크기를 가늠'할 수 있도록 도와준다. 인간이 처한 문제가 얼마나 광대하고 모순되고 처절한지를 맛보게 해 준다.

사람들이 읽고 또 읽는 고전(古典)일수록, 인간의 문제의 깊이와 크기와 넓이를 잊을 수 없는 방식으로 독자의 마음에 새겨 준다. 고전이라 해도, 딱 떨어지는 '답'이 주어지는 경우는 드물다. 오히려 '문제'가 얼마나 심각한 것인지를 알려 주고, 그 문제가 풀리지 않는 상황을 그대로 두는 경우가 더 많다. 그런데, 뜻밖에도 인문학의 그런 태도가 너무나 큰 자산이 되기도 한다. 결국, 사람과 인생을 보는 눈이 깊어지기 때문이다.

그래서 아직 젊을 때, 지금 당장 딱 떨어지는 답을 붙들기도 해야 하지만, 동시에 조금 더 광활한 세계를 들여다볼 수 있어야 한다. 그리고 거기서 주의 온전케 하심을 기다리며, 문제의 폭에 따라 답의 깊이와 넓이를 확장해 가야 한다. 그렇게 '더 큰 온전함'을 구하는 것이, 더 온전하게 성숙해 가는 길일 것이다.

모든 것이 편한 이 시대는 우리에게 손쉬운 만족을 준다. 그리고 우리는 성경적 결론, 신학적 결론에 있어서도 **빠르고 간단하고 피상적인** 답에 쉽게 만족해한다. 하지만 진짜 문제는, 우리가 만족하는 그 그릇이 너무나 작다는 것이다. 이것이 오늘날 교회가 세상과 소통하기 어려워하는 이유 중 하나이다. 교회가 내놓은 답이 맞지만, 그것이 세상의 고통과 아픔과 문제에 선뜻 답이 되는 것처럼 여겨지지 않은 이유이다.

해결되지 않는 깊고 큰 문제를 붙들고 오랫동안 씨름해 본 적이 있어야 한다. 욥처럼 말이다. 그런 문제들은 우리에게 답을 준다기보다는, 우리 앞에 또 다른 세계를 열어 주곤 한다. 인류는 그런 씨름들을 해 왔다. 우리가 그런 씨름들을 간접적으로라도 경험한다면, 그 후에 확신하게 될 신학적 진리의 울림은 그만큼 크고 강력하고 깊게 될 것이다.

"내가 땅의 기초를 놓을 때에 네가 어디 있었느냐"_ 욥 38:4

섬김의 권력

시민 한 사람의 목숨이 권력자 열 명의 목숨보다 중해야, 그것이 하나님의 나라에 가깝다. 지극히 작은, 그것도 죽어도 할 말 없는 죄인 하나를 위하여, 하늘 보좌에 앉으신 심판주 하나님이 죄 없는 자기 친아들을 대신 내주셨다.

성경의 가르침을 수호한다고 확신하는 설교자들은 단에서 그렇게 가르쳐야 한다. 주일마다 '죽을 수밖에 없었던 죄인'이라고 스스로 고백하며 기도하는 이들도, 지극히 작은 자 하나를 실족하게 하면 제자들에게 연자 맷돌을 메고 바다에 빠지라시던 주님의 통치 방식을 잊지 말아야 한다.

하나님의 나라는, 권력의 본질이 섬김인 나라이다. 단지 높아서 좋고, 힘이 있어서 우러르는 권력이 아니라, 섬김의 목적에 봉사하지 않는 권력은 심판의 대상이라는 사실을 기억하는 것이, 하나님 나라에서 사는 그리스도인의 삶이다.

우리 중 지극히 작은 자가 짓밟힐 때, 그들이 아무것도 아닌 것처럼 될 때, 권력자들의 안위가, 자식을 잃고 슬피 우는 어미의 마음보다 더 중요할 때, 죄 많은 당신과 나를 대신해서 십자가에서 죽으신 그 아들의 복음은 도대체 무엇을 말하는 것인지 알 수 없게 된다. 십자가는 목걸이의 장식이요, 성경 구절은 돼지 목에 두른 진주가 된다.

자식을 잃고 통곡하는 어미의 울음, 백성의 비참을 두고 애곡하는 라헬의 통곡을 들으라. 권력이 섬김에 종노릇할 때까지, 많은 사람을 위하여 자기 목숨을 내주신 그 아들이 다시 오실 때까지, 권력을 남용한 거짓되고 살찐 목자들이 심판받을 때까지, 애통하는 자는 애통할 것이요, 의에 주리고 목마른 자는 계속 주리고 목마를 것이다.

그 애통 속에, 그 주림과 목마름 속에 아버지와 그 아들의 나라가 있으니, 지금은 슬픈, 잃어버린 땅에서 흘리는 눈물로 가득한 나라이다.

> "너희 중에는 그렇지 않아야 하나니
> 너희 중에 누구든지 크고자 하는 자는 너희를 섬기는 자가 되고"
> — 마 20:26

성경과 양심

때때로 우리에게 '성경'이 있음에 무한히 감사하곤 한다. 성경이 없었다면, 이 세상을 창조하신 하나님도, 그 하나님께서 자신의 아들을 내주심으로 우리를 사랑하신 사실도, 그래서 이 세상은 그래도 따뜻하고, 의미가 있고, 미래가 있는 세상임을 알지 못했을 것이다.

그리고 문득문득, 그런 하나님께서 사람을 창조하실 때 그 안에 하나님과 '더불어 그리고 모든 사람과 함께 아는 마음' 곧 '양심'(헬, συνείδησις - '쉰에이데시스')을 주신 사실도 참으로 감사한 일이라는 생각이 든다. 양심이 없었다면, 이 세상은 브레이크가 고장나 버린 자동차처럼 부패와 파멸의 무저갱으로 내달렸을 것이다.

그나마 양심이 남아 있어서, 이 어둔 세상에서 바라볼 만한 불빛이 된다. 악인도 스스로 완전히 없애지 못하는 그 양심 때문에, 수치나 죄책감에서 오는 불편함과 고통을 아주 피하지는 못한다. 무엇보다 세상 곳곳에 창조주 하나님께서 주신 마음 그 '양심'의 빛이 남다르게 밝고 힘이 있어서, 이 세상이 더 더러워지지 않도록 더 썩지 않도록 더 허무해지지 않도록 막아서는 사람들이 있어서 참으로 감사하다.

기이한 일은, 성경에 나타난 하나님의 마음과 뜻을 아는 교회인 우리가, 창조주 하나님이 모든 사람에게 주신 '양심'에 종종 세상 사람들보다 더 어둡게 행하는 일이다. 그럴 수가 없는데, 그런 일이 많다. 교회에서는 십자가의 보혈을 붙드는 뜨거운 신앙인데, 세상에서는 양심이 없는 사람으로 평가받는 일이 종종 있다. 원래 그럴 수가 없다. 양심의 행위만으로는 구원을 받지 못한다. 하지만, 십자가의 용서를 확신하는 믿음을 가진 성도는, 양심 없이 살 수가 없다.

왜냐하면 주께서 지신 십자가의 길이 곧 '의인으로서 악인을 위하여 고난을 받으사 그들을 하나님 앞으로 인도하신 선한 양심의 길'이기 때문이다. 그러므로 하나님의 지극한 선(善)인 '은혜를 아는 마음'은, 창조주와 더불어 그리고 모든 사람과 함께 알고 있는 '양심'으로 나타나야 한다. 나타날 뿐 아니라 그 양심을 채우고 넘쳐서, 세상을 그 양심 너머에 있는 '은혜의 세계'까지 인도할 수 있어야 한다.

'성경'이 있어서 감사하고 '양심'이 남아 있는 세상이라 감사하다. 성경을 믿는 신앙이, 세상 사람들 속에 남아 있는 양심과 만나서 악수하고, 그 양심에게마저 빛을 비추는 원래의 자신의 자리를 되찾게 된다면 더 이상 바랄 것이 없을 것이다. 아직은 간격이 먼 그 둘이, 뜨겁게 만나는 날이 오기를 기대하게 된다. 성경을 주신 하나님이 또한 양심을 주신 하나님이시니, 하나님께 감사드릴 일이다.

"선한 양심을 가지라 … 그리스도께서도 단번에 죄를 위하여 죽으사 의인으로서 불의한 자를 대신하셨으니

이는 우리를 하나님 앞으로 인도하려 하심이라 …"_ 벧전 3:16, 18

십자가와 참소하는 자

성경에서 마귀의 또 다른 이름은 '디아볼로스' 곧 '참소하는 자'이다. 인간의 죄와 허물을 지적하여 재판에 회부하고, 결국 하나님의 법정에서 우리의 죄에 대한 형벌이 선고되도록 참소하는 자이다(유 1:9; 욥 1:9).

성경은 인간의 죄를 참소하는 것을 업(業)으로 삼는 마귀를 '어떻게 대하라고' 가르치는가? 예수님은 마귀를 어떻게 상대하셨는가? 무엇보다 예수님은, 스스로 마귀에게 책잡힐 것이 없는 의인으로 사셨다. 마귀는 예수님에게서 그 어떤 허물도 죄도 찾을 수 없었다. 그래서 연약하고 허물 많은 우리는, 예수 그리스도를 전적으로 의지할 수밖에 없다. 은혜로 받은 그의 의(義)를 방패 삼아, 그 의로운 관계 안에서 의로운 성품과 행실에 성장하는 일에 꾸준히 진력해야 한다.

그렇다면 예수님은 어떻게 참소하는 자 마귀를 '멸(滅)하셨는가?' 그것은 십자가에서 죽으심을 통해서였는데, 마귀는 죄 없는 하나님의 아들을 '죄 있다'고 정죄하여 인간의 법정을 통해 그분을 사형에 처하게 함으로써, 도리어 하늘의 공의로운 법정으로부터 영원토록 빠져나올 수 없는 심판을 받게 된다.

　이것이 마귀의 '눈먼 교만'이다. 자신의 교만 때문에 스스로의 죄를 보지 못하게 된 것이다. 의인을 죄인으로 정죄하고 그분을 죽임으로써, 그는 무고한 하나님의 아들을 사지(死地)에 몰아넣은 씻을 수 없는 죄를 짓게 된 것이다. 결국, 하나님께서 하늘 법정의 최종적인 판결로써 그 아들을 죽음에서 일으키셨을 때, 마귀는 그가 정죄한 하나님의 아들의 부활과 동시에 심판을 받아 영원한 감옥에 결박될 수밖에 없었던 것이다.

　선과 악을 분별하고 그 사이를 판결하는 일은, 사실상 최종적으로는 심판주 하나님께 속한 신성한 권한이다. 하나님께로부터 그런 권한을 위임받은 자는, 극히 조심해서 그 권한을 사용해야 한다. 그렇지 않으면 스스로 영원히 빠져나올 수 없는 올무에 걸리게 되기 때문이다. 예수를 심판하기 위해 야밤에 모였던 산헤드린의 '기획된 심문'이나 빌라도 총독의 어이없는 '졸속 재판'이 보여 주듯이, 고대의 사법 체계는 대체로 공정하지 않았다. 성전 권력이나 정치 권력자들과 결탁하기도 하고, 또는 많은 땅을 가진 대지주들과 결탁하여, 소작농들에게 정당한 삯을 주지 않는 억울한 판결을 하기도 했다.

　야고보가 기록한 당시의 탄원을 들어 보라. "들으라 부한 자들아 너희에게 임할 고생으로 말미암아 울고 통곡하라 … 보라 너희 밭에서 추수한 품꾼에게 주지 아니한 삯이 소리 지르며 그 추수한 자의 우는 소리가 만군의 주의 귀에 들렸느니라"(약 5:1, 4). 왜 '품꾼'이 아니라 품꾼의 '삯'이 소리 질러야 했을까? 그 당시의 법정이 이미 부한 자들과 결탁하여 소작농들에 대한 공의로운 재판을 내동댕이쳤기 때문이다. 그래서 그들이 원하는 대로 모든 것이 무마되고 덮어졌을까?

인간의 법정이 하찮아 보이는 일용 노동자의 절규하는 입을 틀어막았을 때, 그 노동자가 받지 못한 '삯'이 '하늘의 법정'에서 소리치기 시작했다. 그것을 누가 들었을까? 당시의 사법 체계는 예수의 죽음에서처럼 거짓 소문들을 만들어, 그 품꾼들의 절규가 세상에 들리지 않도록 사람들의 귀를 막으려 했을 것이다(참조. 마 28:11-15). 하지만 품꾼들이 받지 못한 '품삯이 지르는 소리'는 곧바로 '만군의 여호와' 곧 전능하신 심판주의 귀에 직접 들어갔다.

1세기에 십자가에서 처형된 예수님의 죽음은, 복음서가 증언하듯이 '무고한 의인'의 죽음이기도 했다(눅 23:47; 약 5:6). 죄 없는 의인이 무고하게 처형되었을 때에, 무법한 사법 체계는 승리한 것 같았고, 모든 것은 그대로 덮어질 것 같았다. 하지만 사흘 뒤, 십자가에서 죽였던 그 죄수가 다시 살아난다. 그가 부활했다는 소식이 온 유대 땅에 퍼졌다. 하늘의 법정이 땅의 판결을 뒤집은 것이다.

그것은 그 땅의 사람들에게 어떤 기쁜 소식이 되었을까? '아, 이 땅의 법정이 무고한 사람을 죽여도, 하늘의 법정은 살아 있구나!' 그랬을 것이다. 예수의 부활이 모든 억울한 자들의 소망이 되었고, 동시에 이 땅의 부패한 법정과 그것을 악용한 '눈먼 참소자 마귀'에 대한 되돌릴 수 없는 심판의 사건으로 확인된 것이다.

눈에 보이지 않지만, 하늘 법정의 공의로운 그물망은 그 어떤 '법기술'로도 빠져나갈 수 없을 만큼 촘촘하다. 그래서 '참소하는 권한' 같은 신성하고 엄위한 권한이 인간에게 주어졌을 때, 그것은 독이 든 성배처럼 엄청난 특권인 동시에 곧 마귀의 옆자리에 앉게 된 것이라는 사실을 결코 잊어서는 안 된다.

> "그런즉 이스라엘 온 집은 확실히 알지니
> 너희가 십자가에 못 박은 이 예수를
> 하나님이 주와 그리스도가 되게 하셨느니라 하니라"_ 행 2:36

제 4 장

거짓 가르침을 분별하며, 신적 성품에 참여하는 그리스도인

겨울이 오면, 독감 주사를 미리 맞아 두는 사람들이 많다. 코로나가 무섭게 퍼져 가던 때, 사람들은 백신을 맞으려고 앞다투어 줄을 서곤 했다. 마찬가지이다. 거짓 가르침에서 자신을 보호하는 길은, 성경이 거짓 교사들과 그들의 거짓 가르침에 대하여 일깨우고 권면하는 말씀을 주의 깊게 배우고 익혀 두는 것이다. 그것이 거짓 가르침의 독성(毒性)으로부터 자신과 가정과 교회를 지키는 지혜로운 일이다. 그중에 가장 좋은 길은, 꾸준히 '신적 성품에 참여'하는 일이다. '더럽지 않고, 썩지 않고, 쇠하지 않는' 나라에 합당한, 의롭고, 생명과 선(善)이 가득하며, 영원한 사랑으로 변화된 성품에서 성장하도록 전력을 다하는 것이다. 그것은 그 아들의 생명과 아버지의 사랑과 성령의 교제 안에 지속적으로 거함으로써 이루어진다. 빛 가운데 거하는 삶을 어둠이 사로잡아 갈 수는 없기 때문이다.

거짓 교사의 특징과 분별

'거짓 가르침'을 분별하며,
'신적 성품'에 참여하는 그리스도인

가끔 주변에서 별것 아닌 병 때문에 병원에 들렀다가, 우연히 암과 같은 심각한 질병을 발견했다는 경험담을 듣곤 한다. 얼마나 다행스러운 일인가. 코로나의 고난도 교회에 이러한 기회를 제공했다. 온 국민이 맞서 싸운 것은 코로나라는 악질 바이러스였지만, 교회에서는 이보다 더한 악질 바이러스 같은 '이단'이나 '거짓 교사들'의 정체가 확연히 드러난 계기가 되었던 것이다.

'어떻게' 드러났는가? 이단이나 거짓 교사들의 그 악한 가르침들이 맺는 '열매들'을 보게 되었기 때문이다. 거짓 교사들의 가르침이 어디가 어떻게 '거짓'인지는, 그 교리적인 내용들을 검토해야 하기 때문에 쉽게 눈에 띄지 않을 수 있다. 하지만 그런 '거짓 가르침들'은 반드시, 불의와 탐욕, 방탕과 파괴와 같은 '악덕'들로 드러나게 되어 있다. 어떤 나무가 뿌리부터 썩은 나쁜 나무인지를 보려면, 그 열매를 보고 확인할 수 있다는 주님의 말씀 그대로이다.

코로나가 한창 위세를 떨치고 있었을 때, 신천지 이단뿐 아니라 교회 내에서도 '상식'과 '양심'에도 어긋나며, 교회와 사회 공동체의 안전을 위협하는 거짓 교사들이나 일부 '광신적 단체들'이 신문이나 뉴스의 헤드라인을 장식하기도 했다. 이단은 교회 밖에 있지만, 거짓 교사들은 교회 안에서 복음 전도의 길을 훼방하고, 하나님의 이름과 명예를 추락시키며, 기독교를 상식에도 못 미치는 '비양심적이고 탐욕적인' 종교로 인식하게 만든다.

저들은 그리스도의 몸 안에 침투해 들어와서 몸 전체를 병들게 하는 '거짓의 악질 바이러스들' 같은 자들인 것이다. 성도는 저들의 거짓 가르침에서 돌아서야만 한다. 코로나에 걸리지 않도록 백신을 여러 번이나 맞고, 마스크를 쓰며, 거리 두기를 꾸준히 실천하지 않았는가. 영적으로도 마찬가지이다. 교회는 거짓 교사들의 거짓 가르침이라는 악질 바이러스에 대비하여, 성경이 가르치는 거짓 교사들에 대한 분별과 대책을 부지런히 배우고 또 가르쳐야 한다.

특히, 베드로후서나 유다서를 살펴보면, 거짓 교사들의 특징이 뚜렷이 나타난다. 저들은 '교만, 탐욕, 방탕'이 그 부패한 심령의 근본적인 동기요 목적인 자들이다. 이렇게 말하면 분별하기 쉬워 보이지만, 실제로는 그렇지 않다. 거짓 교사들은 신앙고백도 하고 교회 안에 들어와 활동하며, 게다가 설교하고 가르치며 양 무리를 지도하는 자리에 서 있기 때문이다. 그 속은 양 잡아먹는 이리들이지만, 겉으로는 양의 가죽을 뒤집어쓰고 있기 때문에, 양들이 쉽게 속고 따라가게 되는 것이다.

그러면 거짓 교사를 어떻게 분별해야 하는가? 우선, 무턱대고 '아멘, 아멘, 할렐루야' 하지 말라. 성도 자신이 하나님의 말씀을 부지런히 읽고 묵상하고 공부하고 기도하고 실천하기를 거듭하면서, 자신이 직접 말씀의 빛 가운데 거하기를 힘써야만 한다. 말씀을 맡아 설교하고 가르치는 목회자에게 순복하라. 다만, 설교하고 가르치는 그 말씀이 오직 성경에 합당한 것일 때에만 그렇게 해야 한다. 말씀이신 그리스도가 교회의 주인이시다. 오직 말씀이신 예수 그리스도께서만, 목회자와 양 무리 모두의 진짜 '담임 목사님'이시다.

오직 성경의 권위를 최고로 높이는 목회자를 따라야 한다. '교회 안에서는 성경보다 내 말이 더 중요하다'고 우기는 목회자를 의심하고 멀리해야 한다. 성경을 해석할 때, 그 해석의 열쇠가 '오직 나에게만 있다'고 주장하는 자는 필연코 이단이다. 성령께서는 그 아들 예수 그리스도를 믿는 모든 자 안에, 교회 안에 거하신다. 성경을 기록하신 성령께서는 예수 믿는 당신 안에도 거하시며, 당신이 그 말씀 해석이 진리인지 아닌지 알 수 있도록 기름 부으셨다. 어느 특정한 한 사람에게만 진리의 지식을 주신 것이 아니라, 그 아들을 믿는 교회 공동체 전체에 주신 것이다. 성경의 교리나 진리는 '사적'(私的)인 것이 아니라, '공적'(公的)이다. '나만 성경 해석을 제대로 할 수 있다'고 주장하는 자에게서 속히 떠나라.

오늘날, 얼마나 많은 그리스도인이 거짓 교사들의 거짓 가르침에 상처 받고, 교회를 떠나 방황하고 있는지 모른다. 교회는 전력을 다해, 거짓 교사들을 분별하고, 이에서 돌이켜 '자신을 지켜 내야' 한다. 거짓 교사인지 아닌지 잘 분별이 되지 않으면, 그들이 선택하는 결과 곧 그 행위의 열매를 보라. 거짓 교사들은, 교인이 실족하여 믿음에서 떠나든지 말든지, 그리스도의 몸 된 교회가 반쪽이 나고 수치를 당하든지 말든지, 하나님의 이름이 모독을 받든지 말든지, 복음 전도의 길이 막히든지 말든지, '자신의 탐욕'을 절대로 놓지 않는다.

우리가 '선택'하는 그것이 곧 우리가 '사랑'하는 것이며, 우리가 사랑하는 그것이 곧 우리가 '예배'하는 신(神)이다. 거짓 교사들이 무어라고 설교하며 가르치든지, 그들이 지키고자 하는 것은 하나님의 영광스러운 이름이나 복음이나 교회가 아니라, '자기가 모은 재산과 권력'인 것이다. 그들에게서 속히 돌아서야 한다. 저들의 심판과 멸망에 참여하지 말아야 한다. 저들은 영원히 캄캄한 어둠 속에 갇힌 자들이기 때문이다(유 1:13).

그리스도인이 거짓 교사들의 거짓 가르침으로부터 '자신

을 지키려면', 첫째, 하나님의 말씀이 '빛'이고 우리의 경험, 지식, 심령이 '어둠'이라는 자세를 견지해야 한다(벧후 1:19-21). 그래야 자신에게 속지 않고, 아무에게도 속지 않으며, 말씀의 빛, 진리와 생명과 사랑의 빛 가운데서 걸어갈 수 있다. 둘째로는, 그 말씀의 생명을 먹고 마시며, 계속해서 '신적 성품'에 참여해야 한다는 것이다(벧후 1:4-11).

거짓 교사들의 거짓 가르침은 '지식'으로만 전해지는 것이 아니다. 그것은 정서와 경험과 의지를 포함한 삶의 전 영역을 통해 침투해 들어오는, 거짓되고 더럽고 썩어지고 허무한 세력이다. 단지 '지식'의 차원에서 배운 교리 공부만으로는 저항하기 어렵다. 지식적인 분별이 우선적으로 필요하지만, 정서적으로, 의지적으로, 경험적으로 그리고 무엇보다 '성품'(性品)적으로 이런 거짓과 부패한 세력을 거부하고 맞서 싸울 힘이 있어야 한다.

하나님과 주 예수 그리스도를 아는 참된 지식은, '생명과 경건'을 그 특징으로 하는 '신적(神的) 성품'에 참여하게 한다. 하나님을 아는 지식의 열매는, 직분이나 제자 훈련 수료증이 아니다. 하나님을 아는 참된 지식의 열매는, 그 사람의 신적 성품 자체이다. 하나님을 가장 많이 아는 사람은, 신학자나 목사가 아니라, 신적 성품에서 성장한 그리스도인이다. 누가 믿음뿐 아니라, '덕'을 갖춘 그리스도인인가? 거짓 교사들은 믿음으로 산을 움직이고 병자를 낫게 하고 하나님의 보좌를 흔든다고 떠벌리지만, 세상 앞에 교회의 '덕'을 무너뜨리지 않던가.

누가 '덕'을 세우기 위한 '지식, 지혜'를 가진 자인가? 누가 '지식'에 '절제'를 발휘하는 자인가? 누가 '절제'에 '인내'를, '인내'를 통해 세상을 이기는 참된 '경건'에 이르는 자인가? 경건보다 나은 경건은 '형제 우애'이고, 형제 우애의 절정은 '사랑'이다. 그러므로 '이웃 사랑'이 없는데, 꿈을 꾼다 하며 직통 계시 운운하고 입신(入神)을 한다느니 떠들어도, 모두 거짓 교사들의 허망한 속임수일 뿐이다. 거짓이 난무하는 포스트모던 시대에는, '성경 말씀의 빛' 안에 거할 뿐 아니라, 그 말씀의 생명과 빛으로 채워진 '신적 성품'의 교회가 필요하다. 사실, '신적 성품'에 참여하는 것이, 교회의 가장 본질적이고 궁극적인 목적이다. 그런 성도들이야말로, 이미 왔고, 오고 있고, 장차 온전히 임할 '새 하늘과 새 땅'에 적합하기 때문이다.

> "이로써 그 보배롭고 지극히 큰 약속을 우리에게 주사
> 이 약속으로 말미암아 너희가 정욕 때문에
> 세상에서 썩어질 것을 피하여
> 신성한 성품에 참여하는 자가 되게 하려 하셨느니라"_ 벧후 1:4

거짓 교사의 특징과 분별

'거짓 교사들'(false teachers)이란 어떤 자들을 가리키는 것인가? 특징적으로, 거짓 교사들은 교회 밖에 있는 '이단'(heresy)과는 다르다. 이단들은 '예수 그리스도'에 관한 신앙고백에서 정통 교회와는 명확하게 다른 교리를 가지고 있기 때문이다. 이단들은, 예수 그리스도가 하나님의 아들이요 오직 그분만이 우리의 죄를 사하신 속죄 제물이 되셨다는 교리, 그분이 부활하셨고, 하늘에 오르셨고, 다시 오셔서 심판하시고 재창조하시는, 삼위일체 하나님 가운데 성자 하나님이시라는 교리에 대하여 정통 교회와 '다른' 고백을 하는 자들이다.

하지만 '거짓 교사들'은, 겉으로는 예수 그리스도에 대한 동일한 신앙고백을 하고 교회 안으로 들어온다. 그들이 '거짓' 교사들이라는 사실은, 그들이 하는 이런 신앙고백조차 '거짓'이기 때문이다. 중요한 점은 이들이 '양의 탈을 쓴 늑대'처럼 교회 안에 들어와 있고, 그것도 말씀을 가르치는 설교자요 교사의 자리를 자치하고 있다는 현실이다.

거짓 교사를 분별하는 것은 상당히 주의를 요하고 신중한 일이며, 동시에, 급박하고도 절실한 일이다. 성도들이 잘 알지 못해서 당하는 신앙적, 실제적 피해가 크기 때문이다. 신약성경에서 '거짓 교사들'에 대한 가르침이 많이 나오지만,

베드로후서와 유다서를 중심으로 살펴본 거짓 교사들의 '특징들'은 다음과 같다.

(1) '거짓말을 지어낸다': 거짓 교사들은 성경을 엉터리로 해석하여 본문의 의미를 왜곡, 제한, 변질시켜서 거짓말들을 지어내어 가르친다. 예컨대, 성경 본문 한 줄을 읽고 문맥을 떠나 자신의 세속적인 철학을 팔아 부(富)를 축적하거나, 자신의 정치적 견해를 강제하여 성도의 양심을 도둑질하고 설교 강단을 더럽히며 모독하는 자들이다. 무엇보다 이들의 특징은, 성경을 '하나님의 계시'로 해석할 줄 모른다는 것이다. '말씀의 빛 아래서' 자신의 심령의 탐욕과 거짓을 들여다볼 마음도 훈련된 바가 없는 자들이다(벧후 1:20; 2:3; 3:3, 16).

(2) '탐욕으로 연단된 자들'이다: 성경을 왜곡하여 가르치는 이유, 거짓말을 지어내어 성도들을 갈취하는 이유, 불법과 방탕에 빠지는 근본적인 원인은, 그들의 심령의 중심에 탐욕이 똬리를 틀고 있기 때문이다. 저들의 신학과 설교는 복음으로 포장되어 있으나 사실상 탐욕으로 성도의 돈을 갈취하는 사기술이다. 운동선수가 이론과 실제와 연습으로 굳은살이 박이듯이, 마음과 말과 성품과 삶이, 그 어떤 검으로도 뚫지 못할 만큼 탐욕으로 무장되어 있는 저주의 자식들이다(벧후 2:3, 14; 유 1:11).

(3) '불법을 서슴지 않는 교만한 자들'이다: 거짓 교사들은 자신들이 지어낸 거짓 가르침에 속아 그들을 따르는 자들을 등에 업고, 담대하게 불법을 저지르며, 교만하여 떨지 않으

며, 법과 권위를 가진 자들을 무시하고 조롱한다. '영적'이라는 딱지를 붙였지만 실제로는 '불법'이며, 그 뿌리는 마음의 탐욕으로부터 나오는 교만이다. 불법을 영적인 것으로 포장하는 데 능숙하며, 세상 사람의 양심으로부터도 정죄함을 받는 자들이다(벧후 2:10-13; 유 1:8).

(4) '방탕한 자들'이다: 거짓 교사들은 탐욕과 함께 종종 방탕에 빠지고 이런 일을 조장한다. 특별히 성도들 가운데 연약한 자들을 유혹하여 음란으로 실족하게 만든다. 하나님의 은혜를 방탕거리로 뒤바꾸며, 자유를 주는 것처럼 거짓으로 가르치고 유혹하여, 세상의 더러움에서 나온 성도를 다시 세상의 더러움으로 끌고 들어가 그 영혼을 실족하게 만든다. 율법의 요구를 무시하며, 은혜로 구원받았으니 죄는 상관없거나 정당한 것으로 가르쳐, 은혜 주신 목적을 왜곡, 변질시키며 불법한 성적 방종에 빠진다(벧후 2:2, 18-19; 유 1:4).

(5) 복음의 길을 막는다: 결과적으로, 거짓 교사들의 거짓 가르침과 탐욕과 교만과 방탕한 짓들로 인해 하나님의 이름이 세상 사람들로부터 조롱을 받고, 진리의 길, 복음 전도의 길이 막히게 된다. 이들은 교회 안에 있지만, 교회의 '점과 흠', 오점과 수치이다. 하지만 이들은 돌이키지 않으며, 도리어 예수를 버리고, 교회를 가르고, 자신들로 인해 하나님의 이름이 땅에 떨어져도 결단코 자신이 예수 믿고 얻은 돈과 권력을 놓지 못한다. 탐욕이 사실상 그들이 섬기는 신이요 하나님이기 때문이다(벧후 2:2, 13, 22-23).

(6) '성령은 없는 자들'이다: 거짓 교사들은 '성령을 받지 못한 자들'인데, 입으로는 '성령'을 달고 산다. 자신들이 '성령의 본체'라거나, '하늘 보좌를 움직인다'는 둥, 종종 '꿈꾸는 자들'처럼 영적 권위를 위장하여 속인다. 이들은 자신들이 어떤 신령한 경험을 했다고 남을 속이고 또한 스스로 속는 자들로서, 자신들의 탐욕에서 나오는 생각을 하나님의 계시로 쉽게 포장한다. 결국 이루어지지 않는 거짓 예언을 서슴지 않고, 그것이 거짓으로 드러나도 아무렇지도 않게 행동하며 또 다른 거짓으로 덮을 뿐이다. 종종 '직통 계시'를 통해 무엇인가를 '보았다'거나 '들었다'는 식으로 성도들을 속이고 장악한다. 기록된 성경 말씀을 모를 뿐 아니라, 잘못 해석하는 무지함이 특징이다. 저들의 설교는 '물 없는 샘'이요, '비 없는 구름'처럼 공허하다. 저들은 자신들의 거짓과 탐욕으로 교회 안에 분란을 만들며, 육에 속한 자들이요, '성령은 없는 자'로 드러난다(유 1:8, 12-13, 19).

(7) '멸망이 확정된 자들'이다: 거짓 교사들에게는 멸망이 확정되어 있다. 참된 성도는 하나님께서 그리스도로 인하여 그 사랑 안에서 지키신다. 반대로, 하나님은 거짓 교사들도 그들의 탐욕과 죄악으로 인해, 이미 정해진 심판을 위하여 그들을 '지키고' 계신다. 그들은 자신의 탐욕과 거짓과 어둠에 스스로 갇혀 있다. 교회는 그들을 두려워할 필요가 없다. 그들은 이미 심판이 정해진 '뿌리까지 뽑혀 죽어 버린 가을 나무'와 같은 자들이다. 성도는 그들의 가르침에서 떠나

야 하며, 하나님의 사랑과 그리스도의 복음, 참된 말씀과 성령 안에서 끝까지 자신을 지켜야 한다(벧후 2:3-17; 유 1:1, 4, 21).

위에서 열거한 징후들이 보이면, 그런 자들을 '거짓 교사들'로 의심해 보아야 한다. 어떤 사람의 '영적 본질'을 지금, 여기서, 최종적으로 판단할 수는 없으므로, 결국 그 사람이 맺는 '열매'를 보고 경계하며 지혜로운 판단을 해야 한다. 아무리 '신령하다' 해도, 아무리 '성령'을 입에 달고 살아도, 아무리 '사람들이 많이 좇아도', 그 사람의 삶의 열매가 탐욕이고, 교만이고, 불의이고, 방탕이면, 그것은 '성령의 열매'일 수가 없고, 거짓일 수밖에 없다. 속지 말라. 거짓 교사들에게서는 속히 돌아서는 것이 자신을 지키는 최선의 길이다.

"그러나 백성 가운데 또한 거짓 선지자들이 일어났었나니 이와 같이 너희 중에도 거짓 선생들이 있으리라 …"_ 벧후 2:1

시험을 만났을 때, 기뻐할 수 있는 이유

성도가 시험을 만났을 때, 가장 잘한 일, 우선적으로 잊지 말아야 하는 것은 '때려치우지 않는 것'이다. 그것이 신앙생활이든, 가정이든, 자녀이든, 직장이든, 하나님을 믿는 것이든, '그만두지 않고!' 견뎌 보기로 하는 것이다. 더 정확히 말하면, 그 때문에 '하나님의 사랑을 의심하지 않는 것'이다. 그것이 가장 잘하는 일이다. 가장 신앙적인 반응이고, 가장 지혜로운 일이다. 왜냐하면, 세상과 그 뒤에 있는 악한 자 마귀로부터 오는 여러 가지 시험의 목적은, 이 모든 일을 통해 우리를 '하나님에게서 멀어지게 만드는 것'이기 때문이다.

욥이 훌륭한 신앙인인 이유도 여기에 있다. 욥이 인내했다고는 하지만, 욥기를 읽어 보면 그가 하나님께 대해 할 말은 거의 다 한다. 원망, 비난, 심지어는 조롱의 수준에 이르는 거친 말들로 하나님께 대들기도 한다. 하지만 어쨌든, 욥은 하나님을 붙들고 씨름하기를 그만두지 않는다. 야곱이 그렇게 했듯이 말이다. 나중에 야고보는 이런 욥의 인내를 칭찬한다. 하지만 욥의 인내의 복된 결말은, 그의 인내의 대가라기보다는 '주께서 주신 결말, 열매'이다(약 5:11). 욥의 인내는, 우리가 다 하는 온갖 실패와 낙심과 원망과 비난까지 포함된 인내였지만, 그가 끝까지 하나님 앞에서 하나님을 붙들고 씨름한 것이라는 사실에 그 중요한 의미가 있다.

욥은 자기가 당하는 고난의 이유조차 알지 못했지만, 하나님께로부터 멀어지지 않았다. 오히려, 그 철저한 무지(無知) 속에서도, 이유를 알 수 없는 고난을 지나면서도 더욱더 하나님의 품 안으로 빠져들어 갔다. 그것이 인내가 가져다준 승리이다. 시험을 만나거든, 해결되지 않아도, 이유를 알 수 없어도, 하나님을 붙들고 매달려야 한다. 그것이 우리를 하나님에게서 떨어져 나가도록 시험으로 유혹하고 핍박하는 세상과, 그 세상 뒤에서 조종하는 악한 자 마귀의 계획을 짓밟고 승리하는 일이다. 결코, 하나님에게서 멀어지지 말라. 그것이 시험을 만나 '믿음으로 인내한다'는 것의 중요성이고 결정적인 의미이다.

여러 가지 시험을 만났을 때 우리는 인내하려 하지만, 사실 자주 흔들리고 낙심하고 포기한다. 성도를 끝까지 하나님의 뜻 가운데서 버티게 하는 능력을, 야고보는 그 성도의 거듭난 심령에 심겨 있는 하나님의 영원한 말씀, 그를 끝내 구원할 그 말씀의 생명임을 알려 준다(약 1:18, 21). 그러므로 진정으로 거듭난 성도는, 여러 가지 시험을 만나 인내할 수밖에 없다. 그가 믿음을 버리지 못하는 한, 그는 끝까지 인내하게 된다. 만일 그가 믿음을 아예 버린다면, 그는 애초에 복음을, 그를 구원할 능력이 있는 말씀을 믿지도, 받아들인 적도 없는 사람임을 드러낼 뿐이다. 하나님의 말씀은 결단코 그 뜻을 이루는 데에 실패하지 않기 때문이다.

우리의 믿음이 우리를 인내하게 한다. 왜냐하면 믿음이 받은 '생명의 말씀'이 우리 안에서 온전한 열매를 맺기까지의 '그 모든 과정'을 지나가기 때문이다. 그러니까 성도가 인내한다는 것은, 야고보서식으로 설명하면, 그 성도 안에 '심긴 생명의 말씀'이 싹을 틔우고 줄기를 내고 가지를 펼치고 꽃을 피우고 열매를 맺기까지 '그대로 두라'는 것이다. 혹은 보다 적극적으로 말하자면, 그렇게 말씀의 생명이 온전하게 되기까지 그 말씀을 '온유함으로 받으라'는 뜻이다.

그 결국은, 그렇게 믿음으로 인내하는 사람 자신의 '온전함'이다. 이것이 성도가, 자신의 믿음에서 나오는 인내가 그 험난한 '코스'를 다 가기까지 '그대로 두고 따라가는' 결과로 얻는 열매이다. 성도는 믿음의 인내의 결과로 '그 자신의 온전함'을 얻는다. 다른 말로 하면, 그 자신이 하나님의 말씀의 거룩함과 의로움, 생명과 지혜, 사랑과 영광으로 온전히 빚어진다는 뜻이다. 그 사람의 심령과 인격과 삶 속에, 하나님 말씀의 풍성한 생명이 열매로 맺히는 것이다. 마치, 시냇가에 심은 나무가 철을 따라 열매를 맺는 것과 같다(시 1편). 그도 여호와의 율법을 주야로 묵상하는 자이지 않은가.

루터가 말한 것처럼, 성도는 이처럼 '고난' 속에서 말씀을 '묵상'하고 성령 안에서 '기도'하는 가운데, 그 말씀의 풍성한 생명을 자기의 것으로 소유하며 성장하게 된다. 야고보는 이것을 두고 '온전하고 구비하여 부족함이 없는' 상태라고 설명한다. '온전하다'는 것은 '원래의 목적지에 도달했다'는 뜻이다. '구비하여'라는 말은, 그 목적지까지 다 갔기 때문에 생길 것이 다 생겼다는 의미이다. 마치, 아이가 어머니의 배 속에서 10개월을 다 채웠기 때문에, 눈, 코, 입, 손가락 10개, 발가락 10개를 모두 갖추게 된 것과 같다. '부족함이 없다'는 말은, '온전하고 구비한' 상태를 부정적인 방식으로 재확인하는 표현이다.

생각해 보라. 지금 온갖 부족한 것투성이의 당신이, 그래서 시험에 들고 상처 받고 좌절하는 당신이, 전혀 그리스도인답지 않고, 예수를 닮기는커녕 세상 사람과 다를 것이 없는 당신이, 그런데도 예수 믿는 것을 놓지 못해서 이러지도 못하고 저러지도 못하는 당신이, 그날, 당신의 믿음이 그 인내의 과정을 다 마치는 그날, 드디어 '온전하고, 구비하고, 조금도 부족함이 없는' 하나님의 사람이 된다! 믿어지는가?

그러니까, 야고보의 '시험을 만나거든 기뻐하고 또 크게 기뻐하라'(약 1:2)는 말이 드디어 이해가 된다. 당신은 인내를 포기할 수 없는 믿음을 받은 자이고, 당신의 믿음은 그 믿음이 정한 목적지에 이르기까지 당신을 놓지 않고 당신을 끌고 갈 것이다. 당신은 결국 그 믿음대로, 온전한 사람, 하나님 보시기에도 거룩하고 지혜롭고 생명과 사랑과 영광이 풍성한 사람이 될 것이다. 이게 믿어지는 일인가? 지금 시험당하는 우리의 모습을 보면 전혀 그것이 가능해 보이지 않을 것이다. 하지만, 번데기가 나비가 된다. 그런 일이 일어난다. 지금은 뱀처럼 바닥을 기어 다니는 어린 새이지만, 그날에는 창공을 휘젓고 솟아오르는 독수리가 된다. 그래서 야고보는 '기뻐하라'고 하는 것이다.

이것이 성도가 '인내한다'는 의미이다. 인내는 어떻게 하는 것인가? 내가 믿을 때에 받은 말씀, 내 거듭난 심령에 심겨 있는 복음, 그 하나님의 말씀의 능력을 믿고 품어 내는 것이다. 그 말씀을 우리의 심령에 심으시고, 그 말씀을 생각나게 하시고, 고난 중에 묵상하게 하시고, 그 말씀이 우리의 생명과 삶이 되기까지 그 말씀을 풍성케 하시고 끝까지 남김없이 이루시는 '주 예수 그리스도'를 끝까지 붙드는 것이다. 그 말씀을 우리의 교만함과 무지와 고집이 아니라, 고난의 담금질을 통해 우리 안에 만들어 내시는 그 모든 겸손함과 '온유함으로 받는 것'이다. 그 말씀 안에 끝까지 거하는 것이다. 그 말씀이 당신 안에서 열매 맺기까지 지속적으로 거하게 하는 것이다.

밭에 심긴 씨앗을 그대로 두면, 그래서 그 씨앗이 햇살을 받고, 빗물을 먹고 바람이 통하면 결국에는 어느 날 갑자기 싹이 올라온다. 그때, 그 씨앗과 싹의 차이는 얼마나 큰 것인가! 땅속에 묻혀 보이지 않던 것이, 드디어 세상에 보이게 된다. 지금은 당신 속의 온갖 더러움과 뒤섞인 그분의 거룩이, 그날에는 드디어 연둣빛 싹으로 솟아난다. 지금은 당신 속의 온갖 이기심과 뒤섞인 그분의 긍휼이, 그날에는 쭉 뻗은 줄기에 사방으로 퍼진 가지들과 푸른 잎들처럼 당신의 심령과 삶을 뒤덮는다.

당신이 믿음으로 받은 복음, 믿음으로 받은 그분, 그래서 당신의 거듭난 심령 안에 심긴 그 생명의 말씀이 당신을, 결국 당신도 못 알아볼 만큼 변화시킨다. 당신 안에 심긴 그 말씀은, 없는 것에서 있는 것을 창조하신 전능자의 말씀이며, 죽은 자도 살리시는 생명의 주요 온전케 하시는 주의 말씀이다. 여러 가지 시험을 당한 당신이, 그럼에도 모든 기쁨으로 기뻐하며 인내할 이유가 여기에 있다.

"인내를 온전히 이루라 이는 너희로 온전하고 구비하여 조금도 부족함이 없게 하려 함이라"_ 약 1:4

올바른 '성경관' - '성육신'

성경은 '하나님의 계시'(God's revelation)인가, 인간이 만들어 낸 '역사적 산물'(historical product)인가? 아니면 '둘 다'인가? 성경이 어떤 책인지에 대한 관점에 따라, 성경 해석이 달라지고, 그 결과로 가르치는 내용은 동(東)이 서(西)에서 먼 것처럼 달라질 수 있다.

성경을 인간 저자들이 '그저 받아 적은' 하나님의 계시의 말씀으로'만' 보는 입장이 있다. 이와는 정반대로, 성경은 인간 저자들이 역사적으로 성찰한 내용으로'만' 편집된 것이라고 보는 입장도 있다. 전자의 경우에는, 인간 저자들의 특징이나 성품, 그들의 인생 경험이나 역사관 그리고 그들이 살았고 경험했던 시대의 역사들이, 성경 해석에 있어서 그리 중요하지 않게 될 것이다. 이런 입장에서는, 성경에 기록된 말씀이 시대적 상황에 상관없이 일률적이고 기계적으로 적용되어야 한다는 경직된 해석의 위험에 빠지게 된다.

반대로 후자의 경우에는, 성경이 그 시대를 살았던 인간 저자들의 역사적 성찰의 결과물이기 때문에, 그 내용이나 가르침은 '그 시대의 역사적 배경'에 갇혀 있게 된다. 성경을 '하나님의 초월적 계시의 말씀'으로 보지 않으므로, 어느 시대에나 '옳은 절대적 진리'로 여기지 않는다.

성경은 과연 어떤 책인가? 성경이 어떤 책인지 알고 싶다면, 예수 그리스도에게로 돌아가야 한다. 예수 그리스도가 하나님께서 우리에게 주신 진리이시기 때문이다. 예수 그리스도는 누구신가? 그분은 완전한 하나님이며, 동시에 우리처럼 육체를 가진 완전한 인간이셨다. '말씀이 육신이 되신 하나님의 아들' 안에는, '완전한 신성(神性)'이 '온전히 인성(人性)'과 함께 거한다. 이것이 교회가 수백 년에 걸쳐 확인한 '성육신'(incarnation)의 교리이다.

성경도 성육신의 교리와 같은 신비를 드러낸다. 왜 그런가? 사도 요한이 '말씀이 육신이 되었다'고 증언할 만큼, 예수 그리스도는 '하나님의 말씀의 성취요 육화(肉化)'이시다. '말씀'이신 그분이 온전히 하나님의 아들이자 동시에 사람이라면, 그 '말씀'도 역시 온전히 '신적'이고 동시에 '인간적/역사적'이다.

그래서 성경은 '전적으로 하나님의 계시'이며 동시에 '온전히 인간 저자들의 역사적, 문학적 산물'이다. 그리고 이 두 차원에 서로를 배제하지 않고 동시에 존재하는 '신비'(神祕)는, 예수 그리스도께서 하나님이시며 동시에 인간인 '신비'와 유비적으로 일치한다.

만일 당신이, 성경은 오로지 하나님의 계시의 말씀'이기만' 하고 인간 저자의 역사적 성찰이나 역사관 같은 것은 포함되지 않았으며 그런 것은 중요하지도 않다고 주장한다면, 당신은 예수님께서 '육체로 오셨다'는 사실에 대해 아무런 주의도 기울이지 않고 의미도 부여하지 않는 것과 마찬가지의 실수를 하는 것이다.

역으로 당신이, 성경은 단지 인간 저자의 역사적 성찰의 문학적 기록'일 뿐'이어서, 그런 성경에 기록된 하나님이나 하나님에 관련된 초월적 이야기들 그리고 그런 초월적 하나님의 요구나 명령들은 단지 인간 저자들의 사상을 '투영'(projection)한 것에 불과하다고 주장한다면, 당신은 마치 예수는 '육체뿐'이고 '하나님이고 싶어 했던' 자로서 그저 훌륭한 '인간에 불과했다'고 주장하는 것과 크게 다르지 않다.

예수 그리스도는 모든 진리의 '요체'요 '기준'이 되신다. 왜냐하면 그분이 세상에 오신 '참빛'이시기 때문이다. 빛 아래 서면, 모든 것의 실체가 그대로 드러나 선명히 보이게 된다. 성경은 '하나님의 계시'이며 '역사적 산물'이다. 그 둘은 충돌하지 않는다. 하나님은 역사 안에서, 시간 안에서, 우리의 인생들 안에서, 자신의 초월적이고 신성한 개입과 임재와 섭리를 이루어 가신다.

그 결과의 절정이 '성육신'이요, 또한 우리 앞에서 펼쳐진 '성경'이다. 성경은 하나님의 계시의 말씀인 동시에, 인간 저자들의 역사적, 문학적 기록이다. 그래서 성경을 읽고 해석할 때, 하나님의 계시에 귀 기울이는 '모든 겸손'과 그 역사적이고 문학적인 차원을 '철저히 살피려는 부지런함'이 동시에 요구된다. 그럴 때에 해석자는 성경 안에서, 단지 '인간의 사회적, 역사적 성찰의 교훈들'만이 아니라, 오히려 그런 것을 통해 그런 차원을 넘어서는 '하나님의 영광과 은혜와 진리의 충만' 앞에 서게 된다.

> "말씀이 육신이 되어 우리 가운데 거하시매
> 우리가 그의 영광을 보니 아버지의 독생자의 영광이요
> 은혜와 진리가 충만하더라" _ 요 1:14

구원의 '확신'과 '증거'

"교회는 항상 회개하는 자들의 교회이고 멸망하는 자들의 교회이다." - 성 에프렘

자신이 구원받았음을 아무리 확신해도, 그렇게 구원받은 자답게 살고 있다는 증거가 희박하거나 아주 사라져 갈 때, 그가 구원을 확신하는 것은 '공허'하기 짝이 없게 된다.

자신은 죄 가운데 잠겨 있으면서 그리고 거기서 나올 생각이 전혀 없는 채로 구원을 확신하는 것은, 마치 뜨거운 태양 아래서 녹아내리는 아이스크림을 들고 있는 것과 같다. 먹는

순간에는 잠시 시원하고 달콤하지만, 이내 녹아내려 물같이 흩어져 버리고, 끝내는 더 이상 남은 게 없게 되는 것이다.

하나님의 사랑은 끝이 없다. 믿는 자에게 주어진 하나님의 은혜는 철회되는 법이 없다. 그것은 어린아이가 태어나서 정상적으로 성장하지 못한다는 이유로 그 생명이 취소되지 않는 것과 같은 이치이다. 그러나 성장하지 않는 생명은, 더 이상 생명이라는 증거를 갖지 못하기 때문에, 결국 생명이 아닌 것과 같은 지경에까지 이른다.

'오직 믿음, 오직 은혜'의 복음을 그저 '기계적으로' 또는 '문자적으로' 그저 '머릿속에서나' 확인하는 정도의 확신은, 그렇게 믿는 자신을 스스로 속이는 생각이다. 우리가 믿을 때에, 새롭게 된 양심과 분리된 구원의 확신은 존재하지 않는다. 성령의 말할 수 없는 탄식을 깨닫고 고통을 느끼는 신앙 양심과 분리된 구원의 확신은 없다. 생명은 존재하는 순간 활동하고 성장하기 때문이다. 거듭난 심령의 영적 생명도 마찬가지이다.

구원의 확신과 증거는 서로 구분되지만, 전혀 분리될 수 없는 채로 서로 연결되어 있다. 구원의 증거는 두 방향으로 확인된다. 부정적인 방식과 긍정적인 방식이다. 그가 받은 영적 생명이 회복시킨 의지가 여전히 박약해서 죄에 참여하게 될 때, 그는 말할 수 없는 수치와 비참을 깨닫게 된다. 내가 하나님의 뜻에 기꺼이 따르지 못할 때, 오히려 그 뜻을 저버리고 죄를 범하게 될 때, 내 안의 영적 생명은 위축되고 성령은 탄식하신다.

  하지만 그런 '부정적인' 증거가, 내 안에 영적 생명이 '없다는' 증거가 되지는 않는다. 오히려 그 반대이다. 오직 영적 생명이 있을 때에만 우리는 성령의 탄식을 깨닫는다. 그러므로 구원의 '부정적인' 증거를 마주했을 때, 결단코 낙심해서는 안 된다. 그것도 내가 영적 생명을 가졌기에 느끼게 되는 아픔이다.

  반대로 구원의 긍정적인 증거도 있다. 우리가 죄를 멀리하고, 우리의 의지를 주께 바칠 때이다. 그럴 때 우리는 그 앞에 대로(大路)가 열린 것처럼 당당하게 생명의 길을 걸으며, 우리 안에 주신 구원을 확신하고 그 기쁨을 노래하게 된다. '긍정적인' 증거들로서 영적 생명의 열매가 풍성해질수록, 더욱 굳건한 구원의 확신과 넘치는 기쁨을 누리게 될 것이다.

  하지만 그럴 때에도 교만하여 자신을 의지하지 말아야 한다. 그런 영적 생명의 열매들은 오직 주께서 주시는 선물이기 때문이다. 어느 경우에나, 즉 애통하거나 기뻐하거나, 구원의 증거가 함께 확인되지 않는 구원의 확신은 없다는 사실을 언제나 잊지 말아야 한다.

> "너희는 믿음 안에 있는가 너희 자신을 시험하고 너희 자신을
> 확증하라 예수 그리스도께서 너희 안에 계신 줄을
> 너희가 스스로 알지 못하느냐
> 그렇지 않으면 너희는 버림받은 자니라" _ 고후 13:5

신이 되려는 짐승들

넷플릭스에서 방영하는 <나는 신이다> 다큐멘터리가 화제이다. 교단마다 여러 가지 분석을 하고 대책을 강구해야 하겠지만, 몇 가지 소회를 적어 본다. 사이비 종교나 이단의 가장 큰 특징 세 가지를 말한다면, 첫째는 '거짓'이요, 둘째는 '신격화'(神格化)요, 셋째는 '비양심'(非良心)이다.

첫째, 이단 사이비의 가장 큰 특징은, 거짓말이다. '거짓의 아비' 마귀를 따라, 이단 사이비 교주들은 '거짓'을 숨 쉬듯 내뱉는다. 그들은 '거짓의 영'에 사로잡힌 자들이기 때문이다(요일 4:1). 거짓으로 가득한 이단 사이비가 더러움을 뿜어내는 이유는, 세상에서 가장 더러운 것이 '거짓'이기 때문이다. 이런 '거짓'의 공략을 어찌 피할 수 있을까?

성도가, 성경을 해석하는 권한을 독차지한 특정한 사람의 말만을 맹목적으로 추종하는 것, 그것이 문제이다. 목사의 말의 권위를 인정하되, 그것을 절대로 성경 말씀보다 위에 두어서는 안 된다. 성도가 끊임없이 스스로 성경을 읽고 스스로 확인해야 한다. 목사 자신도, 성경의 권위 아래 철저히 복종해야 한다. 어떤 목사가, '성경보다 당회장인 내 말을 따르시오' 하면, 그런 자는 이미 거짓 교사의 길에 들어선 자이니, 경계하고 단호히 돌이켜야 마땅하다.

둘째는, '신격화'하는 것이다. 우리의 신앙에 있어서 그 누구도, 그 어떤 인간도, 절대로 '신격화'해서는 안 된다. 오늘날에는 하나님의 형상을 만들어 숭배하지는 않지만, 하나님의 자리를 대신하는 수많은 '인간 지도자'를 높이는 경향이 있다. '사람'을 우상화하고 신격화하는 바로 거기에, 이단 사이비의 어둠이 우리의 이성과 양심 그리고 신앙을 마비시키는 일들이 일어난다.

'사람'을 신격화하기 때문에, 그 사람의 말이 성경 말씀보다 더 권위 있게 들린다. 그 사람을 신격화하게 때문에, 그 사람 자신을 실족시킬 뿐 아니라, 그 사람이 저지르는 악행에 대한 양심의 판단도 흐려지게 된다. 신앙생활하면서, 그 사람이 누구든, 당회장이든, 총회장이든, 신학자든, 목사든, 누구든, 절대로 신격화, 우상화하지 말아야 한다.

세 번째는, '양심 없는 종교'는 사이비고 이단이라는 것이다. 우리는 양심으로는 구원받지 못한다는 것만 알지, '구원하는 믿음이 양심을 회복한다'는 사실에 대해서는 무지하다. 양심이 얼마나 중요한 가치를 갖고 있는지를 재발견해야 한다. <나는 신이다>라는 다큐도, 이 세상의 '양심' 있는 저널리스트들이 '종교인'들의 치부를 들추어낸 작품이 아닌가.

이런 작품이 교회 안에서 나왔어야 마땅하지 않은가. 그런데 '양심'이 '신앙'을 일깨우고 있는 중이 아닌가. 양심을 파괴하는 악행을 저지르며, 그것을 종교의 이름으로, 종교적 카리스마의 속임수로 덮으려는 모든 가증한 죄악에 저항해야 한다. 양심을 버린 믿음은 파산하는 신앙이다(딤전 1:19). 양심으로 신앙을 얻을 수는 없지만, 신앙은 언제나 양심을 회복하기 때문이다.

오늘날 꼭 필요한 일은, 한국 교회가 '거짓 교사들'과 그들의 '거짓 가르침'에 관한 성경적 교훈들을 부지런히 가르치고 배워야 한다는 것이다. 우리의 무지(無知)가 그 짐승들을 신으로 떠받드는 토양이 되기 때문이다. 전염병에 걸리지 않기 위해 백신 주사는 세 번, 네 번까지 맞으면서, 왜 거짓 교사와 그들의 거짓 가르침에 대처하는 교훈들은 반복해서 가르치고 배우지 않는가?

신약의 가르침에 따르면, 사이비 종교나 이단 교주들은 말로는 '성령'을 입에 달고 살지만, 실제로는 '탐욕'을 좇는 '멸망할 짐승 같은' 자들일 뿐이다(벧후 2:12; 유 1:19). 이것이 그들의 실체이다. 그들은 이미 칠흑 같은 어둠 속에 갇혀, 영원한 불못의 심판을 기다리고 있는 자들이다. 그들과 같은 종말을 맞지 않으려면, 부지런히 깨닫고, 분별하고, 돌이켜, 진리와 사랑 안에서 자신을 힘써 지켜 내야 한다.

> "그들이 탐심으로써 지어낸 말을 가지고 너희로 이득을 삼으니
> 그들의 심판은 옛적부터 지체하지 아니하며
> 그들의 멸망은 잠들지 아니하느니라" _ 벧후 2:3

기독교는 '그리스도를 받는' 종교

'욕망'의 해석학

죄의 가장 놀라운 점은, 그것이 '자연스럽다'는 것이다. 죄는 때로 너무나 '진실'해서 그것을 배반하는 것 자체가 '비인간적'인 것처럼 느껴진다. 하지만, 그것이 나에게 '진실하다'고 해서 모두 성경의 '진리'는 아니다. 죄는 다 진실하게 느껴진다. 그리고 그것보다 우리가 '죄인'이라는 확실한 증거는 없다.

예수님께서 예루살렘에 올라가 고난을 받고 죽을 것이라는 말을 들었을 때, 베드로는 예수님을 부여잡고 안 된다고 길을 막았다. 보기 드문 충정이고 의리이고 뜨거운 사랑이었다. 하지만 예수님의 대답은 전혀 뜻밖이었다. "사탄아, 내 뒤로 물러가라." 베드로의 충성스러운 의도는 너무나 인간적이고 참으로 진실했지만, '하나님의 생각'이 아니라 '사람의 생각'이었기 때문이다.

'경험'에서 출발하는 성경 해석은, 인간의 죄악의 범주를 벗어나지 못한다. 말씀을 의지하여 경험했던 '그 옛날'의 놀라운 기적들도, 시간이 지나면 경험만 남는다. 경험이 말씀을 압도하기 시작하면, 그는 경험을 살고 있는 것이지, 말씀을 따라가지 못한다.

'상황 신학'도 그것이 자본주의적인 '번영 신학'이든 포스트모던한 '퀴어 신학'이든 인간의 욕망에서 출발하고 그것에 근거한다. 재물에 대한 것이건 성(性)에 대한 것이건, 우리의 '사적'(私的) 욕망이 해석의 출발이고, 방법이고, 목적이 되면, 말씀의 빛에 이르지 못한다.

말씀의 빛 가운데서 해석자 자신의 어둠을 드러내는 경험은 우리를 말씀의 생명으로 인도하지만, 우리의 사적 욕망에 따라 말씀을 해석하는 것은 우리의 어둠으로 말씀의 빛을 덮으려는 시도처럼, 결국 우리를 우리의 어둠 속에 가둔다.

말씀이 우리의 욕망을 해석해야 한다. 그러므로 성경을 읽으면서 '어떻게 우리의 욕망을 정당화할 것인가?'를 찾지 말아야 한다. 도리어, '무엇을 욕망해야 할 것인가?'를 물어야 한다. 그것이 바른 성경 해석의 출발점이다.

"먼저 알 것은 성경의 모든 예언은 사사로이 풀 것이 아니니"

― 벧후 1:20

슬픈 부사

학생들이 제출한 과제물을 볼 때, '정말 대충대충이구나. 그래도 사정이 있을 거야. 다른 과제가 너무 많았나? 항상 이렇지는 않겠지' 하고 생각하는 때가 있다. 하지만 일관되게 대충이라면 그것은 문제가 있다. '대충대충 하고, 대충 사정하면, 대충 넘어가겠지' 하는 생각이다. 이런 경우에 '대충'은 참으로 '슬픈 부사(adverb)'이다.

하나님은 우리를 사랑하실 때 '대충' 하지 않으셨다. 말씀이 육신이 되셨을 때 그것은 대충 된 것이 아니다. 예수님은 겟세마네에서 대충 기도하신 것이 아니며, 십자가에 달려 돌아가셨을 때 그것도 대충 이룬 사역이 결코 아니다.

그래서 그분을 생명으로 삼은 우리는 '대충대충' 할 수가 없다. 우리 자신이 형편없고, 자주 실수하고, 위선적이고, 약해 빠진 사람들이지만, 그럴수록 더 괴롭고 더 뒤척이며 대충 하지 않으려 애쓸 수밖에 없다. 대충 하지 않는 흔적이라도, 괴로움이라도 있어야 한다.

하늘을 우러러 한 점 부끄러움이 없는 사람이 어디 있겠는가. 하지만 대충 하지 않기 위해 몸부림칠 수는 있다. 그렇게 대충 하는 습관, 태도를 '부끄러워'할 수는 있다. 은혜 안에서 행하는 진실한 참회가 성장의 시작이다.

진정성(authenticity) 없이는, 신학도 신앙도 할 수가 없다. 목회는 더더욱 할 수가 없다. 대충 설교 준비해서 대충 설교하면 모두가 죽는다. 성령께서 그런 대충을 타고 역사하실 수가 없다. '상하고 통회하는 마음'처럼 빈틈없는 진정성이라도 있어야, 거기에 말씀과 성령의 울림이 있는 것이다.

철저히 말씀과 성령 앞에 엎드려야, 비로소 조금이지만 자유로울 수 있다. 말씀은 조밀하며 스스로 가득하다. 성령께서도 빛으로 사랑으로 충만하신 분이다. 말씀 연구도, 기도도 대충 해서 되는 일이 아니다. 대충은 자유가 아니라, 열매 없음 곧, 부실(不實)이다. '대충'은 모든 신학도의 원수이다.

> "자녀들아 우리가 말과 혀로만 사랑하지 말고
> 행함과 진실함으로 하자"_ 요일 3:18

성령 훼방죄

간혹 어떤 목사가 밤새 기도하고 설교단에 서서, '내가 밤새 기도하여 하나님께 받아서 한 결정이니 이 결정을 반대하면 성령 훼방죄요'라고 외치거든, 첫째, 그는 정신이 온전하지 않은 자요, 둘째, 그는 성령님을 잘 모르는 자요, 셋째, 필시 자기 탐욕에 사로잡혀 성경을 '제멋대로' 해석하는 위험에 빠진 자일 확률이 매우 높다.

정신이 온전치 않다는 것은, 동일한 성령님께서 성도 중 누구에게도 그분의 뜻을 전할 수 있다는 사실을 모르기 때문이다. 성령님을 잘 모르는 자라는 것은, 성령님께서 절대적으로 증거하시는 분은 사람이 아니라 예수 그리스도이시기 때문이다. 탐욕에 사로잡혔을 확률이 높다는 것은, 성경 본문을 문맥에서 떼어 내 자신의 욕심에 갖다 붙였기 때문이다.

마태복음 12:31에 언급되는 '성령 훼방죄'는 예수께서 종말에 자기 백성을 모으시며 귀신을 쫓아내시는 등 하늘의 통치를 이 땅에 가져오신 완연한 사실을 증거하는 성령의 증거들을 부인하는 것이다. 즉, 성령께서 그분 자신만의 놀라운 역사로 오직 예수 그리스도를 증거하시는 그 증거를 부인하는 그것이 성령 훼방죄이다.

그래서 성령 훼방죄가 결코 용서받을 수 없는 이유는, 그리스도를 증거하시는 성령의 명백한 역사를 부인하고 나면, 죄를 용서받을 수 있는 하나님의 최종적 은혜, 곧 예수 그리스도를 거부한 것이기 때문이다. 돌이켜 건너갈 수 있는 '마지막 다리'를 끊어 버리면, 더 이상 돌아갈 기회가 없게 되는 것과 같다. 성령께서는 오직 예수 그리스도를 증거하신다. 그러한 성령의 증거를 거듭해서, 공개적으로, 완고하게 부인하면, 예수를 통해 용서받을 기회를 영영 잃게 되는 것이다(참조. 히 6:1-6).

하나님의 공의롭고 거룩한 말씀을 악용하고 온 세상의 주(主)께서 통치하시는 이 세상의 정당한 법도 어겨 가며, 오직 자신의 탐욕에 따라 저지르는 일을 막아서는 것을 '성령 훼방죄'로 정죄하며 자신을 정당화하는 자가 받을 벌은 끔찍할 것이다.

성령님께서는 자신의 뜻을 성경에 분명히 나타내셨고, 우리의 선한 양심(良心)에 뚜렷이 새겨 놓으셨으며, 그리고 성도 모두의 심령에 항상 알려 주시기를 기뻐하신다. '성령 훼방죄'란, 예수 그리스도를 공개적으로, 거듭해서 완연히 부인하는 죄이고, 누가 성령의 뜻을 거스르는지는 오직 성경과 양심과 교회의 일치된 뜻에 따라 분별된다. 성도여, 성경을 읽고 양심을 따라 함께 성령의 뜻을 분별하자.

> "내가 아버지께로부터 너희에게 보낼 보혜사
> 곧 아버지께로부터 나오시는
> 진리의 성령이 오실 때에 그가 나를 증언하실 것이요" _ 요 15:26

'일천번제'의 잘못된 해석

아직도 '일천번제'라 하여, 헌금을 1천 번 드리든지 새벽기도를 대략 3년에 걸쳐 1천 번 출석하도록 독려하는 교회들이 많다고 한다. 하나님께 봉헌하고 꾸준히 기도하는 훈련이라는 시각에서 보면, 그리 탓할 것이 없다.

문제는 '구약의 율법을 잘못 사용'하는 관행이고, 그것을 통해 특히 '기복적인 신앙'을 조장하는 것이다. '일천번제'의 경우는 문제가 더 심각하다. 구약의 율법적인 내용을, 예수님께서 율법을 온전히 성취하신 시대의 신약의 교회에 분별없이 무차별하게 적용하는 것이나 기복신앙의 폐해보다, 더 기본적인 '국어'(國語)의 문제에서 틀리고 있기 때문이다.

솔로몬이 드렸던 '일천번제'의 한자(漢字)만 확인해도, 이것이 제사를 1천 '번'(番) 드렸다는 뜻이 아니라 1천 마리나 될 만큼 많았던 동물을 제물로 태워 드렸던 '번(燔)제'라는 뜻이라는 사실을 알 수 있다(왕상 3:4). 영어로 하면, 1천 마리의 동물을 불에 '태워'(burnt) 드리는 제사와 제물을 1천 '회'(times)를 드렸다는 것이, 얼마나 분명한 차이인지 선명하게 드러난다.

교회에서 흔히 '일천번제'라 하여 목적 헌금을 '1천 회'를 드려 기도 응답 또는 소원 성취를 바라거나, 새벽 기도를 1천 회를 드려 동일한 목적을 달성하고자 하는 관행이, 얼마나 무지한 성경 읽기에 근거하고 있는지가 분명하다. 성경의 용어를 성경신학적으로 해석하여 옳으냐 그르냐의 문제가 아니라, 단지 '국어'로서도 잘못 읽은 무지함에 근거하기 때문이다.

설사 일천번제를 일천 '마리'의 동물 제사를 드린 것으로 읽는다 해도 마찬가지이다. 이 경우에는, 신약 교회 즉, 새 언약이 성취된 결과를 누리고 있는 예수 그리스도의 교회가 구약의 율법 조항을 '그대로' 지켜야 하는가의 문제와 관련되기 때문이다.

신약과 구약의 차이가 무엇인가? 신약(新約)이란 구약에서 약속된 '새 언약'을 성취하신 하나님의 아들 예수 그리스도와 그의 새 언약 백성 그리고 새 창조에 관한 복음에 관한 것이다. 예수 그리스도는 구약의 옛 언약 아래서 요구되었던 율법의 요구를 모두 '성취'하신 분이다.

"내가 율법이나 선지자를 폐하러 온 줄로 생각하지 말라 폐하러 온 것이 아니요 완전하게 하려 함이라"(마 5:17) 하신 것이나, 십자가 위에서 "다 이루었다"(요 19:30) 하신 것, 그리고 "그리스도는 모든 믿는 자에게 의를 이루기 위하여 율법의 마침이 되시니라"(롬 10:4) 하신 것은 모두, 이제 신약의 교회에게 '구약의 율법'은 '문자 그대로'가 아니라, 예수 그리스도께서 율법을 성취하신 사건 안에서, 그 성취의 결과와 의미를 통해, 그 원래의 의미를 재해석하여 적용해야 함을 뜻하는 것이다.

마치, 지금 예수 그리스도를 믿는 교회 안에서 주일 예배 때 목사님이 설교 강단에서 '동물의 피를 흘려 제사'드리지 않고, '영원한 속죄 제물'이 되신 예수님을 믿고 죄 사함을 선포하듯이, 구약의 나머지 모든 율법적인 조항들도 예수님의 성취 안에서 재해석하여 적용해야만 하는 것이다.

오늘날, '일천번제'를 '문자적으로' 순종하고 싶다면, 설교 시간에 동물을 잡아 피 흘리고 불에 태우는 '번제'도 드리는 것이 일관된 태도일 것이다. 왜 하나는 하고, 다른 하나는 하지 않는가? 예수님은 '모든' 율법을 성취하셨다. 굳이 구약의 '일천번제'의 뜻을 실천하고자 한다면, '힘에 지나는, 최선의 봉헌'을 결심하는 행사를 하면 될 것이다. 만일, 헌금을 규칙적으로 드리는 훈련을 해야 한다면 얼마든지 해야 하지만, 그것을 굳이 '일천번제'의 경우처럼 성경 말씀을 오해해서 할 필요는 없는 것이고, 그래서도 안 된다.

사도 바울은 갈라디아서에서, 예수를 '믿음으로' 성령을 받고 이미 하나님의 자녀가 된 새 언약의 성도들이라도 다시 '할례를 받아야 한다'고 주장했던 일부 유대인-그리스도인들의 거짓 가르침을 따르지 말라고 경고했다. 그것은 단지 할례를 받는 문제가 아니라, 그런 분별없는 무지한 율법 준수를 통해, 새 언약 백성이 '다시 율법 아래로' 즉, '예수 그리스도가 오시기 전 옛 언약 아래로' 되돌아가는 어리석은 일이 되기 때문이었다.

다시 말해서, 그것은 옛 언약 아래 있던 자기 백성에게, 자신의 독생자 예수 그리스도를 보내심으로써, 율법을 성취하시고, 새 언약을 성취하셔서 더 큰 은혜, 더 크고 놀라운 구원을 주신 하나님의 구원 역사를 거꾸로 되돌리는, 무지할 뿐 아니라 불신앙적이고 반역적인 행위였기 때문이다.

'1천 번 헌금하면, 하나님이 소원을 들어주시고 복을 주신다'고 가르치면, 복 받고 싶어 하는 성도들은 즐겁고 만족스럽게 따라올 것 같지만, 그렇지도 않다. 진정으로 거듭난 성도는, 세상 복으로 유혹해서 붙잡아 두지 못한다. 그들은 '진리의 말씀'으로 거듭난 자들이고, '더럽지 않고, 썩지 않고, 영원한 말씀'에 목마르고 굶주려 있다. 하나님의 백성에게는, 오직 그리스도의 것을 주어야 한다.

꾸준한 헌금 생활을 독려해야 한다. 누구든지 하나님의 크신 은혜의 복음 안에서 즐거워하며 '자원하는 마음으로, 믿음에 따라, 풍성하게' 드려야 한다. 그리고 이런 봉헌의 신앙을 연습해야 한다. 하지만, 하나님은 우리가 1천 번의 헌금을 다 채웠다고 해서, '그 대가'로 우리가 원하는 소원을 들어주는 돌부처가 아니다. 심지어 불교에서도 원래의 가르침은 그렇게 '기복적'인 것이 아닐진대, 어찌하여 '은혜의 복음'에 기초한 기독교 신앙에서 이런 무지하고 세속적인 신앙을 조장하는지 안타깝기 그지없다.

하나님께서 자기 아들의 죽으심을 통해, 가져오신 새 언약의 성취의 복음을, 그처럼 무지하고 세속적인 '율법 해석'을 통해 망가뜨리지 말라. 하나님의 영광스러운 교회를, '비나이다, 비나이다'의 무속(巫俗) 신당으로 변질되게 해서는 안 된다. 성도가 항상 깨어서, 성경을 바로 읽고, 성경이 가르치는 복음적인 삶을 살도록 힘써야만 한다.

> "각각 그 마음에 정한 대로 할 것이요
> 인색함으로나 억지로 하지 말지니
> 하나님은 즐겨 내는 자를 사랑하시느니라" _ 고후 9:7

말씀을 배우는 자의 덕

 '부지런함'과 '진정성'이 없이는, 성경을 해석할 수 없다. 말씀을 제대로 다룰 수 없다. 말씀을 올바로 다루고자 하는 사람은 무엇보다 부지런해야 한다. '부지런함'은 열정에서 온다. 열정은 사랑에서 온다. 하나님을 사랑하고 교회를 사랑하면, 말씀을 사랑하게 되고 열정이 생긴다. 그 열정은 말씀을 성실히 살피는 부지런함의 덕(德)으로 나타난다.

 부지런함으로 살핀 말씀을 또한 '진정성' 있게 만나야 한다. 하나님의 살아 있는 말씀은 먼저 그 말씀을 대하는 해석자 자신을 위한 것이기 때문이다. 나를 살리고 더 풍성하게 살리지 못하는 말씀을 남에게 주어 무엇을 하랴. 진정으로 내가 '만난 말씀'에서 나오는 생명이 그 말씀을 듣는 자들의 생명을 살려 낸다.

 말씀을 진실하게 만나려는 마음도 사랑에서 온다. 사랑하면 진정으로 만나고 싶어지기 때문이다. 말씀을 맡은 자는 부지런함과 진정성으로 말씀에 다가가야 한다. 이 두 가지가 없이는, 말씀을 바로 대할 수 없다.

 하나님을 아는 지식은, 하나님의 사랑에서 시작하고 그 사랑 안에 거하며 그 사랑에 이르게 한다. 그 사랑은, 그분의 말씀에 대한 부지런함과 진정성으로 나타나야 한다. 성경의 올바른 해석은, 결국 어떤 해석자가 '되느냐'의 문제에 달려 있다.

> "또 우리에게는 더 확실한 예언이 있어
> 어두운 데를 비추는 등불과 같으니
> 날이 새어 샛별이 너희 마음에 떠오르기까지
> 너희가 이것을 주의하는 것이 옳으니라" – 벧후 1:19

'사망에 이르는 죄'에서 나오는 길

사망에 이르지 않는 죄도 있지만, '사망에 이르는 죄'도 있다(요일 5:16). 이런 '돌이킬 수 없는 죄'는, 복음서에서 '용서받을 수 없는 죄'로 분류되는 '성령 훼방죄'나 히브리서가 말하는 '다시 새롭게 하여 회개케 할 수 없는 죄'와 같은 종류의 치명적인 죄이다. 그렇다면 결코 용서받을 수 없는, '사망에 이르는 죄'는 어떤 죄인가?

사망이란 무엇인가? 죄의 삯, 결과이다. 죄를 용서받을 수 있다면 사망에 이르지 않을 것이다. 죄를 용서받지 못하는 경우는 어떤 경우인가? 모든 죄는 예수 그리스도의 대속(代贖) 사건을 믿음으로써, 회개하고 돌이켜 용서받을 수 있다. 그렇다면 용서받을 수 없는 죄란, 단 한 가지의 경우밖에 남지 않는다. 그 용서를 가능하게 하는 '예수 그리스도를 부인(否

認)'하는 경우이다. 이런 불신의 죄는, 용서받을 수 있는 유일한 길을 스스로에게서 제거함으로써 결국 사망에 이르는 파국을 맞게 한다.

십자가는, 하나님의 사랑이다. 그 아들의 희생 안에서, 하나님께서 스스로 마련하신 '화목 제물'이다. 우리의 죄에 대한 하나님의 진노를 제거하기 위해 우리가 제물을 준비해서 드린 것이 아니다. 그 진노를 불러일으킨 우리 대신에, 그 진노를 내려도 마땅하신 하나님 자신이 자기 아들을 화목 제물로 내주신 것이다.

이런 사랑을 거절하면, 무엇이 남을까? '나 대신'에 자기 아들을 죽음에 내주실 만큼, 나를 용서하시겠다는 하나님의 초청, 이런 하나님의 사랑을 거절하면, 결국 나에게는 무엇이 남는가? 사람이 지옥에 가는 것은, 그가 지은 죄 때문이 아니다. 그 죄를 용서하시겠다는 '하나님의 사랑을 거절'하기 때문이다.

그래서 그 아들을 믿지 않는 죄보다 치명적이고 결정적인 죄는 없다. 그것이 성경이 말하는 '성령 훼방죄'이고 '다시 회개케 할 수 없는 죄'이며 '사망에 이르는 죄'이다. 하나님께서 친히 건너오신 용서와 사랑의 다리를 스스로 끊어 버린 자에게 남는 것은, 피할 수 없는 죄의 결과 곧 사망뿐이기 때문이다.

하나님의 사랑 속에서 살면서도, 그 사랑을 인정하고 받아들이며 그 사랑 안에서 사랑의 길로 나아올 수 있는 가능성을 저버리는 것보다 더 큰 죄는 없다. 그는 결국, 지금이나 영원토록, 스스로를 사랑의 부재, 춥고 어두운 영원한 흑암에 스스로를 가두는 것이다.

   인간이 사망에서 벗어나는 유일한 길은, 우리의 죄를 밝히는 '빛'이시요 동시에 그 죄를 씻으시는 '긍휼'이신 그분과의 '교제' 곧 '하나님과의 코이노니아' 안으로 들어오는 길밖에 없다. 빛과 사랑이신 그분 안에 거하라! 우리가 어둠일수록 더욱더, 그분과의 사귐, 그 영원한 빛과 사랑의 코이노니아 안에 거해야 한다. 거기에, 그리고 거기에만 생명이 있다.

> "그가 빛 가운데 계신 것같이 우리도 빛 가운데 행하면
> 우리가 서로 사귐이 있고 그 아들 예수의 피가
> 우리를 모든 죄에서 깨끗하게 하실 것이요"_ 요일 1:7

기독교는 '그리스도를 받는' 종교

   '기독교는 그리스도를 본받는 종교가 아니다'라는 이 유명한, 마틴 로이드 존스 목사님의 이 선포 자체는 전혀 흠이 없다. 당시 창궐하던 계몽주의적이고 낙관적인 인본주의자들에게 철퇴를 내린 복음 선언이다.

   당시 교회는, 예수를 훌륭한 선생 정도로, 윤리나 도덕 교

사 정도로 생각하는 인본주의와 부딪히고 있었다. 그런 세속의 물결이 교회에 넘쳐 들어왔을 때, 마틴 로이드 존스 목사님은, 기독교는 윤리, 도덕으로 다 설명할 수 없는, 그리스도를 믿어 그분의 의를 힘입는 '은혜의 종교'임을 선포한 것이다.

사도 바울의 이신칭의의 복음이 '율법의 행위'를 배척한 것과 유사하게, 로이드 존스 목사님의 선포는 그리스도를 단지 윤리적 모델로만 보는 '인본주의적 기독교'를 배척한 것이다. 두 사람 모두, 자기 시대의 교회를 대적한 원수들을 향해 '복음의 빛'을 비춘 것이다.

하지만, 지금 한국 교회가 마주한 원수는 오히려 '행함이 없어도, 윤리, 도덕 따위가 없어도 오직 믿음'만으로 구원받는다는 '오직 믿음주의'의 면죄부를 주머니에 넣고, 마음껏 세속주의의 포도주에 취해도 좋다는 거짓 가르침, 그것이 아닐까?

칼도 종류별로 용도가 다르다. 수술할 때 쓰는 칼이 있고, 음식할 때 쓰는 칼이 있고, 옷감을 자를 때 쓰는 칼이 있듯이 다 다르다. 아무 때나, 아무 칼이나 쓰지 않듯이, 복음의 진리도 마찬가지이다. 기독교는 그리스도를 '본받는 종교가 아니다'라는 선포는, 그리스도를 단지 윤리적인 모델로만 보고 따라 하려는 노력이 교회의 열심의 전부를 차지할 때 설득력을 갖는다.

하지만 오늘날 교회인 우리가 정말, 그리스도를 '본받기만' 하려는 윤리적 열심 속에 있는지 물어보아야 한다. 그것도 없지 않은가? 아니, 그것이 없지 않은가? 예수를 믿는다는데, 세상 사람과 별반 다르지 않은 세속적인 가치관을 따라 사는 경우가 너무 많지 않은가. 날마다 십자가를 붙든다는데, 사회에서는 양심도 상식도 잃어버렸다고 비난받고 있지 않은가.

그렇다. 기독교는 그리스도를 본받는 종교가 아니다. 도리어 기독교는 '그리스도를 받는(!)' 종교이다. 그리스도를 믿어, 그의 '의'(義)만을 받는 것이 아니라, 그리스도 '자신'을 받는 종교이다. 그의 '의'만 받는 것이 아니라, 그리스도 자신과 함께 그분의 '생명'도 받아서, 그 생명 안에서 그의 생명, 그의 길을 살아 내는 신앙이다.

그래서 기독교는, 그리스도를 받은 자가 그분의 의와 생명을 함께 받고 그래서 그분을 본받아 그분의 의의 길을 따라가는 종교이다. 그리스도를 '본받는' 것만으로는 생명을 얻을 수 없지만, 그리스도를 '받은' 자는 그리스도의 생명을 받아, 그 생명 안에서 그를 '본받을' 수밖에 없다. 그러므로, 그리스도를 받았는데 그분을 본받음이 없는 자는 그리스도를 받은 것도 아니다. 죄가 선하고 거룩한 계명을 이용해 우리를 속이듯이, 우리의 죄가 그 자체로는 선하고 좋은 '계명'이나 '진리'로 도리어 우리를 속이지 않도록 주의해야 한다.

'전통'(tradition)을 단순히 반복한다고 해서 '정통'(orthodox)이 되지는 않는다. 우리가 전통의 아름다운 것들을 꺼낼 때에는, 그것이 이 시대의 교회에 어떻게 약이 되고 떡이 되는지를 고민해야 한다. 자신의 시대의 교회를 지키기 위해, 그 시대의 교회가 맞닥뜨린 대적과 씨름하며 재발견한 복음에 목숨을 걸었던 선조들의 눈물과 고민과 고통 없이, 단지 그 전통의 라벨을 달고 반복하는 것만으로 이 시대의 교회를 위한 복음 전파의 사명을 다했다고 생각하지 말아야 한다.

그리스도를 본받는 것이 기독교가 아니라, 그리스도와 함께 그 의와 생명을 은혜로 받아, 십자가와 부활의 능력과 성령의 모든 은총 안에서 변화되어, 진정 예수 그리스도의 길을 따라가는 것이 참된 기독교 신앙이다. 온전한 복음, 이 시대의 교회를 살리는 복음이 회복되기를, 살아 있는 복음이, 교회를 온전히 살려 내기를 기도한다.

> "자녀들아 아무도 너희를 미혹하지 못하게 하라
> 의를 행하는 자는 그의 의로우심과 같이 의롭고" _ 요일 3:7

용서하지 않는 비극

우리가 우리에게 죄지은 사람을 용서하지 않을 때 일어날 수 있는 가장 큰 비극은, 용서하지 않는 우리 자신이 '증오의 감옥'에서 나오지 못하게 된다는 것이다. 우리가 용서하지 않을 때, 우리는 '그 용서받지 못할 일'이 우리의 분노 가운데, 우리의 복수심 가운데 활활 타오르고 있는 불처럼 그대로 살아 있다는 사실을 모르게 된다.

우리가 용서하지 못할 때, 우리는 그 악한 일을 충분히 깨닫고 드러내고, 우리 자신이 그로부터 벗어나 해방될 수 있는 기회를 잃는다. 용서받지 못할 일을 한 그 사람을 용서하지 못함으로써, 용서받지 못한 사람도, 용서하지 못한 사람도 모두 함께 그 용서받지 못할 일의 '감옥' 안에 갇혀 있게 되는 것이다. 이것이 마귀가 우리 모두를 파괴하는 방식이다.

먼 후일, '용서하지 못한 자신'이 스스로 '용서받지 못할 그 일'을 아무런 자책 없이, 깨닫지 못한 채 하고 있다는 사실을 발견하는 것은 얼마나 끔찍한 일인가. '용서받지 못할 일의 감옥'에서 나오라. 그 감옥에서 나오는 유일한 길은, 그렇게 용서받지 못할 일을 나에게 한 그 사람을 용서하는 길뿐이다. 그 감옥에서 나오는 첫 번째 사람은, 당신에게 그 악한 일을 한 사람이 아니라, 그 악한 일을 당한 채 신음하는 당신 자신이다.

> "우리가 우리에게 죄지은 자를 사하여 준 것같이
> 우리 죄를 사하여 주시옵고" _ 마 6:12

이번 성탄에는

매해 찾아오는 성탄이지만, 이번 성탄에는 강단에서 목사가 '예수님 생일 케이크' 자르는 기이한 짓을 보지 않기를 소망한다. 이번 성탄에는 '예수님, 생일 축하해요'라며 영아부 아이 생일 챙기듯 하는 설익고 낯선 축하 인사가 오가지 않기를 기대한다.

하늘의 영광을 버려두고, 우리처럼 육신을 입은 그분에게 무슨 '축하'인가. 우리 같은 피조물이야 육신의 생명을 얻는 것이 '은혜요 선물'이지만, 어찌 그 영원하신 창조주께서 피조물처럼 육신을 입으신 고난이 그분께 '축하'할 일인가. 애초에 '영원한 생명'이신 분께서, 육적인 생명을 입고 오신 것이 그분께 무슨 '태어나서 다행스러운' 일이라는 것인가.

이것이 다 교회 안에서도 '인간적 관점으로' 사는 일이 익숙해져서 생긴 일이다. 성경을 읽지 않거나, 읽어도 모르는 '육적인 관점에서' 교회 생활하다 보니 생긴 일이다. 예수님의 탄생은 우리의 주제넘은 '축하'가 아니라, 우리의 머리를 땅에 대고 '경배'해야 할 일이다. 동등하거나 먼저 태어난 자들로서 우월한 입장에서 던지는 '축하'가 아니라, 창세전부터 계신 하나님 앞에서 죄인들이 엎드려 '경배와 찬송'을 올리는 예배가 되어야 하는 것이다.

설령 주께서 육신을 입고 오신 사건이 그분께도 '어떤 영광에 이르는 길'이라도, 그 앞에서 우리는 머리를 조아릴 일 밖에 없다. 그분께서 십자가의 길을 가겠다고 오신 것에 대해서, 마치 남의 일 보듯 그저 '축하' 멘트를 던질 일이 아닌 것이다. 우리와 직접적인 관련이 있는 일인 것이다. 결국, 다 '죄인 된 우리 때문'이 아닌가? 감옥에 갇힌 사형수가 자신을 대신해서 죽어 줄 사람이 들어오는데, '축하'하고 케이크를 잘라 주겠는가? 그것이 '축하'할 일인가? 엎드려 감사함으로 고개를 들지 못할 일이다.

이번 성탄절에는 차라리, '예배당 밖에서' 슬피 울며 탄식하고 절망하는 이들에게 한 걸음 더 나아가면 좋겠다. 그분이 하늘 보좌를 버리고, 이 땅에서 '하나님 없이 망나니처럼 살던' 당신과 나에게까지 찾아오셨다. 하나님을 모르고 거짓과 죄악과 죽음에 갇혀 '이단, 삼단' 같았던 우리들에게까지 찾아오셨다. 어디까지 찾아오셨는가? 죽음의 밑바닥에 던져져 '하나님께 버려진 자들'에게까지 찾아오셨다. 그러므로 성탄의 현장은 '죄인들이 있는 곳, 죽음 한복판'이다. 예배당 안에서 성탄을 축하하려면, 우리가 그 '죄인들'임을 잊지 말아야 한다.

이번 성탄절에는, '예배당 안에서' 케이크나 자르며 '예수님 생일 축하해요' 같은 낯 뜨겁고 무지한 우리의 모습은 지워 버리자. 예배당 밖에서, 자식도 잃고, 소망도 잃고, 세상의 죄에 찢기고, 죽음에 짓밟히고, 허무에 탄식하는 사람들에게, 한 걸음 더 가까이 다가가자. 거기에 주님이 계신다. 거기에 말로 다 할 수 없는 은혜로, 하나님도 없이 버려진 사람들에게로 찾아오셨던, 긍휼의 주께서 아직도 계신다.

화려한 궁정이 아니라, 거친 들판에 계셨던 그분이, 지금도 거기 계신다. 이번 성탄절에는, 말구유 같은 곳에서, 아니 길거리 주차장 한구석같이 추운 곳에서 그분을 만나, 거기 웅크린 사람들과 함께 계신 주께 한없이 머리를 조아리고 경배와 찬송을 올리자. 이 어둠 속에 참빛이 오셨다.

죽음 한복판에 참생명, 영원한 생명이신 그분이 친히 찾아오셨다. 죄로 인해 상처만 가득한 세상에, 빛나는 의(義)와 거룩한 사랑으로 오셨다. 참으로 놀라운, 말로 다 할 수 없는 긍휼이요 은혜이다. "지극히 높은 곳에서는 하나님께 영광이요, 땅에서는 하나님이 기뻐하신 사람들 중에 평화로다 하니라"(눅 2:14). 과연 하늘의 천군 천사들도, 죄인들을 위해 자신의 목숨을 내주신 이 만왕의 왕, 만주의 주 앞에 모두 엎드려 찬송하고 경배할 만한 복된 소식이다.

"집에 들어가 아기와 그의 어머니 마리아가 함께 있는 것을 보고 엎드려 아기께 경배하고 …"_ 마 2:11

내어 드리는 순간

기도란, 깨어 있는 수고로움이다. 시편 기자가, '오 주여, 내 마음을 살피사'('Search me, O God, and know my heart')라고 간구했던 것처럼, 성령 안에서 모든 촉각을 세우고, 나 자신에게도, 그 누구에게도, 그 어떤 거짓에도 속지 않으려 그분 안에서 깨어 있는 수고로움이다.

그래서 기도는, 말씀을 깊이 곱씹으며, 그 말씀의 생명과 빛 안에서, 우리 안에 들어와 있고 또한 숨어 있는 온갖 거짓과 속임수, 파괴와 상처들을 명확히 보고, 그것들을 그분의 사랑으로 끌어안는 수고로운 과정이다.

그만큼 귀찮고, 다른 것은 다 해도 그것만큼은 하기 싫은 것, 곧 우리 자신의 어둠, 온 세상의 어둠을 마주 대하는 영적 진정성의 수고로움이다.

하지만 우리가 우리의 어둠을 마주하고, 결국 그것을 그분께 내어 드리는 순간, 그분은 그 아들 안에서 그분의 창조되지 않은 빛과 긍휼, 치유와 생명을 얼마든지 내주신다.

거기서 신학자들이 그토록 칭송했던 그 '거룩한 교환'(holy exchange), '행복한 교환'이 일어난다. 나의 어둠, 우리의 어둠, 세상의 어둠은 그 아들이 가져가시고, 아버지의 빛과 사랑과 그 아들의 생명은 내 것, 우리의 것이 된다.

그럴 때, 우리의 수고로운 기도는 이루 말할 수 없는, 비교할 수 없이 '복된' 사귐이 된다. 그 안에는 하늘의 빛으로 가득하기 때문이다. 그런 기도는 하나님과 자기 자신에 대한 의식의 충만이요, 참된 지식에서 오는 기쁨의 충만이다. 기도는 빛과 사랑의 충만이다.

"오호라 너희 모든 목마른 자들아 물로 나아오라 돈 없는 자도 오라 너희는 와서 사 먹되 돈 없이, 값없이 와서 포도주와 젖을 사라"

_ 사 55:1

제 5 장

세상에서, 자신을 지키는 그리스도인

그리스도인이 세상에서 성취할 수 있는 최고의 영광은, 그가 이미 은혜로 받은 예수 그리스도의 영광을 절대로 세상에 빼앗기지 않는 것이다. 우리가 만들어 내는 그 어떤 영광도, 하나님께서 그리스도 안에서 주신 영광과는 비교할 수 없을 만큼 초라하다. 그리스도인의 싸움, 교회의 싸움은, 스스로 어떤 '헛된 영광'을 만들어 내는 데에 있지 않다. 오히려, 주께서 우리에게 주신 영광스러운 구원, 보배로운 약속, 성도의 복된 지위, 말할 수 없이 풍성한 성령의 임재를 발견하고 누리며, 나타내고 전하면서 끝까지 전력을 다해 지켜 내는 것이다. 그것이 최고로 성공한 신앙이다. 그만큼, 세상이 쉽지 않다. 세상은 우리를 끊임없이 더럽고 썩어지고 허무한 것에 굴복하도록 유혹하고 속이고 협박하기 때문이다. 우리가 받은 그리스도의 영광을 끝까지 지켜 주시는 하나님의 사랑 안에서 떠나지 말라. 우리로 하여금 끝까지 인내하게 하사, 약속된 영광스러운 생명을 얻게 하시는 하나님의 지키심을 사모하라. 여기에 우리의 승리가 있다.

그리스도와의 연합,
그 흔들리지 않는 나라

세상에서, '자신을 지키는' 그리스도인

코로나의 고난이 교회에 각성시킨 사실 중 하나는, 교회가 외딴섬에 홀로 존재하지 않고 뉴스와 미디어로 가득한 세속 사회 한복판에 존재한다는 현실이었다. 교회는 '하나님 앞에서'만 사는 것이 아니라, 하나님을 알지 못하는 '이방인들 속에서' 살아간다는 엄연한 현실에 눈을 떠야 한다. 교회가, 하나님을 알지 못하는 이방인들이 존재하지 않는다는 듯이 우리끼리 '복 받고 부흥하고 성장하며' 살 수만은 없다는 사실을 명확히 각인시켰다.

'세상을 맞닥뜨린 교회' - 이것이 코로나 이후 그리고 포스트모던(후기 현대 사회)의 혼란한 사회 속에 처한 교회가 풀어야 할 도전인 것이다. '세상'이란 무엇인가? 그동안 많은 교회가, 죄 사함받고, 행함이 아니라 은혜로 의롭다 하심을 입고, 죽으면 천당 가고, 세상에서는 '꼬리가 되지 않고 머리가 되도록' 복을 받아 성공하면 신앙 좋은 것으로 가르쳐 왔다.

　복음에 대한 이런 이해와 신앙 속에서, '세상'이란 그저 예수 믿고 남보다 더 성공하기 위한 발판, 터전 정도밖에 되지 않는다. 교회는 성경이 '세상'에 대해서 가르치는 바를 진지하게 가르친 적이 있는가? 70년대 이후 우리 사회가 경제적으로 급성장할 때, 교회도 '예수 믿고 복 받고 부자 되는 것'을 믿음의 성공으로 가르쳤다. 진리이든 불의이든 크게 상관없이, '네 영혼이 잘됨같이 범사에 잘되는 것'을 최고의 신앙으로 가르쳐 온 것이다.

　그 결과, 정말 세상에서 잘되고 성공한 교회, 그리스도인들, 목회자들이 많이 생겼다. 그래서 어떻게 되었는가? 예수 믿고 복 받아 세상을 얻으면, 세상만 얻는 것이 아니라 그 얻은 '세상처럼' 변해 가기도 한다. 세상은 단지 '복'(福)으로 가득 찬 것만이 아니기 때문이다. 베드로전서는, 우리가 믿고 소망하는 복음의 본질을 '썩지 않고, 더럽지 않고, 쇠하지 않는, 하늘에 간직된 유업'이라고 선포한다(벧전 1:4). 뒤집어 말하면, 이 땅에서 우리가 얻을 수 있는 세상은 그런대로 풍요하고 좋은 것이기도 하지만, 그 본질상, '썩어지고, 더럽고, 허무함'을 벗어날 수 없다는 뜻이기도 하다.

　그래서 예수 믿고 복 받아 세상을 얻은 교회, 목회자, 그리스도인들이 종종, 그렇게 얻은 세상처럼 '썩어지고, 더럽고, 허무하게' 변질되어 가는 것을 목격하게 되는 것이다. 예수 믿고 복 받아 성공했는데, 그 성공 속에서 세상처럼 더럽고 썩어지고 허무하게 되어, 이방인들 앞에서 하나님의 이름을 땅에 떨어뜨리고, 복음의 길을 훼방하며, 전도의 길을 막는 교회, 목회자와 신자들이 얼마나 많은가. 진지하게 우리 자신을 돌아보지 않을 수 없다.

'세상에서' 이기는 신앙이, 반드시 '세상을' 이기는 신앙은 아니다. 세상에서 이겨도, 세상에 지면 실패한 신앙이기 때문이다. 요한일서는, "세상을 이기는 자가 누구뇨?"라고 묻는다(요일 5:5). 예수 믿고 '세상에서' 성공할 수는 있지만, '세상을 이기는' 것은 쉽지 않다. 바로 여기가 포스트코로나 시대에 교회가 힘써 나아가야 할 새로운 '길'이 시작되는 곳이다.

교회가 '세상을 이기려면' 어떻게 해야 하는가? 이단들처럼 '세상을 무조건 부인'하거나(denying), 인본주의자들처럼 '세상을 무조건 긍정'하는(affirming) 일방적인 태도는, 교회를 쉽게 위험에 빠뜨린다. 공동서신을 살펴보면, 교회가 세상을 대할 때 '이중적인 태도'를 갖도록 요구함을 알 수 있다. 우선, '세상'은 본질적으로 '죄와 죽음과 하나님 없는 허무'에 갇혀 있는 곳이다. 이 사실을 직시해야 한다. 예수 믿고 세상에서 복 받고 일류 대학 가고 최고의 직장에 들어가도, 거기는 '더럽고, 썩어지고, 허무함'이 그 본질인 '세상 한복판'

임을 명확히 알아야 한다. 세상에서 성공한다고, 신앙에서도 성공한다는 보장이 없다. 세상에서 복 받고 성공해서 망한 것이 이스라엘의 역사이고, 서구 기독교의 역사이며, 지금 우리가 걷고 있는 길이지 않은가.

그러니까 '성공한' 신앙이란, '세상에서' 경쟁에서 이겨 남보다 더 잘된 신앙이 아니다. 성경에서 '성공한 신앙'이란, 더럽고 썩어지고 허무한 세상에서 '자신을 지켜 낸 신앙'이다 (유 1:1, 21). 이것이 세상을 이기는 신앙의 본질, 경건의 내용이다. 그만큼 교회가 세상에서 자신을 지켜 내는 일이 쉽지 않기 때문이다. 세상은 그만큼 집요하고 끈질기게 우리의 신앙을 위협하고 유혹하며, 공격하고 뒤흔드는 전쟁터인 것이다.

요한일서는 한 걸음 더 나아가서, '이 세상은 (잠시 그리고 제한적이지만) 악한 자 (마귀) 아래 놓여 있는' 곳이라고 알려 준다 (요일 5:19). 악한 자 마귀가 온갖 거짓 영과 거짓 선지자들을 통해 '거짓'으로 사람들을, 낚싯바늘로 낚아 올리듯, 낚아채 가는 곳이라는 것이다. 세상에서 더러운 것 중에 가장 더러운 것은 '거짓'이다. 하나님이 없다는 거짓말, 하나님에게는 독생자가 없다는 거짓말, 하나님께서 세상을 이처럼 사랑하신 것도 아니고, 그 아들도 보내시지 않았다는 거짓말, 설혹 그 아들이 세상에 왔어도 '육체로' 오신 것은 아니라는 거짓말, 그리고 실제로는 '자기가 그 메시아, 그리스도'라는 주장하는 이단, 사이비들의 온갖 거짓말이 판치는 곳이 세상이다. 거짓말처럼 사람과 가정, 공동체를 철저히 파괴하는 것이 또 있는가.

그러므로 교회가 세상에서 자신을 지키고, 진정으로 '성공한 신앙, 승리한 신앙'을 가지려면 무엇보다, '진리(眞理)로 자신을 지켜 내야' 한다. 진리이신 예수 그리스도와 그분의 가르침에 관한 한, 그 무엇과도 타협할 수 없다. 하나님은 한 분이시며, 오직 예수 그리스도만이 구원의 길이고 만유의 주(主)이시다. 예수가 '진리'이고 '참빛'이라면, 예수를 부인하는 것은 '거짓'이고 '어둠'일 수밖에 없다. 예수는 '세상의 빛'이다. 빛 앞에 마주 서서 '나는 아무것도 보이지 않는다'고 말하는 자는 맹인일 수밖에 없지 않은가.

우리가 살아가는 포스트모던 시대는 '절대적인 진리는 없다'는 주장을 아무도 부인해서는 안 되는 '절대적 진리'로 믿고 사는 모순된 사회이다. 그래서 '관용'(tolerance)을 최고의 가치로 높이지만, 성경은 그렇게 가르치지 않는다. 주님은 사랑이시다. 교회는 모든 '죄인'을 환대해야 한다. 하지만 '죄'를 환대해서는 안 된다. 죄인들을 사랑하셨지만, 죄에 대해서는 엄위한 형벌을 치른 사건이 바로 십자가이다. '사랑과 공의의 십자가'가, 기쁜 소식이다. 거짓과 죄까지 환대하고 관용하는 것이, 사람을 구원하는 기쁜 소식이 될 수가 없다.

동시에, 교회는 세상을 바라볼 때 하나님의 말할 수 없는 긍휼로 다가가야 한다. 동시에, 거기에서 여전히 빛나며 작동하는 하나님의 역사와 은총의 흔적을 인정해야 한다. 베드로전서는 세상이 여전히 '양심'이 작동하는 영역이라고 말해 준다. 교회가 진리를 주장하면서, 세상 사람들이 행하는 양심과 상식에도 못 미친다면, 세상을 향해 진리를 전달하기 어렵게 될 것이다. 하나님의 말씀과 하나님의 영으로 창조하신 세상은 여전히 하나님의 '사랑'에 반응하며 구원을 갈망한다. 세상은 여전히 하나님의 지혜와 능력이 펼쳐지는 영역이다. 교회는 이런 점에서, 세상을 존중하고 세상과 다양하게 소통하는 방식을 찾아나가야 한다.

결국, 그리스도인이 세상에서 자신을 지키려면, '사랑 안에서 진리를 말하고 행하는' 삶을 살아야 한다. 사랑이 없는 진리는 폭력에 가까울 것이며, 진리가 없는 사랑은 거짓되고 속이는 것이 될 것이다. '사랑 안에서, 참된 것을, 말하고, 행하는 삶', 그런 양날의 검을 가진 균형 잡힌 신앙을 통해, 세상 속의 교회는 자신이 받은 놀라운 은혜와 영광, 참된 소망과 영원한 생명, 그 복된 약속을 반드시 지켜 내야 한다. 그것이 성공한 신앙, 승리한 신앙이다.

> "하나님의 사랑 안에서 자신을 지키며
> 영생에 이르도록 우리 주 예수 그리스도의 긍휼을 기다리라"
>
> _ 유 1:21

그리스도와의 연합, 그 흔들리지 않는 나라

예수 믿는다는 것은, 예수 그리스도를 믿음으로 받아 그와 영원토록 '연합'되어 있다는 뜻이다. 이 말은, 이제부터 성도가 존재하는 영역, 그를 둘러싼 경계, 그가 속한 나라는 예수 그리스도이며, 그가 '그리스도 안에 있다'는 사실이 절대적인 상태인 존재가 되었다는 의미이다. 그리스도인은 세상에 있지만, 실제로는 그리스도 안에 거하고 있다. 그리고 그리스도 안에 있는 그의 상태는, 다른 어떤 '피조 된' 조건이나 상황보다 우선하고 절대적이며 영원하다. 아무도 그를, 창조주이시며 구속주이시고 영원한 하나님이신 그리스도에게서 분리해 낼 수 없기 때문이다.

성도는 그리스도와 함께, 죄에 대하여 죽었다. 죽었다는 것은 죄의 결과인 심판을 이미 받았다는 뜻이다. 그런데 그 죽음의 형벌을 그리스도의 죽으심 안에서 받았고, 그리스도의 죽으심으로 말미암아 죄의 권세에서 벗어났다. 성도는 또한 죽음을 이기시고 다시 사신 그리스도의 부활 생명 안에 있고 그의 안에 있는 이 죽음을 이긴 생명을 누리고 있다. 성령으로 거듭나서, 부활하신 그리스도와 연합되어 있기 때문이다. 거듭난 성도 안에는 생명의 성령이 임재하시고 떠나지 않으시며 항상 그리고 영원토록 생명으로 역사하신다.

그뿐 아니다. 그리스도와 연합한 자는, 죽고 부활하시고 승천하사 '하나님 보좌 우편에 앉아 계신 그분과 함께 앉아' 있다. 만유 위에 주(主)가 되신 그분의 영광에 참여하며, 이미 그분과 함께 만물을 다스리는 권세, 하나님의 자녀 된 권세를 받아 누린다. 그리스도와의 견고하고 영원한 연합은 여기에 그치지 않는다. 성도는 죽어도 '저승' 또는 '스올'에 가지 않는다. 죽은 자의 땅 '하데스'(Hades)로 가지 않는다. 성도는 '죽으면' 그리스도에게로, 그의 품으로, 그와 함께 낙원으로 간다. 거기서 그리스도 안에서 '잠든' 상태로 있게 된다.

그렇게 그리스도 안에서 안식하다가 그리스도께서 다시 오실 때, '그와 함께 영광 중에 나타난다'(골 3:4; 요일 3:2). 그러므로 성도는 결단코 그 무엇에 의해서도 그리스도와 분리된 적이 없고, 분리되지도 않는다. 성도가 그리스도와 연합된 이 지극히 복된 '연합'은, 이 세상도, 죽음도, 시간도, 공간도, 하늘이나 땅도, 마귀도, 죄도, 악도, 미래도, 그 어느 것도 깨뜨릴 수 없는 '영원하고 흔들리지 않는 연합'이다.

그러므로 하나님께서 성도에게 은혜로 주신 지위와 사명은 모두 그의 아들 '예수 그리스도 안에' 있다. 거기에 우리가 받은 은혜와 영광의 지위가 있고, 거기에 의와 거룩과 지혜와 생명과 사랑의 사명이 놓여 있다. 예수 그리스도가 바로 '흔들리지 않는 나라'이다. 하나님께서 만물을 새롭게 하실 때, 만물보다 크신 그리스도는 자신 안에 있는 모든 신성(神性)으로 만물을 충만하게 하실 것이다.

성도여, 안심하고 또 안심하라. 그대는 영원토록 흔들리지 않는 나라, 예수 그리스도 안에서 지키심을 받고 있다. 죄도, 죽음도, 현재도, 과거도, 미래도, 하늘이나 땅이나 저승도, 당신을 우리 주 예수 그리스도 안에 있는 하나님의 사랑에서 끊어 내지 못한다. 오직 그 흔들리지 않는 나라에 뿌리내리며, 더 깊이, 더 넓게, 더 높이, 그리스도를 추구하고 사모하라. 그분으로 충만하라. 더욱 그분을 사랑하고, 그분을 누리며, 그분과 함께 그분의 길을 가라. 당신은 그 흔들리지 않는 나라에서 '지금도' 영원한 생명을 살고 있다.

"내가 확신하노니 사망이나 생명이나 천사들이나 권세자들이나 현재 일이나 장래 일이나 능력이나 높음이나 깊음이나 다른 어떤 피조물이라도 우리를 우리 주 예수 그리스도 안에 있는 하나님의 사랑에서 끊을 수 없으리라" _ 롬 8:38-39

진리, 그 불편함이 주는 자유

신학교에 들어가 첫해에 들었던 수업 중에 '인간론'이 있었다. 그 수업의 어느 한순간이 아직도 잊히지 않는다. 그것은 교수님께서, 성경이 가르치는 인간의 본질에 대해 칠판에 적어 놓으신 그 한마디 때문이었다. '의존적 존재.'

인간은 처음부터 본질상 '의존적 존재'라는 것이다. 그런데 어쩐 일인지, 그 말이 기분 나빴다. 내가 그 순간을 기억하는 이유는, '인간이 의존적 존재'라는 진리 때문이 아니었다. 그 진리에 대해 '내가 기분 나빴다'는 사실 때문이었다.

왜 그 당연한 진리에 기분이 나빴을까? 회심하고 예수님을 인격적으로 만난 후에 들어간 신학교였는데도, 그 말에서 '나 자신이 통째로 부인되는 듯한 낯선 공격성'을 느꼈기 때문이었다. 학부 4년을 온통 철학으로 채웠던 내 안에 도사린 내 자신의 '자율적'(autonomous) 본성을 마주한 순간이었다. 나에게 있는지도 몰랐던 '내 속의 자만심'을 건드린 그 말이었다. 그때 성경은 여전히 내게 낯설고 압도적이고 공격적인 진리였다. 그 진리가 나를 진정으로 자유케 하는 진리였음에도 말이다.

언제부터 '진리는 우리의 심경을 거슬리게 하면 안 되는' 것이 되었는가? 언제부터 '진리는 내 입맛에 딱 맞아야 하는 것'이 되었는가? 성경의 진리는 때로 우리를 기분 나쁘게 만들고, 우리 안에서 우리도 감당하기 어려운 저항을 불러일으키곤 한다. 우리는 평생 우리가 감당할 수 없는 죄를 짊어지고 살고 있고, 늘 갈등하며, 늘 말씀이 불편해서 견딜 수 없다. 그것이 우리가 종종 기도를 회피하고, 말씀을 대면하기 싫어하는 이유이기도 하다.

진리는 종종 우리 자신에게도 낯선 우리의 본모습을 직면하게 만든다. '말씀은 빛'이기 때문이다. 그것이, 하나님의 말씀은 '계시'(revelation)라는 뜻이다. 오늘날 '하나님의 말씀은 계시'라는 사실은 종종 '문자(文字)주의'나 '근본주의'(fundamentalism)라는 말로 혐오를 받곤 한다. 하지만 '성경 말씀이 계시'라는 사실은, 우리가 아니라 그 말씀이 빛이어서, 그 빛이 해석자인 우리를 비출 때 폭로되고 바뀌어야 하는 것이 말씀이 아니라 우리 자신이라는 뜻을 담고 있다.

진리는 원래 불편한 것이다. 진리는 종종 우리의 어떤 부분을 뜯어고치는 정도가 아니라, 우리를 통째로 부인해 버리기도 한다. 우리 자신과 함께 우리에게 붙어 있는 모든 것들, 악한 것들, 죄악 된 욕망들뿐 아니라, 우리에게는 아주 자연스러운, 종종 선하게 보이기도 하고, 피해가 되지도 않을 것처럼 보이는, 혹은 최선의 노력조차 깡그리 부인하고 파괴해 버리는 강력이 되기도 한다.

도대체, '자기 부인'(self-denial)이라는 제자도의 진리는 오늘날 가르쳐질 수 있기나 한 것일까? '당신은 죄인입니다'라는 진리에 근거한 '전근대적인'(?) 전도 방식이 오늘날처럼 '모든 것을 환대'해야 하는 시대, '관용'이 시대정신이요 우상인 시대에, 통용될 수 있는 복음 전파의 방식이 될 수 있을까? '당신은 죄인입니다'로 도전하는 복음 전도 방식은, 오늘날 '혐오 표현'이라며 거부당하지 않을까? '내가 죄인이라니, 당신이 뭔데, 죄와 죄 아닌 것을 판단하느냐'는 시대 앞에서 복음이란 무엇인가? 진리란 무엇인가?

오늘날 '진리'라는 말처럼 왜곡된 단어는 없다. '한국이 진리야'라는 말은, 세계 어디를 돌아다녀도 한국처럼 교통 편하고 10분 내로 모든 음식이 싼값에 나오는 '김밥천국' 같은 식당이 있는 곳은 찾을 수 없다는 의미이다. '찐(眞)이야, 진짜야'라는 말은 '나를 기분 좋게 만드는 것'이라는 뜻이다. 진리는 더 이상, 모든 것을 결정하는 우주적 거대 담론이 아니다. 극히 개인적이고, 주관적이고, 감수성 가득 찬 단어이다.

모든 것을 결정하는 것은 '나' 특히 '나의 감정, 나의 느낌, 나의 욕망'이기 때문이다. 이것이 다원주의의 특징 중 하나이다. 오늘날 '성'(性)을 둘러싼 격전지보다 더 결정적인 싸움터는, 그래서 '하나님의 말씀과 나의 말'이 격돌하는 그 장소이다. '말'(言)은 시대의 정신이고 인격이고 문화의 총체이다. 인간의 말이 맞기 위해 하나님의 말씀이 부인되어야 한다는 것, 여기가 우리의 신앙이 '거짓의 아비'의 얼굴을 대면하는 자리이다.

죄보다 더 무서운 것은, 그 죄가 우리에게 '자연스럽다'는 것, 곧 우리가 '죄인'이라는 사실이다. 죄는 우리에게 자연스럽고 때로 '진실하기까지' 하다. 그래서 '자기를 부인(否認)'하는 것은 진리와 함께 진정성 있는 훈련을 요구한다. 오늘날은 성경이 '하나님의 계시'의 말씀이어서, 내가 이해되지 않고 받아들이기 어려워도 '그 말씀이 맞고 내가 틀렸을 것'이라는 이 전제, '말씀이 빛이고 내가 어둠일 것'이라는 이 전제가 뒤집어지고 사라진 시대이다.

이 흑암으로부터 빠져나오는 길은, '말씀이 빛이고 내가 어둠'이라는 사실을 전제하는 것이다. 그 말씀의 거룩하고 긍휼 가득한 빛 가운데 서야 한다. 거기에 오래도록 머물러야 한다. 거기서 자신의 어둠이 비로소 어둠으로 보이는 순간, 그때가 해방의 시작이다. 구원이란, 우리가 우리 자신의 어둠을 어둠으로 깨닫는 순간부터 시작하기 때문이다. 불편해도, 오직 진리만이 우리를 자유케 한다.

> "그가 와서 죄에 대하여, 의에 대하여,
> 심판에 대하여 세상을 책망하시리라"_ 요 16:8

참회의 힘

참회가 갖는 힘은 놀랍다. 잘못을 저질렀는데 무슨 밝은 미래가 있겠는가라고 생각하지만, 인간의 밝은 미래는, 선을 행하고 잘못을 저지르지 않는 데에만 있지 않다. 그것이 놀라운 점이다. 권선징악(勸善懲惡)이나 인과응보(因果應報)가 전부라면, 참회나 용서가 주는 신비한 가능성은 남아 있지 않을 것이다.

참회가 무엇이기에 그 많은 잘못에도 불구하고, 깨어지고 상처 난 관계에도 불구하고, 상처를 아물게 하며 새살이 돋게 하고 화해의 포옹이 가능하게 만드는가?

참회란 무엇인가? 그것은 마치 어둠만이 가득한 방 안에

한 줄기 빛이 들어오도록 창(窓)을 여는 행위와 같다. 참회는 '최소한'을 하는 것이다. 어떤 선한 일을 적극적으로 하는 것이 아니라, '악을 악이라고 인정하는 것'일 뿐이다. '나의 죄를 죄라고 인정하는 것, 자백하는 것'일 뿐이다. 그런데도 그런 최소한의 선(善)을 통해서도, 빛은 어둠을 내쫓는다.

그만큼 빛의 세계, 선의 세계는 자비롭고 강력하며 이미 충만하게 준비되어 있다. 인간이 온전하고, 공동체가 화목하고, 나라와 나라가 원수 관계를 끝내는 데에는 기기묘묘한 외교적 이해관계의 해법이 다가 아닐 수 있다. 설사 돌이킬 수 없는 잘못을 했다 하더라도, 거기에 빛이 들어올 가능성은 남아 있다. 그것이 참회가 주는 희망이다.

참회란 마치, 거대한 파도를 올라타고, 부는 바람의 힘으로 멀리멀리 떠가는 돛단배와 같다. '이미!' 거대한 자비는 파도처럼, 바람처럼 불고 있다. 참회의 능력은 '이미' 있는 빛의 능력을, 어둠 한복판으로 끌어들이는 힘이다. 그저, 나의 죄를 '죄라고 자백'하는 것만으로도 '정의(正義)의 세계를 가득 채운 빛과 사랑과 자비의 능력'은 그 '자백'(自白)의 틈으로 생명을 불어넣는다.

인간의 위대함은, 한 치의 잘못도 저지르지 않는 완벽함에 있지 않다. 인간이 위대해지는 길도, 오직 선을 행하여 덕을 세우는 것만이 아니다. 사람이 지옥을 갈 수밖에 없는 것도, 그의 죄 때문만은 아니다. 오히려 그 죄에서 돌이킬 기회, 즉 그 죄를 죄라고 인정할 기회 앞에서 완악해지고 끝내 등을 돌리기 때문이다.

　자기의 죄를 죄로 인정하는 그 자백을 통해, 인간은 그 죄를 죄라고 규정하는 '의(義)의 세계와 그 질서' 그리고 그 의의 질서를 창조하시고 다스리시는 하나님을 하나님으로 인정하는 첫걸음을 내딛게 된다. 그때에, 자신의 죄를 자백하는 그에게, 공의로우신 하나님은 비로소 자비로운 하나님이 되어 주실 수 있다.

　참회의 힘은 그러므로 '공의라는 빛, 자비라는 그 빛의 능력'이다. 참회는 그 힘, 이미 있는 그 '하나님의 하나님 되심'을 불러오는 능력이다. 죄인에게 다시 자신의 존엄을 되찾게 해 주는 신비한 희망이다. 죄인에게도 길이 있다. 죄인도 다시 영광스러운 존재가 될 수 있다. 그것이 참회가 가진 힘이다.

　　　"만일 우리가 우리 죄를 자백하면 그는 미쁘시고 의로우사
　우리 죄를 사하시며 우리를 모든 불의에서 깨끗하게 하실 것이요"

　　　　　　　　　　　　　　　- 요일 1:9

'다원주의'의 모순

　사회적 이념으로서 '다원주의'(pluralism)의 중심 주장은,

'새로운 정상(new normal)이란, 정상은 원래 없다는 것'이다. 누가 감히 정상과 비정상을 결정하는가? 그것은 시대적, 사회적으로 권력에 의해 학습, 조장되는 것이며, 결국 각 개인이나 집단이 결정하는 것이라는 사상이다.

논리적으로, 다원주의적 사상에 근거해서, '비정상(abnormal)이란 없다는 것이 정상'이라면, 기독교적 전통의 표현인, '(창조 질서처럼) 정상이 있고, 정상이 아닌 비정상이 있다'는 주장은 '비정상'이 된다. 그러면 다시 다원주의 사상에 입각하여, 그런 기독교적 '비정상'도 '정상'이 되어야 한다. 원래, 비정상이란 없기 때문이다. 하지만 다원주의는 그것, '정상과 비정상을 가르는 정상이 있다'는 '비정상'만큼은 인정할 수 없다.

현실적으로, 다원주의조차 '정상과 비정상의 구분'만큼은 피해 가지 못한다. '합리적 직관'이라는 표현으로 알려진 바 대로, 무엇이 틀렸다는 감각은 항상 무엇인가 옳은 것이 존재함을 전제하기 때문이다. 원래부터 어떤 '정상' 혹은 '기준'이 있다는 사실은 누구도 피해 갈 수 없다. 바로 여기에, '정상은 없다는 것이 새로운 정상'이라는 다원주의적 주장의 '자기기만'(self-deception)이 있다.

그래서 '정상'(normal)을 무너뜨리는 것은 평등을 가져오는 것이 아니라 단지 '또 다른 정상'을 세우는 것이다. 우리는 결국, '어떤 정상'을 받아들이며, '어떤 권위'에 복종할지를 선택할 뿐이다. 기독교에 대한 다원주의의 도전의 핵심은, 좌-

우의 이념이나 차별, 평등, 인권에 관련된 것이 아니다. 핵심은 '정상이란 원래 없다'는 '자기 모순적 상대주의'의 도전이다. 다원주의를 앞세운 '시대정신'(zeitgeist)의 도전은 결국, '절대적 상대주의'라는 자신의 신상(神像)을 '새로운 정상'(new normal)으로 세울 때까지 멈추려 들지 않을 것이다.

> "우리의 씨름은 혈과 육을 상대하는 것이 아니요
> 통치자들과 권세들과 이 어둠의 세상 주관자들과
> 하늘에 있는 악의 영들을 상대함이라"_ 엡 6:12

'이념의 광기'에서 벗어난 교회

하나님을 경외하고 예수 그리스도를 믿고 섬기는 교회는, '이념의 광기(狂氣)'에서 벗어난 교회이어야 한다. 교회는 하나님을 경외하고 우상 숭배를 멀리해야 한다. 하나님을 믿고 섬기는 것 자체를 탄압하는 '공산주의의 광기 어린 이념'은 사악한 것이다. 교회는 무신론적이고 반기독교적인 공산주의 이념의 광기를 경계해야 한다.

동시에 예수 그리스도의 교회는, 무신론적인 공산주의를 파멸시켜야 한다며 '자본주의 이념 자체를 우상시'하고 이를 위해 폭력도 불사하는 광기 어린 신앙을 똑같이 경계해야 한다. 공산주의나 자본주의나, 둘 다 그 자체로는 하나님을 부인하는 유물론적(唯物論的) 사상이다.

단지 '이념'에 불과한 사상 체계가, 하나님 사랑과 이웃 사랑을 잊고 그 자신을 절대시할 때, 그런 이념으로 무장한 신앙은, 가장 반(反)기독교적인 폭력으로 변질되기 쉽다. 그런 것은 예수님께서 나타내 보이신 십자가 사랑과는 완전히 거리가 멀다.

참된 교회는, 언제나 십자가의 사랑을 내세워야 한다. 십자가는 살인이 아니라 희생이다. 이 땅의 기독교는, 기독교의 이름으로, 반공(反共)과 멸공(滅共)의 이름으로, 십자가의 사랑이 아니라 살인의 광기로 무고한 사람들을 짓밟은 역사가 있다. 깊이깊이 참회하고 결단코 그런 광기 어린, 변질된 이념적 신앙의 길로 내달려서는 안 된다.

교회는 기독교 신앙을 억압하는 무신론적인 공산주의적 정치 체제를 인정할 수 없다. 참된 교회는, 하나님의 은혜의 세계를 증오하고 하나님의 형상을 '물건' 취급하는 그 어떤 '이념적' 체제나 사상에도 끊임없이 저항하고 맞서 싸워야만 한다.

한반도의 교회는 새로운 길을 가야 한다. 남과 북의 '이념적 광신도(狂信徒)들'의 폭력성을 경계하며, 오직 예수 그리스도의 '자유를 주는 복음'과 '자유케 하는 십자가의 길', 그 '진리와 사랑의 길'만 따라 걸어가야 한다. 거기에 '막힌 담을 허무시는' 평화의 왕 예수 그리스도의 통치가 있다.

주의 사랑하는 교회여, 결단코 '이념의 우상'에 사로잡히지 말라! 교회여, 오직 하나님만을 사랑하고, 누구든지 사람을 사랑하여 살리고 화목케 하라. 그 어떤 정치 체제도, '모든 권력은 섬김을 위해 창조되었다'는 하나님 나라의 통치 원리를 따라야 한다. 북에서도 남에서도, 그 어떤 이념도, 그 어떤 사람, 그 어떤 '지극히 작은 자' 하나를 그 이념의 이름으로 희생시킬 권리가 없다.

그 지극히 작은 자 한 사람은, 바로 하나님의 형상으로 지음받은 존귀한 존재이며, 하나님께서 사랑하사 그 아들을 내주신 바로 그 사람이기 때문이다. 지극히 작은 자 하나를 위하여 자기 목숨을 내주신 예수 그리스도의 양 무리 된 교회는, 이념이 아니라 사람을 지켜 내는 것이 곧 하나님을 지켜 내는 것임을 언제든 잊지 말아야 한다. 교회가 이념의 광기에서 벗어나야 한다. 오직 하나님과 하나님께서 사랑하신 이웃 사랑의 길을 보여 주어야 한다. 오직 그 길 가는 것을 잊지 말아야 한다.

> "하나님 아는 것을 대적하여 높아진 것을 다 무너뜨리고
> 모든 생각을 사로잡아 그리스도에게 복종하게 하니"_ 고후 10:5

STOP THE WAR!

전쟁은 누가 일으키는가? 인간이 할 수 있는 가장 어리석은 짓이요, 가장 파괴적인 짓이요, 돌이키기 힘든 항구적인 상처를 남기는 것이 전쟁이다. 포탄은 길바닥에 떨어지지 않는다. 한 가정의 식탁 위에, 아이의 가슴에, 아버지와 어머니의 심장에 떨어진다. 그들은 오랜 세월이 지나도 그 포탄 소리에 떨고 잠못 이룬다.

마치 '군대 귀신'이 들어간 거라사의 광인들처럼, 그들은 전쟁이 끝나도 그 공포로 인한 두려움에서 '평생' 벗어나지 못한다. 예수께서 '화평케 하는 자는 하나님의 아들'이라 가르치셨고, 또 스스로 십자가에 자신을 내줌으로써 자신의 허리에 창을 찌른 원수들을 용서했어도, 그리고 그 예수를 믿고 천당에 간다고 확신해도, 그 상처와 증오의 사슬에서 온전히 벗어나지 못한다.

군대 귀신은 평생 그 귀신 들린 사람의 이성과 감성뿐 아니라, 그의 믿는 바와 인격조차 마비시킨다. 폭력에는 폭력으로, 불신에는 불신으로, 죽을 때까지 그 포탄 소리와 눈앞에서 죽어 가던 가족들의 비명 소리를 잊지 못한다. 평생을 전쟁에 붙들려 사는 것이다. 전쟁은 5년 안에 끝나도, 그 사람들의 일생 속에서는 50년도 가고, 세대에 세대를 거쳐 500년도 간다. 전쟁은 한번 일어나면 쉽게 끝나는 법이 없는, 가장 파괴적인 상처를 남기는 것이다.

그래서 전쟁은 무슨 일이 있어도 막아야 하는 가장 파괴적인 악이다. 누가 전쟁을 원하는가? 그렇게 넓은 땅을 갖고도 더 갖겠다는 지도자의 비천하고 허무한 야망은 기필코 좌절되어야만 한다. 국가의 영광이 영토의 크기와 군사력에 있다고 믿는, 가장 비성경적이고 가장 과거 지향적인 '권력관'을 가진 지도자들은 결코 그 어디에서도 뿌리내리지 못하게 해야 한다.

김구 선생은 전쟁의 폭력을 겪은 우리나라가 장차 세계를 문화로 지도하는 '문화 강국'이 되기를 바랐다. 안중근 의사도 동양의 평화를 부르짖었고, 그것은 일본처럼 제국주의적 군사력 확장으로 이룰 수 있는 것이 아니라, 민중이 서로 껴안고 인류 보편의 사랑을 나누는 호혜적 인류애로만 가능하다고 보았다. 나라를 안전하게 지켜 내는 참된 국력은, 그 나라의 정신과 문화와 사람들 속에 있는 살아 있는 사랑의 힘에 있다. 그들이 평화와 정의와 인애를 사랑하는 그런 문화의 힘 말이다.

누가 전쟁을 일으키는가? 그런 전쟁을 향한 욕망에 촉발되는 지도자나, 그런 국가 체제나 그런 파괴적 힘이 작동할 수 있는 사회에 저항해야 한다. 칼을 녹여 보습을, 창을 부수어 낫을 만들고, 자유와 공의와 인류애를 강력히 지켜 내는 사람들, 그 땅의 평범한 사람들이 소리쳐야만 한다. 그런 나라를, 전쟁이 사라진 새 하늘과 새 땅을 간절히 바라는 사람들이 소리쳐야만 한다. 지금 당장 전쟁을 멈추라. 온 땅의 주여, 우리를 긍휼히 여기사 이 악을 멈추어 주소서.

"그가 땅 끝까지 전쟁을 쉬게 하심이여
활을 꺾고 창을 끊으며 수레를 불사르시는도다"_ 시 46:9

사랑 안에서 참된 것을

'몸'이란 무엇인가?

만일 육체를 '나의 욕망, 생각, 의지'의 표현이라는 차원에서가 아니라, '창조주, 하나님, 성령, 그리스도의 뜻, 생각, 의지'의 표현이라는 차원에서 생각한다면, 육체가 남성과 여성으로 존재하는 '성별'의 특징들은 어떻게 이해될 수 있을까? 성경에서는 우리의 육체를 단지 우리 자신의 욕망의 수단이 아니라, '성령의 전', '그리스도의 몸' 또는 '하나님의 형상' 즉, 창조주 하나님의 뜻과 의지의 표현으로 이해하도록 요구한다.

오늘날은, 자신의 '성 정체성'이나 '성적 지향'을 지나치게 일방적으로 '개인의 자유'라는 근대적 관점에서 보는 경향이 있다. 인간의 몸은 진정 자기 자신의 것이기만 한 것인가?

인간의 몸은, 먹고 입고 쓰고 쉬고 활동하며 존재하는 데 있어서, 아니, 태어나면서부터 죽을 때까지, 다른 인간의 몸들과 끊임없이, 필연적으로 연결되어 있다.

내 몸의 탄생에서 알 수 있듯이, 내 몸은 '내 자유로운 선택' 안에 있지만 동시에 수많은 차원에서 이미 많은 것이 결정되어 있는 '선물' 곧 나에게 '주어진 몸'이다. 부모의 몸이 모체(母體)로 존재하지 않았다면, 나의 몸도 없었을 것이다. 내가 내 몸을 유지하기 위해서도, 내 몸은 수없이 많은 '몸'들에 의존한다. 또한 내 '몸'도, 다른 이웃의 '몸'들의 존재와 안녕 그리고 위험과 파괴에 직간접적으로 연결되어 있다. 지구상의 모든 '육체들'이 함께 겪었던 코로나 팬데믹(pandemic)이 그 예가 아니던가. 내 '몸'은 실상 인류 전체의 '몸'에 연결되어 있는 셈이다.

인간의 몸은, 날마다 먹어야 하는 음식, 쉬어야 하는 쉼, 생활해야 하는 공간과 환경과도 직접적인 영향을 주고받는다. 인간의 몸은 환경과 분리해서 존재하지 않는다. 더 나아가서, 인간의 '몸'에는 '온 우주'가 깃들어 있다는 생각, 즉, 인간은 '소우주'(小宇宙)라는 고대부터의 생각은 결코 우연이나 실수가 아니며, 단지 전근대적인 '비과학적인' 생각으로 치부할 것이 아니다.

다원주의의 상대주의적 세계에서, '내가 내 몸의 성(性)을 결정한다'는 사상은, 마치 어린아이가 자기 몸을 느끼면서 자기 몸은 자기가 만들었고, 자기가 자기 몸의 주인임을 각성하는 단계와 유사하다고 할 것이다. 하지만 사람은 성숙해져 가면서, 자신의 몸을 먹이고 입히며 돌보느라 점점 가벼워져 가는 어머니의 '몸', 자식의 몸을 위해 자신의 몸이 닳도록 무너져 가는 아버지의 '몸', 그의 쭈그러져 가는 어깨를 보며, 자기의 '몸'이 결코 자기만의 것은 아니라는 철든 생각을 하게 된다.

'내 몸'은 정말 '내 몸이기만' 한 것일까? 고대로부터, 서구이든 동양이든, 그것이 로고스(logos)이든 도(道)이든, 인간의 육체와 우주 만물은 하나의 동일한 원리에 깊이 연결되어 있다고 보았다. 수천 년 동안 동양에서는, 우주가 '음과 양'(陰陽)의 기운으로 서로 조화를 이루듯이 인간에게도 남자와 여자, 구분되고 서로 보완, 조화되는 두 개의 성(性)이 있다고 보았다. 그것은 그저 한순간에 폐기할 수 있는 '오래되고 낡은' 시대의 착각인가?

혹시, 그렇게 오래된 '음양 사상'이 '시대착오'라면, 이제 태어난 지 얼마 되지 않은 '다원주의 사상'은 또 멀지 않은 미래에 어떤 '착각'으로 판명 나게 될까? '몸'에 대한 한 시대의 사상은, 그 사상의 우주론적 차원에 뿌리내리고 있다. 다원주의의 주장에 따라, 인간이 자신의 육체의 성(性)을 무수히 많은 종류로 결정할 수 있다면, 그것은 다원주의가 우주를 그렇게 많은 '파편적이며, 단조로우며, 서로 평행적으로 흩어져 있는' 다양한 조각의 모임으로 표상하고 있기 때문이다. 인간의 몸이나 성은, 그 자체로서 '우주적, 형이상학적'

표현이다.

하지만 진짜 현실 사회 속에서 '몸'의 문제는, '몸의 착취'에 관한 것이다. '내 몸은 나의 것'이라는 주장에는, 억압받고 착취당하는 자신의 몸에 대한 당연한 권리, 즉 '몸'의 착취에 대한 고통과 울부짖음이 들어 있다. 이런 면에서 '내 몸'에 대한 나의 자율성을 주장하는 것은, '타인의 '몸'을 강탈하고 착취하는 사회 구조와 악(惡), 더 나아가서, 사람이 다른 사람의 '몸'을 도적질하고 파괴하는 비인간적 행위에 대한 '정당한' 저항이다.

그러므로 타인의 '몸'을 착취하는 사회악을 없애는 것, 더 나아가서, 그 '몸'에 대한 '주어진 주권'을 가진 개인의 의지를 존중하고 보장하는, 근본적으로 한 인격에 대한 존중과 배려의 문화를 길러 내는 것이 중요하다. 그럼에도 불구하고, 오늘날 서구에서 그런 것처럼 몸에 대한 사회학적 이해에 따라 '임신'마저 여성의 몸에서 일어나는 '질병'으로 진단하겠다고까지 주장하는 태도는, '몸'에 대한 극단적이고 왜곡된 이해에 근거한다고 할 수밖에 없다.

'몸'에 대한 존중과 자유는, '몸' 자체가 갖는 '관계성, 공동체적, 우주적' 연관성과 의미를 폐기한다고 해서 달성되는 것이 아니다. '몸'을 사회적 지배-종속 관계에서, 억압과 착취의 관점에서 보는 유익도 있지만, 그것이 전부인 것처럼 생각하는 것은 인간이 고대로부터 합리적 직관에 따라 이해해 온 '몸'의 이해에 있어 매우 부분적이다.

'분별'(discernment)은 빛 가운데 거한다고 하는 자들의 가장 큰 임무이다. 어두움에 있다면, 분별은 불가능하기 때문이다. 권위의 남용, 오용, 착취에 저항한다고, 권위 자체를 폐기하면, 권위 자체가 없어지는 것이 아니라, 그것을 폐기한 사상이 '또 다른 권위'로 우뚝 서게 된다. 결코, 이미 존재하는 우주의 질서, 중세인들이 '합리적 직관'으로 알았던 그 질서는 없어지지 않는다. 정상을 정상으로 느끼는 정상적 상식, 어떤 보편 선이나 보편적 악을 느끼는 양심의 판단, 옳고 그름을 구별하는 어떤 기준이 있다는 구조 자체는, 어느 경우에도 폐기되지 않기 때문이다.

다원주의의 근본적 주장은, '새로운 정상(normal)은, 이제 정상은 없다'는 사상에 있다. 누가 '정상을 결정하는가?' '정상'이란 오직, 사회적, 집단적 권력이 정한 임의적 기준이라는 이해이다. 그러니 그것은 얼마든지 사회적, 정치적, 문화적 힘에 따라 바뀔 수 있다고 보는 것이다. 하지만, '정상이 없다는 것이 정상'이라는 사상 자체는 또 다른 '정상', '기준', 폐기할 수 없는 '권위'가 된다. 그래서 '원래부터 정상과 비정상이 있다'는 기독교적 세계관은, 결코 용납할 수 없게 되는 것이다.

남성이 여성을 '억압하고 착취하는' 구조는 반드시 개혁되어야 하고 철저히 바뀌어야 한다. 하지만, 그런 폐해 때문에, 남성과 여성의 구분 자체를 폐기하는 것은 '무분별'이다. 남성과 여성은 없어지지 않기 때문이다. 성(性)을 수없이 쪼개도, 결국은 '남성 역할'과 '여성 역할'로 나누게 되는 이유가 거기에 있다. 피조물은 창조된 질서를 폐기하지 못한다.

'몸'이란 무엇인가? '네 이웃'을 '내 몸'처럼 사랑하려면, 먼저 '내 몸'이 무엇인지를 알아야 한다. 그리고 그 '내 몸을 사랑하는 것'이 어떻게 하는 것인지를 알아야 한다. '내 몸을 사랑한다'는 것은 무엇이며, 어떻게 한다는 것인가? 근본적으로, '몸'이란 무엇인가? 단순히, 사회적 집단의 운동, 도덕적 문제, 법적 차원을 떠나, '몸'에 대한 형이상학적, 해석학적, 신학적 이해가 필요한 시점이다.

"너희 몸은 너희가 하나님께로부터 받은 바 너희 가운데 계신 성령의 전인 줄을 알지 못하느냐 너희는 너희 자신의 것이 아니라"

_ 고전 6:19

청년의 결혼

둘은 학교에서 만났다. 많은 우여곡절이 있었지만 결혼에 성공했다. 지금도 만사가 쉽지는 않지만, 그 모든 일을 '함께' 한다. '함께' 헤쳐 나간다. 드라마틱한 일들도 있지만, 매일 소소한 일상을 함께한다. 슬픔과 기쁨, 절망과 좌절, 한계와 희망, 모든 것을 '함께'한다. 결혼이라는 언약(言約)의 단단한

울타리 밖으로 나가지 않기로 하고, 닥쳐오는 모든 일을 함께하려고 애쓰는 동안, 두 사람은 조금씩 성장해 간다. '함께' 성장해 간다.

오늘날 청년들의 결혼이 어렵다고들 한다. 직장 구하기도 어렵고 집 구하기도 살기도 어렵다고, 포기할 만큼 어렵다고 한다. 모든 것이 '준비되어' 있지 않은 결혼은 불편하고 두렵게 느껴진다. 다른 사람들과 비교되는 것도 견디기 어렵다. 준비도 없이 어떻게 결혼할 수 있을까?

학교에서 만나 가진 것 없이 결혼한 그 둘은, 오늘 드디어 벽걸이 에어컨을 장만했다고 너무 기뻐한다. '그렇지, 그게 함께하는 결혼이지', 나도 함께 기뻐한다. 한여름 에어컨 없이 사는 불편도 '함께'하면, 그렇게 '함께한 시간'을 '함께 지나온 사람'은 바로 그 사람밖에 없게 된다. 그렇게 모든 경우에 함께했던 경험과 추억이 쌓이고 쌓이면, 그 사람은 너무 특별한 사람이 된다. 그런 경험과 추억은, 모든 것이 준비된 결혼이 줄 수 없는 것들 중 하나이다.

아무것도 없는 청년들이 사랑하고 미래를 함께하고 싶다면, '주저 없이 하라'고 격려한다. 원룸에서 시작하고 숟가락 두 개만으로도, 시작하라고 말한다. '아이는 어떻게 낳고 어떻게 기르냐'고 많은 청년이 묻고 또 걱정한다. '내 아이가 남들 아이에 비해 부족한 교육을 받는 것을 견딜 수 없다'고 한다. '학원비도 넉넉지 않은데 어떻게 아이를 낳느냐'고 볼멘소리도 한다.

'교육이 무엇인지' 다시 물어본다. 부모가 그렇게 넉넉히 대주고 학원 여러 개 보내 주고 잘 밀어 주어도, 때로 망나니 같은 아이가 나오기도 한다. 부모가 딱히 해 준 것 없고 하루하루 자녀를 위해 근근이 사느라 넉넉히 학원도 보내 주지 못한 아이인데, 반듯하고 성실하게 잘 큰 아이들도 많다. 교육이 무엇인가? 돈이 필요하지만 돈의 넉넉함으로는 보장할 수 없는 것이 교육이다.

성실하게 사랑으로 사는 부모보다, 자녀에게 더 좋은 교육은 없을 것이다. 그렇게 살아 보고자 한다면, 아이를 낳아도 좋을 것이다. 삶이 넉넉지 않아도, 그런 아이는 행복하고 반듯하게 성장할 가능성이 높다. 그래도 경제적 여유가 뒷받침되어야 하지 않느냐고 물을 것이다. 국가에서 결혼과 자녀 출생을 장려하기 위한 정책을 보도한 뉴스 기사에 무수히 많이 달린 댓글들을 읽은 적이 있다. 사실은, '청년들이 더 많이 여행 가고 더 많이 즐기고 덜 책임지고 싶어서 그러는 것' 아니냐는 소리도 없지 않았다.

청년들이 어려운 상황에 있는 것을 사실이다. 경제 성장은 둔화되었고, 번듯한 직장의 문은 좁다. 자원해서 사랑과 희생을 배우고 싶어 하는 사람들은 많지 않다. 누구를 위해 희생하는 것이 더 이상 미덕이 되지 않는 시대이기도 하다. 자기를 사랑하는 것이, 자기를 위해 사는 것이 덕이고 용기인 시대이다. 남성은 남성의 권리를, 여성은 여성의 권리를, 부모는 부모의 권리를, 저마다 '자기 자신의 권리'를 찾고 누리는 것이 '인권'(人權)인 시대이다.

하지만 '사람이 사람으로 성숙해 간다'는 것은 무엇인가? 드디어 학생의 신분을 벗어나 '성인'이 되는 아이들에게 '어른'이 된다는 것은 '이제부터 내가 하고 싶은 것을 마음대로 할 수 있는 자유'를 의미할 것이다. 술, 담배도, 누구의 눈치를 보거나 간섭을 받지 않고 마음껏 할 수 있는 자유 말이다. 하지만 사랑을 하고 결혼을 하고 아이들을 낳아 기르는 부모들에게 '어른이 된다는 것'은 '비록 내가 하고 싶은 것이라도 하지 않는 자유' 그래서 '하고 싶지 않은 것이라도 할 수 있는 자유'를 얻은 것을 의미할 것이다. 내가 사랑하고, 그래서 헌신한 사람들을 위해서 말이다.

사람이 자기 자신을 만족시키는 것도 기쁨이고 만족이지만, '관계 속에서' 상대방을 위해 자신을 내주고 섬기는 데에서 오는 기쁨도 있다. 상대방이 꽃피고 열매 맺는 것을 보는 기쁨과 만족은 사실 더 깊고 오래가는 기쁨이다. 우리가 사랑을 하는 한, 사랑이 주는 만족은, 관계 속에서 타인의 행복을 내 행복으로 여길 때 가장 극대화되기 때문이다.

성경이 깨질 수 없는 '언약' 관계로 묶어 놓은 결혼이 주는 놀라운 기쁨 가운데, '함께'하는 기쁨은 신비하고 깊은 경험이다. 모든 것을 갖추고 시작해도, 산이 무너지고 바다 한가운데 표류하는 것 같은 고난을 맞을 수도 있다. 험한 산 정상에 오른 것 같은 성취감을 느끼는 때도 있을 것이며, 지옥의 불구덩이 속으로 떨어지는 것 같은 순간도 올 것이다.

그 어느 누구도, 무엇이 다가올지 예측할 수 없다. 하지만 부부는 이 모든 순간을, 경험을, 고난을, 희열을, 성취의 순간과 상실의 비참을, '함께' 경험한다. 내가 그 모든 일을, 그 모든 길을 걸어오는 동안 '내 곁에 있어 준 사람'은 남편과 아내밖에 없다. 결혼의 의미와 보상이 '함께'하는 것에 있는 것이라면, 결혼의 조건도 '함께'하는 것으로 충분할 것이다.

청년들이여, '함께'하기를 선택하라. 풍요하지만 나눌 수 없는 '혼자'이기보다, 풍요하든 궁핍하든 '함께'하는 경험이 우리를 더 풍성하고 깊게 해 줄 것이기 때문이다. 그래서 오늘도 나는, 서로를 사랑하는 청년들에게 결혼을 권면한다.

> "그러므로 사람이 부모를 떠나 그의 아내와 합하여
> 그 둘이 한 육체가 될지니" _ 엡 5:31

사랑 안에서 참된 것을

우리 주님의 십자가에는 그리스도인이 따라야 할 사랑의 길에 관한 모든 비밀이 들어 있다. 그 십자가의 사랑을 우리 삶을 위해 구체적이고 실제적으로 표현하면, '사랑 안에서, 참된 것을, 말하고, 행하라'(참조. 엡 4:15)는 권면으로 요약될 수 있다. 이 네 가지 요소 중에 하나만 빠져도, 온전한 십자가 사랑의 길이 되지 못한다.

먼저 '참된 것'을 생각해 보자. 일상 속에서 십자가의 길을 따를 때, 우리는 종종 '진리'의 중요성을 간과하기 쉽다. 하지만 진리가 빠지면, 사랑은 사랑이 되지 않는다. 사랑 안에서 말하고 행동하지만, 그렇게 전달되는 것이 언제나 '참된 것, 진리'여야 한다는 것이다.

혈연 간의 사랑이 너무 깊으면, 공정한 가치를 잃기 쉽다. 그래서 부당한 방식으로 권력을 세습하는 일이 생긴다. 학연이나 지연으로 뭉치는 우정이나 의리의 경우도 마찬가지이다. 모두 서로를 남보다 더 아끼는 사랑의 일종이다. 하지만 거기에 참된 것, 진리, 정의와 공평이 빠지면, 그것은 '살리는 사랑'이 되지 못하고 모두를 죽게 한다.

사랑은, 죄를 죄라고 말한다. 의사가 암(癌)을 가진 환자를 보고, '다 괜찮습니다. 암환자나 건강한 사람이나 무슨 차이가 있겠습니까? 하나님은 다 받아 주십니다. 모두가 사랑입니다'라고 말한들, 그의 병은 나아지지 않는다. 그는 살지 못하고 죽을 것이다. 그래서 진리가 없는 사랑, 참된 것을 말하고 행하지 않는 사랑은, 결코 사랑이 되지 못한다.

십자가는 사랑이지만 또한 공의(公義)의 증거이다. 하나님께서 우리를 얼마나 사랑하시는지를 증명하신 사건이지만, 동시에, 죄에 대한 하나님의 공의의 심판은 그 아들이라도 피해 가지 못한다는 엄위한 진리에 대한 증거이다. 그래서 십자가는 하나님의 지혜이다.

우리는 얼마나 자주, '사랑 없이' 진리를 말하는가? 반대로, 우리는 얼마나 자주 사랑한다고 하면서도, 부인할 수 없는 '진리를 외면'한 채 살고 있는가? 사랑 없는 진리는 폭력에 가까우며, 진리가 빠진 사랑은 속이는 것이다. 그러므로 십자가를 통해 하나님의 사랑과 공의를 알게 된 우리는, 언제나 사랑 안에서, 참된 것을 말해야 한다.

또한, 사랑하기도 하고 참된 것도 알고 있지만, '말하지 않으면' 아무런 소용이 없다. 사랑도 있고 진리도 있지만, 말하지 않으면, 관계 속에서 아무것도 달라지지 않는다. 많은 사람이 틀린 것을 틀렸다거나, 옳은 것을 옳다고 말하기 어려워한다. 자신이 피해를 볼 수 있기 때문이거나, 굳이 그렇게 나서서 어그러진 것을 바로잡을 필요가 없다고 생각하기 때문이기도 할 것이다. 어찌 보면, 사랑이 부족해서 그런 것일 수 있다.

마지막으로, 사랑 안에서 참된 것을 말할 뿐 아니라, 그렇게 한 말에 부합하게 '행동해야' 한다. 말과 행동이 분리되는 것은 '위선' 즉, 선(善)을 가장(假裝)하는 것이다. 위선은 남을 속일 뿐 아니라, 스스로를 속이는 데까지 나아간다. 그리고 그런 '기만'이 계속되면 '왜곡'을 낳는다(요일 1:5-10). 말과 행동이 분리된 상태를 오랫동안 방치하면, 결국 하나님의 말씀, 곧 진리를 부인하고 거짓에 빠지는 악한 자리에까지 이르게 되기 때문이다.

그래서 사랑 안에서 참된 것을 말했다면, 말한 대로 행하기를 힘써야 한다. 사랑 안에서, 참된 것을, 말할 뿐 아니라 또한 '행해야' 한다. 사실은 '말하는 것' 자체가 행동의 시작이고, 행동은 그 말의 성취요 열매이다. 진리는 그렇게 가벼이 간직할 수 있는 종류의 지식이 아니다. 진리는 우리의 삶뿐 아니라 때로 죽음까지도 요구한다.

이것이 주께서 보여 주신 십자가의 길을 생활 속에서 살아내는 한 방식이다. 십자가는 하나님께서 우리에게 오신 길이며, 우리가 또한 하나님께로 이르는 유일한 길이다. 십자가는 단지 우리의 죄를 사함받기 위한 수단이 아니다. 하나님의 사랑과 공의가 서로 입 맞춘, 하나님의 지혜의 나타남이다. 십자가의 지혜는, 우리 삶의 모든 관계 속에서 빛을 발한다.

"오직 사랑 안에서 참된 것을 하여 범사에 그에게까지 자랄지라 그는 머리니 곧 그리스도라"_ 엡 4:15

하나님의 임재와 동행

"인격의 완전은 자기 의지의 포기에 있다." – 블라디미르 로스키

하나님의 뜻을 거스르고 있으면서 하나님의 임재를 구하

거나 하나님과 동행하기를 원하는 것은 어리석은 일이다. 우리는 종종 자신은 제 뜻대로 갈 길을 가면서도, 하나님이 함께해 주시고 인도해 주시기를 간청한다. 그럴 경우, 하나님은 그분 자신의 뜻대로 우리가 가는 길을 섭리하시지만, 거리를 두신다. 실제로는, 우리가 우리의 의지를 고집했기 때문에 스스로 하나님과 거리를 둔 것이다. 이럴 경우, 하나님이 우리를 떠나지 않으셨다 해도, 우리는 하나님의 임재를 느끼거나 그 임재 안에 있다는 확신을 가질 수 없다.

"… 내가 깰 때에도 여전히 주와 함께 있나이다"(시 139:18). 하나님의 임재와 동행을 경험한 다윗의 이 친밀한 표현은, 그가 정말 잠을 잔 후 일어났을 때 느낀 경험인지, 아니면 그가 죽은 후에도 주와 함께 있게 될 것을 확신하며 노래한 것인지 명확치 않다. 하지만, 이 땅에서도 이토록 하나님과 동행하며 그의 임재 안에 있었다면, 시간과 공간, 삶과 죽음을 넘어서 계시는 하나님의 임재와 동행은 이 세상을 떠난 후에도 결코 끊어지지 않을 것이다.

성령 충만을 구한다고 하면서, 하나님의 뜻을 거스르는 우리의 의지를 고집한다면, 그것은 마치 줄다리기 시합을 하면서 자기 자신이 양쪽 끝에서 각기 반대 방향으로 끌어당기는 것과 같다. 어느 쪽으로 이끌리겠는가? 하나님의 임재는 그분의 뜻 앞에 나의 뜻을 내려놓을 때 얻어진다. 거기에 자유로이 사랑을 선택하는 인격의 완성이 있다. "… 그러나 내 원대로 마시옵고 아버지의 원대로 되기를 원하나이다"(눅

22:42). 주님께서는 감람산에서 이 간절한 고백의 기도를 드리신 후에, 성부(聖父)의 사랑을 온전히 실행하셨다.

하나님의 임재를 구하면서 우리의 뜻을 하나님의 뜻 아래에 내려놓지 않는다면, 그것은 그저 끝나지 않는 허망한 줄다리기에 불과하다. 우리의 부패한 죄의 본성은 원래 우리의 것이 아니라 '남의 것'이다. 그리스도가 우리를 위하여 '새로운 신적 본성, 새사람'을 우리에게 주셨다. 그 새사람 안에, 성령께서 부어 주시는 하늘에 속한 모든 은혜와 진리, 거룩과 생명, 영광과 기쁨이 가득하다. 우리는 그리스도 안에서 성령으로 말미암아, 그분의 거룩하고 선하시며 온전한 뜻 앞에 우리의 뜻을 내려놓아야 한다. 그럴 때에만이 우리도 다윗의 고백처럼, 자고 일어날 때에도 그분이 함께하시는 친밀한 임재의 기쁨을 누리게 될 것이다.

> "하나님이여 나를 살피사 내 마음을 아시며 나를 시험하사
> 내 뜻을 아옵소서 내게 무슨 악한 행위가 있나 보시고
> 나를 영원한 길로 인도하소서"_ 시 139:23-24

'말'을 씻는 '말씀'의 능력

가끔, 소위 교회를 향해 쏟아붓는 혐오와 차별과 배제의 말

들을 듣는다. 혐오를 반대하기 위해 혐오를 서슴지 않고, 차별과 배제를 반대하기 위해 조롱과 멸시를 주저하지 않는 태도를 보면 무언가 잘못되었다는 느낌이 든다. 애초에 혐오와 배제와 차별을 없애자고 시작한 일들이, 또 다른 혐오와 배제와 차별을 조장하는 것은 아이러니한 일이다.

이 시대는, 차별, 혐오, 배제는 그 자체로 악하고, 다름, 관용, 환대는 그 자체로 선하다는 인상이 지배적이다. 하지만 이런 용어들은, 그 자체가 갖는 의미보다는 포스트모던 사회의 '타당성 구조'(plausibility structure) 안에서 태어나고 거기에 뿌리내리며 그로부터 양분을 얻어 유행하게 된 개념들이다.

이 시대는 마치 '차별을 차별하고, 혐오를 혐오하고, 배제를 배제하라'고 요구하는 듯하다. '다른 것은 옳은 것이며, 관용을 언제나 관용하고, 환대를 무차별하게 환대하라'는 주문을 속삭인다. 하지만 이런 용어들은 그 자체로서는 '눈이 먼' 곧 '맹목적'인 단어들이다. 말의 의미는 그 '맥락'이 결정한다. 이런 용어들은 그 말들 자체보다는, 그 말들이 뿌리내린 '시대정신'(zeitgeist)을 충실히 전달하는 사자(使者)들로 쓰이는 경우가 많다.

성경을 해석한다는 것은, '하나님의 영'을 통해 기록된 성경의 문맥의 강물 안에서, 그 시대정신에 충실한 '사자들'인 세속적인 '말(言)들'에게 '거룩한 세례'를 베푸는 일이다. 세상에서 더럽혀지고 썩어지고 왜곡된 말들을 '거룩한 말씀을 시중드는 선한 천사들'로 변화시키는 작업을 포함하는 것이다. '맹목적인 말들'을 씻어 내고, 눈을 뜨게 하고, 빛을 비추어, 선한 일에 충성하는 '빛의 사자'들이 되게 하는 것이다.

'혐오'라는 단어는 그 자체로 '혐오스러운' 것이 아니다. 그 자체로는 좋은 것도 나쁜 것도 아니다. '무엇을!' 혐오하는 것인지가 결정적이기 때문이다. 하나님께서 적극적으로 '미워하시고 싫어하시는' 것들이 있다. 교만한 눈, 거짓된 혀, 무죄한 자의 피를 흘리게 하는 손, 악한 계교를 꾀하는 마음, 빨리 악으로 달려가는 발, 거짓을 말하는 망령된 증인, 형제 사이를 이간하는 자이다(잠 6:6-19).

하나님은 우리의 죄를 혐오하신다. 자기 아들이 우리의 죄를 짊어지셨을 때, 그 아들을 심판과 죽음에 던져 넣으셨을 만큼, 하나님은 우리를 파괴하는 그 죄를 미워하신다. '차별'이나 '배제'가 없다면, 천국이나 지옥도 없을 것이다. '무엇을' 차별하고 '어떻게' 배제될 것이냐가 문제이다. 새 예루살렘은 차별과 배제의 거룩함의 기초 위에 세워져 있다(계 21:7-8). 그 '거룩한 성 밖'은, 하나님의 차별 없는 은혜와 오래 참으심을 끝까지 '혐오하고 배제하는' 불신자들이 자초할 심판의 불이 기다리고 있는 장소이다.

죄악 되거나 썩어 가는 것은, 병균이 침입해서 죽어 가는 것처럼, 단지 다른 것이 아니라 '나쁜 것'이다. 하나님 아버지도 그 아들도 거룩하신 성령도, 죄나 죽음이나 허무함에 종노릇하는 세상의 비참을 관용하신 적이 없다.

'죄인은 환대하고, 죄는 혐오하는' 것이 '불가능'한 일이라고 생각한다면, 당신은 십자가가 무엇인지를 전혀 알지 못하는 것이다. 하나님의 공의와 사랑이 함께 증거된 그 십자가가, 바로 하나님의 지혜의 나타남이라는 사실도 알지 못하게 된다. 심지어, 왜 의사가 환자의 배에 칼을 대는지, 그리고 그 몸속에 들어 있는 썩어 가는 종양을 왜 제거, 배제하는지, 그 상식적인 일반 은총의 세계도 이해하지 못하게 된다.

언어는 '맥락' 속에서 태어나고 의미와 목적과 그 용도를 부여받는다. '말들'은 그 맥락이라는 시류에 떠밀려 가는 구름들과 같다. 그래서 하나님의 말씀이라는 문맥을 떠난 말들은 '바람에 불려 가는 물 없는 구름' 같고 제자리를 떠난 '유리하는 별들' 같은 것이다(유 1:12-13). 이 시대의 '말'이 아니라 하나님의 '말씀'이 기준이다. 부단히, 하나님의 말씀으로 돌아가야 한다. 그 '말씀의 깨끗하고 살리며 영원한 능력'으로 우리의 말들을 씻고, 생각을 씻는 일이 곧, 세상을 씻고, 새 하늘과 새 땅을 가져오는 작지만 확실한 수고이기 때문이다.

> "너희가 거듭난 것은 썩어질 씨로 된 것이 아니요
> 썩지 아니할 씨로 된 것이니
> 살아 있고 항상 있는 하나님의 말씀으로 되었느니라" _ 벧전 1:23

인간 구성의 해체

"하나님에 의해 창조된 영(靈)인 인간 영혼은, 인간을 자신의 형상과 모양에 따라 창조하신 하나님 안에서가 아니라면, 그 어디에서건 만족도 휴식도 평화도 위로도 기쁨도 발견할 수 없다. 하나님으로부터 한번 분리된 인간 영혼은 피조물 안에서 만족하려 하고 마치 돼지 여물과도 같은 정념(情念)들로 배를 채운다. 그러나 참된 휴식도 참된 만족도 찾지 못하고 영혼은 결국 굶주려 죽고 만다. 영에는 영적인 양식이 필요하기 때문이다." – 성(聖) 보로네시의 티콘

인간은 어떻게 살아가는 것일까? <나의 해방일지>라는 드라마에서 주인공인 미정은 직장을 다니면서, 자신이 서서히 지쳐 죽어 가고 있다는 사실을 토로한다. "하루 24시간 중에 괜찮은 시간은 한두 시간 되나? 나머지는 다 견디는 시간. 하는 일 없이 지쳐. 그래도 소몰이하듯이 어렵게, 어렵게 나를 끌고 가요." 하루 24시간이 거의 다 '견디는 시간'이다. 특별히 스트레스를 주는 직장 동료가 있기는 하지만, 그냥 '하는 일 없이도' 지친다. 이런 삶을 어떻게 견디어 내야 할까?

미정은 이렇게 그저 지쳐 가는 삶 속에서 자기 영혼이 살아남는 법을 알려 준다. "하루에 5분, 5분만 숨통 트여도 살 만하잖아. 편의점에 갔을 때 내가 문을 열어 주면 '고맙습니다'

하는 학생 때문에 7초 설레고, 아침에 눈을 떴을 때 '아, 오늘 토요일이지?' 10초 설레고, 그렇게 하루 5분만 채워요. 그게 내가 죽지 않고 사는 법."

하루에 몇 초간, 드문드문 주어지는 사소한 친절, 모처럼의 자유 시간, 이를테면 '뜻밖에 마주치는 은혜'의 순간들을 다 끌어모아, 그것으로 지치는 대부분의 남은 시간을 버티는 것이다. 사람은 무엇으로 사는가? 사람의 영혼은 무엇을 먹고 사는가? 드라마 중의 미정은 결국 '사랑'에서 그 답을 찾는다. 한 사람을 조건 없이 '추앙하고, 응원하는' 사랑을 주고받는 삶에서 사람이 다시 자기의 영혼을 '채울 길'을 찾는다는 것, 그것이 '해방의 메시지'라는 것이다.

성경도 비슷한 이야기를 한다. 다만, 그런 '조건 없이 추앙하고 응원하는 사랑'이 사람들 사이에서는 여전히 불완전하고 상처 나고 찢겨 있다는 사실을 숨기지 않는다. 그런 '은혜' 가득한 온전한 사랑, 사람을 '살려 내는 사랑'의 원형(原形)은 하나님에게서 찾아질 수 있으며, 하나님의 사랑 안에서 우리는 그런 온전한 사랑을 발견한다고 알려 줄 뿐이다.

사람은 왜 그토록 자신을 채워 주는 사랑에 목말라하는가? 원래 그렇게 지음받았기 때문이다. '어떤' 사랑을 하는지는, 77억의 인류가 각기 다른 방식대로 할지라도, 지구상에 '사랑하지 않고 사는' 사람은 단 한 사람도 없다. 사람은 사랑하도록 지음받았기 때문이다. 그것이 설령, 돈이든, 권력이든, 명예이든, 쾌락이든, 자기 자신이든, 물건이든, 일이든, 인간은 사랑으로 자신의 영혼을 채우려 하기 마련이다. 그것이 자신의 영혼이 채워지는 진정한 길이라는 사실을 알고 있기 때문이다.

다만 길을 잃었을 뿐이다. 하나님이 인간을 창조하셨고, 인간의 영혼은 사랑으로 자신을 채울 수밖에 없도록 지음받았다면, 인간의 영혼은 하나님의 사랑을 받고 하나님을 사랑할 때 온전히 살아난다. 영(靈)으로 지음받은 인간은, 그 영으로 하나님과의 사랑의 친교 안에 들어갈 때, 진실로 살아난다. 그렇게 하나님으로부터 오는 모든 신적인 은총들, 그의 사랑, 은혜, 진리, 생명 그리고 영광으로 살아난 영은 자신의 마음과 육체도 그 영이 받은 영의 양식으로 살려 내고 풍성하게 만든다. 이것이 원래 하나님께서 사람을 지으신 '인간의 구성 방식'이라는 것이다.

그렇다면, 인간 구성은 어떤 식으로 '해체'되는가? 그것은 인간이 하나님과 분리됨으로써 시작된다. 그것은 '영'으로 지음받은 인간이, 하나님과의 친교를 통해 영적 양식을 더 이상 받지 못함을 의미한다. 그렇게 영적 굶주림에 시달리는 영혼은 '다른 것들'을 먹기 시작한다. 하나님으로부터 오는 은총들로 채워져야 할 영혼이, 다른 것들을 먹기 시작하는 것이다.

영혼이 먹고 살아야 할 밥 대신, 모래를 씹고 흙을 먹는다. 하지만 먹을수록 굶주림과 갈증은 더해 간다. 우리의 영혼이 하나님의 생명의 말씀을 먹지 못하면, 영혼은 그 굶주림을 채우기 위해 '육체'의 정념들, 욕구들을 먹기 시작한다. 이것이 영혼의 추락이다. 영혼은 육체의 정욕을 추구하는 것을 마치 자신의 일처럼 하게 되는 것이다. 영혼은 자신의 영적인 삶을 살지 못하고, 육에 속한 육적인 생명을 자기 것인 것처럼 추구하고 살게 된다. 영혼은 육을 통해, 온갖 세상의 더러움과 썩어짐과 허무함을 먹고 마시며 들이켜게 된다. 이것이 바로 영혼의 죽음이다.

사람은 영혼으로부터 영적인 양식을 공급받아야, 그것으로 자신의 육체도 풍성한 생명으로 살릴 수 있다. 사랑과 은혜와 진리와 평강과 생명, 그리고 영광과 기쁨이 가득할 때 그 육신도 풍성한 생명을 누린다. 그러나 영혼이 육체에게 풍성한 영적 생명을 제공하지 못하면, 육체는 단지 물질로 연명하게 된다. 그러다가 그 종국, 곧, 죽음을 맞게 되는 것이다.

동방 교회의 어떤 신학자는 이것을 '인간 구성의 해체'라고 불렀다. 하나님께서 조화롭게 구성해 놓은 인간의 영과 육의 조화와 온전함이 깨어지고 흩어져, 마치 뿌리 뽑힌 가을 나무처럼 말라 죽어 가는 것이다. 영혼은 하나님을 떠나 길을 잃고 추락하여 육체의 삶을 살게 되고, 육체는 물질에 의존해서 죽어 가는 삶이다. 실로, 영혼도 불행하고 육체도 불행한 삶이다. 어떻게 여기서부터 해방될 수 있을까?

<나의 해방일지>의 주인공 미정처럼, '나를 진정으로 채워 주는 사랑'을 찾아 떠날까? 무엇보다, 하나님의 온전하고

결코 변함이 없는 참된 사랑을 찾아 나서기를 바란다. 그 전까지 우리의 영혼은 잠들지 못하는 도시의 불빛처럼 불안하고 흔들리며 계속되는 갈증에 시달리게 될 것이기 때문이다. 영혼이 그 영의 양식을 찾았을 때, 목마른 사슴이 시냇물을 찾았을 때, 그 기쁨을 무어라 표현할 수 있을까? 이 글을 읽는 모두에게 그런 만남이 있기를 간절히 기도한다: "하나님이여 사슴이 시냇물을 찾기에 갈급함같이 내 영혼이 주를 찾기에 갈급하니이다"(시 42:1).

> "… 사람이 떡으로만 사는 것이 아니요 여호와의 입에서 나오는 모든 말씀으로 사는 줄을 네가 알게 하려 하심이니라" _ 신 8:3

생각의 시작

이 세상이 '물질'로 구성되어 있고, 물질이 근본이고 최종적인 원리라고 믿는 '유물론'(唯物論)적 사고는 그 자체가 곧 죽음이고, 죽음의 '증상'이다. 그 생각의 시작에 그 생각의 모든 결말이 포함되어 있다.

유물론적 세계관이 하나님과 함께 영들(spirits)과 천사들을 존재하지 않는 것처럼 몰아냈을 때, 그 영들과 정사들과 권세들은 다시 유물론 안으로 들어와, 물질이 전부라 믿는 자들의 신들(gods)이 되었다. 영들과 천사들과 권세들은 사라지지 않았다. 그들은 우리가 물질로 제한한 세계 속에서 다른 모습으로 나타날 뿐이다.

이제 사람들은 물질을, 돈을 신(神)으로 섬기며, 과학과 핵무기와 약물 중독의 우상에게 절하며 포로로 끌려다닌다. 생명의 하나님 대신에 스포츠의 신들이 지배하고, 사랑의 하나님이 배제된 자리에 온갖 성적이고 상업적인 스타들, 여신(女神)들이 숭배받는다. 돈과 성(性)과 물질이 신적(神的) 지위와 능력을 받아 다스리는 세상, 그것이 우리가 만든 세상이다.

그러므로 생각의 '시작'이 결정적이다. '시작'(beginning)이 곧 '근거'(foundation)가 되기 때문이다. 말씀의 시작에는, 삼위 하나님이 계신다. 아버지 하나님의 사랑과 아들 하나님의 생명과 성령 하나님의 지식과 세 분 하나님의 영원한 사랑의 교제가 그 시작이다.

태초에 하나님이 사랑과 생명의 교제 안에 계셨고, 영원토록 그렇게 계신다. 그런 하나님께서 창조하시고 붙드시는 세상은, 영들과 천사들과 권세들이 그분에게 복종하며, 온 피조물도 그분의 영광을 드러내고 또 온전히 드러내도록 존재한다.

생각의 시작이 생각의 결말을 결정한다. 당신이 어떤 세계를 상상하든, 하나님이 지으신 세계는 당신에게 다시 돌아와, 그 생각을 바로잡을 것을 요구한다. 우리의 생각이 하나님의 말씀에 일치될 때까지.

"태초에 말씀이 계시니라 이 말씀이 하나님과 함께 계셨으니
이 말씀은 곧 하나님이시니라 그가 태초에 하나님과 함께 계셨고
만물이 그로 말미암아 지은 바 되었으니
지은 것이 하나도 그가 없이는 된 것이 없느니라" _ 요 1:1-3

공부

하나님과의 사귐이 단절된 이 세상의 특징 가운데 하나는 비인격성이다. 인격인 상대를 어떤 물체나 대상으로 환원하는 것이다. 사람을 대하지만 실은 벽을 대하는 것처럼, 그 앞에는 실제로 사람이 서 있지 않은 것처럼 여기는 것이다. 그것은 '사귐'의 단절이라고 할 수도 있다.

이런 현상이 두드러지게 나타나고 지속적으로 반복되는 곳이 교육 현장이다. 학교에서 학생들이 죽어 가고 이탈하는 것은 교육 방식의 철저한 비인격성 때문이다. 사람은 타고나면서부터 사귐 가운데서 생명을 누리며 활기를 찾는다.

암기, 시험, 주입식, 이런 식의 교육 자체가, 인격과 인격 간의 대화와 사귐, 혹은 토론과 합의 같은 방법과는 거리가 먼 방식이다. 배우는 대상도, 배워야 할 대상도 모두 물체화(物體化)되어 있는 관계 속에서 학습이 진행된다.

사실, 학생들은 살아 있고 싶어 한다. 인격 간의 살아 있는

교통과 사귐, 나눔과 대화, 차이에 대한 토론과 이해, 거기서 성숙과 성장이 생겨난다. 인격이 존재하지 않는 교육은 이미 교육이 아니다. 원래 교육이란 대화이다. 소크라테스도 그러했고, 랍비들도, 공자, 맹자의 제자들도 다 그렇게 배워 왔다.

책을 읽는 것도 대화의 일종이다. 저자와 만나는 사귐이다. 시간과 공간으로 떨어져 있지만, 글을 통해 저자의 마음과 생각과 뜻과 정서에 다가가서 그것으로 나를 읽고, 그것으로 다시 그 저자를 만나고 읽는 것이다. 거기서 교감이 생기고, 시공을 넘어서는 사귐이 이루어진다. 그렇게 대화로 배운 만남, 해석, 읽기는 삶의 일부로 남게 된다.

공부가 지겨운 이유, 학생들이 수업 시간에 '아이돌' 사진만 들여다보는 이유, 그것은 교육 현장이 인격적 만남을 배제했기 때문이다. 선생이 학생과 만나고, 학생이 학생과 만나고, 학생들 앞에 저자를 살아 있는 인격으로 불러낼 때, 학생들은 살아나게 된다.

이렇게 보면, 친구 잘 사귀고 놀기 좋아하는 학생, 친구와 말 많은 학생, 그러니까 대화와 만남을 좋아하고 잘하는 학생이, 사실 공부를 잘할 수 있는 학생이다. 하지만, 이런 활달하게 살아 있는 학생들은 대체로 소위 학교가 원하는 식의 '공부'는 잘 못하게 된다. 우리가 말하는 전형적인 '공부 잘하는 것'은 주로 인격을 배제한 채 정보를 암기하는 것이기 때문이다.

주입식도 필요할 때가 있다. 암기해야 할 것들도 있다. 그러나 그것조차 내가 해석해야 할 그 인격, 그 저자를 제대로 만나고 이해하기 위해 필요하기 때문에 하게 되는 것이다. 사랑하는 상대가 생기면 그에 대해 더 자세히 알고 싶어지는 것과 같다. 사랑하는 사람이 병에 걸리면, 그 병에 관한 모든 자료를 찾아보는 것과 같다. 사랑은 공부를 쉽게 만든다. 책을 읽는다는 것도 '저자와의 만남'이다. 공부는 사실 대화이고 만남이고 사귐이다. 공부를 그렇게 이해해 보면 어떨까.

"이에 열둘을 세우셨으니 이는 자기와 함께 있게 하시고
또 보내사 전도도 하며"_ 막 3:14

'다양성'과 '삼위일체' 하나님

오늘날의 후기 현대주의 사람들은 '다양성'을 최고의 가치로 여긴다. '다양성'과 함께 짝을 이루는 또 다른 결정적인 가치는 '관용'이다. 다양성을 수용하려면 관용이 필요하기 때문이다. 때때로 '환대'로 표현되는 '관용'의 정신은, 다양성을 특징으로 하는 이 시대에 가장 적합한 덕목이 되었다.

다양성이든 관용이든 환대이든, 그 원래의 의미는 모두 선하고 아름답다. 하나님을 잃어버린 실낙원(失樂園)에서 일어나는 매우 치열한 전쟁 가운데 하나는 '말의 의미'에 관한 싸

움이다. 원래 '다양성'은 창조주 하나님이 지으신 피조 세계의 아름다움을 드러내는 중요한 방식이다. 하나님은 '한 분'이시지만 동시에 '성부와 성자와 성령'의 삼위로 계시는 하나님이신 것과 같다. 무슨 말인가?

삼위(三位) 하나님께서 '성부와 성자와 성령의 서로 다른 '위격'(位格)으로 계시면서도, 그 본질과 능력과 영광과 의지에 있어서 '하나'이시라는 사실은, 그런 하나님께서 창조하신 이 피조 세계에 풍성한 '다양성'과 함께 조화로운 '통일성'이 있게 된 이유를 제공한다. 하나님이 '단조롭지 않으신' 것처럼, 세상도 단조롭지 않으며, 아버지와 아들과 성령이 계신 것처럼 세상도 다채롭고 풍요하다.

그래서 이 세상이 삼위 하나님께서 지으신 피조물이라는 사실을 받아들이고 나면, 이 세상의 '다양성'이 '혼란과 혼돈과 무질서'의 근거가 되지 않는다는 사실을 깨닫게 된다. 설령, 현대 물리학에서 말하듯이 우주가 '하나가 아니라 여럿'이라도, 그 '여럿'인 '다양한' 우주들조차 '한 분' 하나님 안에서 질서와 조화를 가지며, 삼위 하나님이 다스리시는 '통합된 하나의 우주'일 것이기 때문이다.

삼위 하나님께서 세상을 창조하셨다는 사실을 믿을 때에, 우리는 '관용'과 '배제'를 동시에 인정하고 분별력 있게 사용할 수 있는 지혜를 얻게 된다. 이럴 때 관용이란 '무질서와 혼돈의 다양성'까지 무차별하게 수용하는 태도가 아니다. '관용'이란 한 분 하나님 안에 있는 창조 세계의 다양성에 대해,

그런 다양성을 질서와 조화 가운데 창조하신 하나님의 선한 뜻을 받아들이는 '풍성함'을 받아들이는 것이기 때문이다.

하나님께서 창조하신 민들레를 장미와 차별하지 않는 것이며, 남자와 여자를, 흑인과 백인을, 아이와 어른을 차별하지 않고, 그 모든 창조 세계 안에서 조화를 이루는 다양성을 '환대'하는 것이다. 그런 '환대'는 곧 그런 다양성을 창조하신 하나님을 '환대'하는 것이다.

하지만 삼위 하나님의 다양성에 근거한 피조 세계의 다양성이 아닌, 즉, 한 분 하나님의 통일성 안에 들어오지 않는 '혼돈으로서의 다양성'은 '배제'되어야 한다. 그것은 마치 삼위로 존재하시는 하나님이 또한 한 분이신 것처럼, 전체의 통일성과 조화와 질서를 파괴하는 혼돈으로서의 다양성은 '다신론적'(多神論的)이어서 결국 '무신론적'(無神論的)이 되기 때문이다.

오늘날 '배제' 자체를 '배제하는' 무분별한 '관용'이 절대적인 덕목으로 칭송받는 이유는, 이 시대의 문화가 무신론적일 뿐 아니라 다신론적이기 때문이다. 이 세상은, 한 분 하나님이며 동시에 삼위로 존재하시는 하나님의 통일성과 다양성을 알지 못한다. 그래서 '독재적인 권력'을 무너뜨리기 위해 '무한히 혼돈스러운 다양성'의 광풍(狂風)에 휩쓸리곤 하는 것이다.

교회는 '삼위일체'(三位一體) 하나님을 경배하며 그분께서 창조하시고 통치하시는 세상의 '다양성과 통합성을 함께'

붙들고 지켜 내야 한다. 이것이 후기 현대 사회를 사는 그리스도인의 경건의 필수적인 내용이다. '하나이신 삼위' 하나님, '성부, 성자, 성령 하나님'을 경배하라. 그분이 창조하신 세계의 다양성을 환대하라. 그리고 그 다양성 안에 있는 조화와 질서와 생명을 보존하고 지켜 내라. 우리 하나님은 유일하신 하나님이시며 또한 풍성하신 삼위 하나님이시다.

"주 예수 그리스도의 은혜와 하나님의 사랑과 성령의 교통하심이 너희 무리와 함께 있을지어다"_ 고후 13:13

능력인가, 사랑인가

의외로, 사람들의 마음속에는 하나님을 단지 '능력' 개념으로만 생각하는 경향이 있다. '하나님은 왜, 아담이 선악과를 따 먹으려 할 때, 손을 부러뜨리지 않으셨나요?' 이런 질문을 들을 때마다, 하나님에 대한 이해가 성경이 알려 주는 하나님의 모습과 달라서 깜짝 놀라곤 한다. 사람들이 '하나님의 무능(無能)을 기이하게 여기는' 이유는, 그들의 마음속에 하나님이란 막강한 힘을 사용할 수 있고 또 그래야 하는 존재라고 생각하기 때문이다.

이 문제는 단순하지 않다. 그 뿌리가 매우 깊다. 그 문제가,

문제 자체보다 그 문제를 제기하는 '우리 자신에 대해' 많은 것을 알려 주기 때문이다. 우리는 왜 자꾸 하나님을 '능력' 개념으로만 이해하게 되는가? 우리가 자주 하는 질문들이 다 그렇다. 하나님은 왜 그가 사랑하시는 백성이 고난을 겪고 고통당하는 것을 두고만 보시는가? '아, 그들이 성숙하도록 섭리하시는 것'인가? 하지만 그렇다 해도, 왜 그런 일조차 하나님은 단번에, 쉽사리, 그의 능력으로 '뚝딱' 하고 이루지 못하시는가를 묻게 된다. 하나님에게는 불가능이 없지 않은가!

이런 '미스터리'한 현상은, 사실 우리에게 늘 익숙한 예수 그리스도의 십자가 사건에서 절정에 이른다. 익숙해서 그렇지, 하나님의 아들이 십자가에서 무력하게 처형당한 사건은, 전능하신 하나님이 개입된 사건이라고 보기에는 도무지 이해가 되지 않는 일이다. '네가 정말 하나님의 아들이라면, 거기서 내려와 보라. 너 자신이나 구원해 보라'며 조롱했던 그때 그 사람들의 생각은, 사실 우리에게도 전혀 낯설지 않다.

하나님이 '무엇이든 당장 하실 수 있는 권력과 힘을 가지신 분'이라면, 왜 세상의 악(惡)은 이렇게 더욱 번성하는 것만 같은지, 왜 아직도 수많은 비극이 넘쳐나는지 설명할 길이 없다. 하나님이 정말 힘이 있고 능력이 있다면 얼마든지 막을 수 있는 비참한 일들은, 왜 버젓이 자꾸 일어나는가? 도무지 이해할 수 없는 것이다.

그렇다. 만일 하나님이 '능력' 개념으로만 이해된다면, 그리고 다른 요소들이 없다면, 우리는 이렇게 비극이 많은 세상을 바라보며, '과연, 하나님은 없다. 신은 죽었다'고 말할 수 있을지 모른다. 이것을 어떻게 설명할 수 있을까? 사실, 하나님이 '전능하기만' 한 것이라면, 애초에 이렇게 역사가 길게 연장될 이유도 없다. 악인들은 즉각 하늘에서 떨어지는 벼락을 맞으면 되고, 선한 일, 의로운 일은 즉각 그 마땅한 승리를 맛보면 된다.

마치 베트맨이나 스파이더맨 혹은 어벤져스 영화에서처럼, 힘을 사용해서 즉각적으로 원수를 짓밟고 무너진 '정의'를 수호하며, 착한 사람들이 항상 이기는 결말을 내는 '영웅'들의 이야기와 같이 말이다. 이런 '천하무적의 영웅들'의 이야기에는 전혀 의문이 생기는 바가 없다. 하나님도 그렇게 '가장 힘이 센' 분이면 되는 것이다.

그런데, 하나님을 '능력' 개념으로만 생각하면, 성경이 알려 주는 하나님의 모습, 행동, 말씀, 가르침을 이해하기 어려워지는 대목들이 너무 많아진다. 이것이 문제이다. 하나님에 관해 우리가 알아야 할 것들이 더 있는가? 있다. 그중에 중요한 한 가지는, 하나님께서 우리 인간과 세상을 '인격적 사랑의 관계'로 다루려 하신다는 사실이다.

여기에 그렇게 우리가 헷갈리는 원인이 들어 있다. 왜냐하면, 힘이 있고 능력이 있어도, '인격적 사랑의 관계 안'에서는, 그 능력과 힘을 다 쓸 수 없는 경우가 생기기 때문이다. '힘으로도, 능력으로도' 되지 않는 일이 있다. 힘으로도, 능력으로도 되지 않는데, 성령으로 된다는 말씀(슥 4:6)은, 그러니까, 인격적 사랑의 관계를 풀 수 있는 길이 성령에게 있다는 뜻이기도 하다.

이렇게 보면, 성령님에 대한 항간의 오해도 대단하다. 우리는 종종 성령을 '능력' 개념으로만 이해한다. 통상 '성령 충만하다'는 것은 '센 것'을 의미한다. 초자연적 기적을 일으키고, 병을 고치고, 무엇인가 평상시 우리가 할 수 없는 불가능한 일, 예를 들어 걷지 못하는 사람을 걷게 하고, 불임이었던 여인이 아이를 잉태하게 되는 것 같은 일을 이루어 내는 것이다.

물론, 성령님은 능력이 있으시다. 그러나 '능력'만으로 성령님을 설명하기에는 턱없이 모자란다. 그렇게 능력이 많으신 성령님이 왜 우리 안에서 '말할 수 없는 탄식으로 애통'해 하시는가?(롬 8:26) 초자연적 능력을 가지신 성령님께서 왜 그래야만 하시는가? 이는 마치, 돈으로도 힘으로도 뜻대로 할 수 없는, 말 안 듣는 자식을 둔 부모가 가슴을 쥐어뜯으며 고통스러워하는 것과도 같다.

세상에서 능력이 가장 필요한 것 같지만, 능력, 힘, 권력으로 되지 않는 일들이 많다. 막강한 권력을 가진 정치인이 뜻밖에도 자기 자식 하나 맘대로 못한다. 그런 경우를 얼마든지 보게 되지 않는가? 더 나아가서, 도대체 권력과 힘으로 할 수 있는 것들 중에, 인생에서 정말 중요한 결정적인 것들은 얼마나 되는가? 권력으로, 힘으로 안 되는 것들 중 가장 두드러진 것이 무엇인가? '인격적 사랑의 관계'이다. 그것은 억지로 되지가 않는다.

하나님이 전지전능하시다는 사실 외에, 그분을 이해하고자 할 때 반드시 고려하지 않으면 안 되는 그것은 바로 그분이 우리와 '인격적 사랑의 관계'를 갖기를 원하신다는 것이다. 이것이 인생과 역사에서 모든 신비를 만들어 낸다. 하나님을 알지 못하는 인구가 지구상에 수십억이 넘는데도, 아직도 햇빛은 모두에게 찬란하게 빛나고, 세상은 여전히 누구에게나 아름답게 선물로 주어진다.

하나님의 '오래 참으심'이 아니라면, 아직도 이렇게 불의한 역사가 계속된다는 것을 이해할 수 없게 된다(벧후 3:8-9). 그 '오래 참으심'은 인격적 사랑의 관계 때문에 생긴다. 이것을 더 깊이 생각하면, 인격적 사랑의 관계에서 '능력'의 문제는 점점 더 극소화된다는 것을 알게 된다. 인격적 사랑은, 능력이 있지만 그 능력이 최대한 절제될 때에, 가장 잘 드러나고 가장 뚜렷하게 빛나게 되기 때문이다.

그것이 십자가이다. 전능한 하나님의 아들, 생명의 주이신 그 아들이 자발적으로, 무력하게 죽음을 택하신 사건이다. 이것보다, 하나님이 능력이 아니라 인격적 사랑으로 이 모든 문제를 풀려 하신다는 사실을, 이것보다 더 확연히 보여 주는 사건이 어디에 있는가? 하나님은 자신의 인격적 사랑 안에서, 자신의 능력을 최소화시킨다.

그래서 만일 어떤 사람이 결국 지옥에 가게 된다면, 그것은 전능하신 하나님의 권세 있는 심판의 결과라기보다, 그분의 인격적 사랑을 스스로 거절한 결과, 즉 그분의 인격적 사랑을 끝까지 거절한 자가 자신의 사랑의 선택의 결과를 스스로 취하게 되는 일일 것이다. 하나님께서 오늘도 심판을 미루고 기다리시는 것을 보면, 그것이 확실하다.

하나님은 확실히 전능하시다. 온 세상이 하나님의 능력을 선포하고 증거한다. 그러나 그 한가운데서 더욱 빛나는 것은 그분이 '자비하시고 긍휼이 많으시며 노하기를 더디 하시고 인자와 진실이 많으신' 인격적인 사랑의 하나님이라는 사실이다. 그것이 아니라면, 우리는 하나님의 절제, 곧 그분의 '의도적인 무능(無能)'을 설명할 길이 없다. 그분이 무력한 '십자가'로 말씀하셨고, 지금도 듣지 않으면 그만인 '말씀'으로 우리에게 다가오시는 이유를 설명할 수가 없다. 이것은 실로 놀라운 일이다.

> "이와 같이 성령도 우리의 연약함을 도우시나니
> 우리는 마땅히 기도할 바를 알지 못하나
> 오직 성령이 말할 수 없는 탄식으로
> 우리를 위하여 친히 간구하시느니라" _ 롬 8:26

사랑이 죽음보다 강한 이유

왜, 사랑은 죽음보다 강할까? 믿음, 소망, 사랑 중에 제일은 사랑인 이유가 무엇일까? 믿음은 그 실상을 만날 때 더 이상이 필요 없게 된다. 소망은 그 바라는 바에 도달했을 때, 더 이상 존재하지 않는다. 하지만, 사랑은 언제까지나 떨어지지 않는다. 영원하다. 왜 그런가?

심지어, 사랑은 생명이나 죽음보다 더 오래간다. 생명이 존재하기 전에도 사랑이 있었는가? 있었다. 아버지 하나님의 사랑은 창조 전에 삼위 하나님의 코이노니아 가운데 있었다. 삼위 하나님의 사랑의 합의가 사람을 창조했다. '우리가 우리의 형상대로 사람을 만들자.'

죽은 후에도 사랑이 있는가? 성경에서 죽음은 죄의 결과이다. 죄가 무엇인가? 죄는 무엇을 어긴 것인가? 죄의 본질 가운데 하나는, '의'(義)를 깨뜨린 것이다. 의란 바른 관계이다. 그러므로 죄는 바른 관계의 파괴이다.

무엇이 바른 관계인가? 사랑의 관계이다. 그 '의'의 관계의 핵심은 사랑이다. 하나님을 사랑하고 이웃을 사랑하는 그 사랑이다. 그 의 곧 그 사랑이 '영원토록 거(居)하는' 나라가 새 하늘과 새 땅이다. 그 영원한 나라에서 사랑의 통치는 영원할 것이다.

죽음은 죄의 결과이고, 죄는 '의' 곧 '사랑의 관계'의 파괴이다. 사랑에서 생명이 나오고, 사랑의 부재 속에 죽음이 있다. 그러므로 죽음은 생명의 부재, 곧 사랑의 부재이다. 죽음은 사랑도 증오도 없는 '무'(無)의 상태가 아니다. 단지, 생명과 사랑의 부재 상태일 뿐이다.

죽음은 사랑 자체를 없애는 '무'의 강력(强力)이 아니다. '무'의 상태는 하나님께서 창조를 취소할 때에 가능할 수 있을 뿐이다. 하나님은 자신의 창조를 취소하지 않으신다. 그의 심판조차 창조를 완성하는 도구이며, 하나님의 재창조는 창조의 취소가 아니라 완성이다. '새 하늘과 새 땅'은, '의' 곧 사랑과 생명이 파괴된 지금의 '하늘과 땅'의 재창조인 것이다.

사랑은, 창조 전에도 있었고, 죽음 후에도, 재창조 후에도 영원히 계속될 것이다. 죽음은 형벌이면서도 동시에, 죄가 영원토록 계속되지 않도록 제한하시고 육체와 함께 소멸되게 하신 하나님의 은총이요 사랑의 섭리이다.

사망이나 생명이나 현재 일이나 장래 일이나 다른 그 어떤 피조 된 것이라 할지라도, 우리를 그리스도 예수 안에 있는 하나님의 사랑에서 끊을 수 없다. 사랑은 영원하다. 사랑은 죽음보다 강하다. 당신은 사랑할 것인가? 이 질문보다 중요하고 결정적인 질문은 없다. 당신이 언제 죽든지, 어떻게 죽든지, 죽음 이후를 알든지 모르든지, 죽음 이전에도 그리고 죽음 이후에도, 오직 한 가지, 이 질문에 매달려 있을 것이다. 당신은 사랑할 것인가?

"모든 것을 참으며 모든 것을 믿으며

모든 것을 바라며 모든 것을 견디느니라

사랑은 언제까지나 떨어지지 아니하되 …"_ 고전 13:7-8

아이야, 이 밤은 춥구나

길을 잃을 때가 있다. 아직 청년은 멀리 보지 못하기 때문이고, 불어닥치는 바람에 흔들리기 때문이다. 돌아보아도, 도와주고 붙들어 주는 이 없기 때문이고, 홀로 버려진 것 같은 광야에서, 아무것도 보이지 않기 때문이다.

그래도 걸어온 길이 있다. 그 길은 그 어려운 중에서도 네가 너답게 살기 위해 한 걸음씩 애써 디뎌 온 길이다. 그 길은, 아직은 이해가 되지도 않고 알 수도 없지만, 그분께서 너의 손을 붙잡고 인도해 오신 길이다. 바람이 거세다고, 너무 거친 세상이라 앞이 보이지 않는다고, 쉽게 포기하지 말기를. 어렵다는 것을 잘 알지만, 그 길, 너의 길을 다시 붙들어 보기를.

내가 할 수 있는 것은, 이렇게 멀리 서서, 네가 걸어온 길과 그 길 앞에 놓인 거센 바람과 그리고 그 바람 너머로 나 있는 조그만 오솔길을 바라보는 일. 그리고 그 길을 너에게 다시 보여 주는 일. 그리고 네 곁에 서서 어찌할 바를 모르며, 함께,

함께 서성이는 일.

　네 길을 가지만, 가다가 쳐다볼 수 있는 사람일 수만 있다면. 따뜻한 한 끼 밥이나 몸을 녹이는 국 한 그릇 같은 사람이라면 더더욱 좋은 일. 너의 이야기를 들어 주지. 함께 갈 수 있다면, 그 길은 아름다운 이야기가 될 거야.

　아이야. 이 밤은 춥구나. 춥고 어둔 겨울밤이구나. 그래도 문득 낮이 길어지고 밤은 줄어들지 않겠니. 어느새 분홍빛 벚꽃 휘날리는 그런 봄 같은 날이 너에게도 온다. 너의 봄날이 너에게 오는 그날까지, 나는 너와 함께 걸으려 한다.

　네가 그 봄의 푸른 숲으로, 여름의 출렁이는 바다로 사라져 뒤돌아보지 않는 그날까지, 너와 걸으려 한다. 너도 나와 함께 너의 길을 가 보자. 아이야. 일어나, 함께 가자.

　　　　"나의 사랑하는 자가 내게 말하여 이르기를
　　　나의 사랑, 내 어여쁜 자야 일어나서 함께 가자"_ 아 2:10

해피엔딩

　결국, 해피엔딩입니다. 그가 살아나셨기 때문입니다. 죽음이, 그 죽음의 원인인 죄가, 그 죄를 조장한 마귀도, 그리고 그의 손아귀에 잡혀 있는 이 세상도, 로마도, 산헤드린도, 그들의 칼도, 돈도, 거짓도, 그 어느 것도, 그가 다시 살아나시는 것을 막지 못했기 때문입니다.

그를 다시 일으키신 우리 아버지 하나님의 전능하신 능력을 막지 못했기 때문입니다. 이 처참한 세상을 놓지도, 버리지도 않으시는 그래서 그 아들까지 보내신 우리 아버지의 사랑을 막지 못했기 때문입니다. 그래서 결국은 해피엔딩입니다.

그분이 사셨고, 사신 그분이 내 안에 사시고 당신 안에 사시는 한, 결국은, 이 어둔 죄와 쓰라린 밤에도 다시 새벽에 동터 오듯, 춥고 외롭고 시린 겨울 지나 봄 꽃망울 환히 터지듯, 결국은, 해피엔딩입니다. 아무리 어두워도, 아무리 쓰라려도, 아무리 캄캄하고 슬퍼도, 애통하고 절망스러워도, 결국 역사도, 나도, 당신도, 그분이 사시는 한, 해피엔딩입니다. 살아 계신 나의 주님.

> "모든 눈물을 그 눈에서 닦아 주시니 다시는 사망이 없고 애통하는 것이나 곡하는 것이나 아픈 것이 다시 있지 아니하리니 처음 것들이 다 지나갔음이러라"_ 계 21:4

부록

성구 색인

구약
출애굽기
3:2 114

신명기
8:3 282
24:22 21

욥기
38:4 174

시편
23:1 144
46:9 259
139:23-24 274

아가
2:10 298

이사야
55:1 233

스바냐
3:17 127

신약
마태복음
2:11 231
2:14 81
4:3-4 82
6:12 228
12:48 108
13:24 101
18:1 106
20:26 175
28:16, 20 129
28:20 135

마가복음
3:14 286

요한복음
1:1-3 284
1:14 205
3:9-10 123
10:3 169
11:25 39
15:26 216
16:8 250

사도행전
2:27 66

2:36　181

로마서
1:16　53
8:26　165, 294
8:38-39　246

고린도전서
6:19　265
13:7-8　297
15:20　37
15:54　63

고린도후서
4:5　126
9:7　220
10:5　256
13:5　207
13:13　289

에베소서
4:4-6　119
4:15　272
5:31　269
6:12　254

빌립보서
1:6　104
1:20　161

디모데전서
2:4　159

히브리서
12:28　30

야고보서
1:1　88
1:4　202
1:27　147
2:16-17　155
3:17-18　92

베드로전서
1:17　76
1:23　277
2:5　97
2:12　140
3:15　168
3:16　149
3:16, 18　178
3:21　59
4:12-13　171

베드로후서
1:4 191
1:19 124, 222
1:20 212
2:1 196
2:3 210
3:10 35
3:13-14 57

요한일서
1:4 117
1:7 224

1:9 252
3:7 227
3:18 214

유다서
1:21 42, 72, 243

요한계시록
4:8 47
12:5 79
21:1 26
21:4 299